제5판

경찰인사행정론

허경미 저

POLICE PERSONNEL
ADMINISTRATION

박영사

제5판 머리말

경찰 조직의 역량은 결국 그 구성원인 경찰공무원에게서 비롯되며, 이를 뒷받침하는 핵심 기제는 공정하고 합리적인 인사행정이라 할 수 있다. 급변하는 치안 환경 속에서 경찰공무원이 스스로 성장하고, 그 성과가 정당하게 평가되고 보상받을 수 있는 길을 모색해 온 『경찰인사행정론』이 독자 여러분의 지속적인 성원에 힘입어 어느덧 제5판을 맞이하게 되었다.

이번 『경찰인사행정론』 제5판에서는 지난 출간 이후 변화된 경찰 인사행정의 제도적 환경과 정책 흐름을 면밀히 분석하고, 학술적 깊이와 실무적 활용성을 동시에 제고하기 위해 전반적인 보완과 개편을 진행하였다.

먼저, 최근 경찰 조직이 현장 중심의 성과주의를 강화하는 과정에서 나타난 인사제도의 실질적인 변화를 충실히 반영하였다. 심사승진과 특별승진 비중의 확대라는 제도적 변화는 물론, 채용 단계에서부터 현장 대응 역량을 객관적으로 검증하기 위해 전면적으로 시행되는 순환식 체력평가와 경찰 교육·훈련 제도의 패러다임 전환을 체계적으로 정리하였다.

다음으로, 경찰공무원의 사회적 위상 변화에 따라 확대·강화되고 있는 권리와 그에 상응하는 의무의 변천 과정을 세밀하게 살폈다. 최근 입법례를 토대로 권익 보호 체계의 강화와 공직 윤리 기준의 변화 양상을 정리하였으며, 주요 판례 분석을 통해 법 집행의 현장에서 실제로 문제 될 수 있는 법적 쟁점들을 입체적으로 분석하였다. 이를 통해 독자들이 이론적 이해를 넘어, 실무 현장에서 요구되는 법리적 판단 기준을 보다 명확히 정립할 수 있도록 하고자 하였다.

아울러 고령화 사회로의 진입과 공적 연금 개혁이라는 시대적 흐름 속에서 변화하고 있는 경찰연금제도의 내용도 충실히 반영하였다. 경찰관이 재직 기간 동안 제복을 입고 헌신하는 과정은 물론, 퇴직 이후의 안정적인 삶으로 이어질 수 있도록 개편된 연금 및 재해보상 제도의 구조와 의미를 구체적으로 설명하였다.

본서는 단순히 관련 법령을 나열한 해설서에 그치지 않는다. 특정직 직업공무원으로서 시민의 안전을 최일선에서 보호하는 경찰의 직무 특성을 고려하여, 경찰인사행정이 지향해야 할 이념과 가치부터 제도의 운영 메커니즘에 이르기까지를 유기적으로 서술한 이론서이다.

이 책이 경찰공무원을 꿈꾸는 예비 경찰관들에게는 합격을 위한 분명한 길잡이가 되고, 경찰 인사 행정을 연구하고 강의하는 교수진에게는 학문적 토대가 되며, 나아가 현장의 경찰 관리자들에게는 공정하고 합리적인 인사관리의 기준으로 활용되기를 기대한다.

끝으로 『경찰인사행정론』 제5판의 출간을 위해 애써주신 박영사 편집진 여러분과 늘 변함없는 격려를 보내주는 가족, 그리고 이 책의 독자 여러분께 깊은 감사의 마음을 담아 네모필라(Nemophila) 한 다발을 이 책에 실어 전한다.

계명대학교 쉐턱관에서
2026년 2월에
저자 허경미

초판 머리말

모름지기 시민이 요구하는 경찰상이란 솔로몬의 지혜, 다비드의 용기, 삼손의 강인함, 모세의 인내심, 착한 사마리아인과 같은 친절, 알렉산더 대왕의 강한 훈련, 예언가 다니엘의 신념, 링컨 대통령과 같은 조정능력, 예수와 같은 관대함, 마지막으로 자연적, 생물학적, 사회학적 현상에 대한 심오한 지식을 가져야 한다는 것이다.

캘리포니아주립대에 경찰학과(Police Department)를 창설하고, 최초로 형사정책(Criminal Justice)을 강의했던, 이른바 현대경찰의 아버지라고 칭송받는 볼머(August Vollmer)의 주장이다. 볼머는 캘리포니아주지사로서 버클리경찰서를 만들며 경찰에게 필요한 자질을 이처럼 요구하였던 것이다.

누구나 볼머의 경찰과 같은 덕목을 갖추기는 쉽지 않겠지만, 적어도 경찰공무원의 이상적인 이미지를 제시했다는 것만으로도 이후에 바람직한 경찰공무원의 양성을 위한 교육, 그리고 품위있는 경찰공무원으로서 봉사할 수 있도록 그들의 신분을 유지하고 보호하는 법과 제도 등의 필요성 등을 동시에 보여준다고 하겠다.

따라서 이 경찰인사론은 민주주의 사회에서 공정한 법집행과 시민의 평온한 일상생활을 보호하는 경찰조직의 인력자원에 대한 효과적인 운용 및 관리, 그리고 그 철학을 담고 있다. 구체적으로 이 책은 모두 6편, 15장으로 구성되어 있다.

저자는 대학에서 경찰인사관리에 대한 강의를 십여 년 넘게 해오면서 마땅한 강의교재가 없어 늘 어려움이 많았다. 따라서 이 책은 그동안 저자의 강의노트를 바탕으로 경찰공무원에 대한 인사행정에 대해 체계적으로 이해하고, 강의할 수 있도록 내용을 구성하였으며, 특히 가장 최신의 관련 법령 및 제도, 현황 등을 반영함으로써 교수자와 학습자 모두 편의성을 도모토록 하였다.

제1편에서는 경찰인사행정의 이념, 인사제도, 그 기관 등을 기술하여 경찰인사에 대한 이론적 틀을 제시하여 경찰인사행정 전반에 대한 기초적인 이해를 돕고자 하였다. 제2편에서는 특별권력관계로서의 경찰공무원의 신규채용 및 시보제도, 각종 임용, 그리고 면직, 해임, 파면 등과 같은 운용관리전략 등을 설명하였다.

제3편에서는 경찰공무원의 교육, 평정, 승진 등 역량개발제도를 분석하였으며, 제4편에서는 경찰공무원의 보상, 즉 권리와 급여, 연금, 후생복지제도를 기술하였다. 제5편에서는 경찰공무원에 대한 통제전략으로서 의무와 징계 등의 책임을 설명하였고, 제6편에서는 동기부여, 소청 및 고충심사, 노동쟁의 등을 통하여 경찰공무원의 사기(Morale)에 대하여 설명하였다.

우리에게도 볼머의 경찰과 같은 존경받는 경찰공무원이 되길 꿈꾸며 열심히 준비하는 수많은 경찰학도에게 이 책이 귀중한 동반자가 되길 바라며, 아울러 시민의 안전을 위해 묵묵히 최선을 다하는 현직 경찰공무원들에게도 경의를 표한다.

이 책을 접하는 모두에게 감사와 사랑의 마음을 담아 7월의 노오란 달맞이꽃을 한아름 선사하며, 늘 신의 가호가 함께 하길 기도한다.

묵묵히 한곳에 머물러 있어도 쉬지 않고 먼 길을 걸어왔음을 알아주는
나무들이 정다운 계명대학교 쉐턱관 연구실에서
2013년 6월에
저자 허 경 미

차 례

제1편 • 경찰인사행정의 이념과 제도, 그리고 기관

제3편 • 경찰공무원의 권리와 의무, 그리고 책임

제1편

경찰인사행정의 이념과 제도, 그리고 기관

제1장

경찰인사행정의 이념 및 영향요인

경찰인사행정(Police Personnel Administration)이란 경찰의 목적달성에 필요한 인적자원(Human Resource)을 관리하는 활동이나 체제를 말한다. 즉 경찰인사행정이란 경찰공무원을 충원하고 교육 및 훈련 등을 통하여 능력을 향상시켜 업무의 효율성을 기하며, 궁극적으로는 공공의 안녕과 질서유지라는 경찰목적을 달성시키는 것이라 할 수 있다. 또한 이러한 일련의 인사과정을 통하여 경찰공무원의 사기를 진작시켜 자아실현 및 삶의 질을 향상시키려는 노력 및 그 과정 역시 경찰인사행정의 목표이기도 하다. 경찰인사관리(Police Personnel Management)란 표현을 사용하기도 한다.

그림 1-1 경찰인사행정의 영역

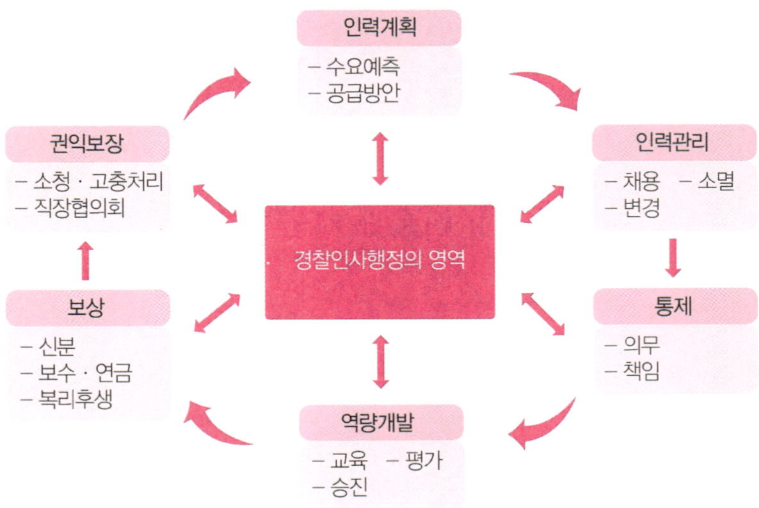

경찰인사행정의 초점은 경찰조직의 목표 즉, 공공의 안녕과 질서유지의 임무를 효과적으로 달성할 수 있도록 경찰인적자원을 효율적으로 활용하고, 관리하는가에 두어야 한다. 경찰인사행정의 영역에는 경찰공무원의 신규채용, 교육훈련 및 근무성적평정, 승진 등을 통한 능력발전, 권리와 의무, 동기부여, 징계, 공무원윤리, 통제, 보수, 연금, 고충처리제도 등 인력관리의 모든 과정이 포함된다.[1]

제 1 절 경찰인사행정의 이념

경찰인사행정의 이념이란 경찰조직의 인사정책이 궁극적으로 추구하는 가치 또는 철학이라고 할 수 있다.[2] 경찰의 인사정책은 경찰목적을 효과적으로 달성하기 위하여 경찰인력을 운용하는 것이므로 경찰인사행정의 이념 역시 경찰조직이 추구하는 이념과 그 맥락을 같이한다고 볼 수 있다.

그림 1-2 경찰인사행정의 이념

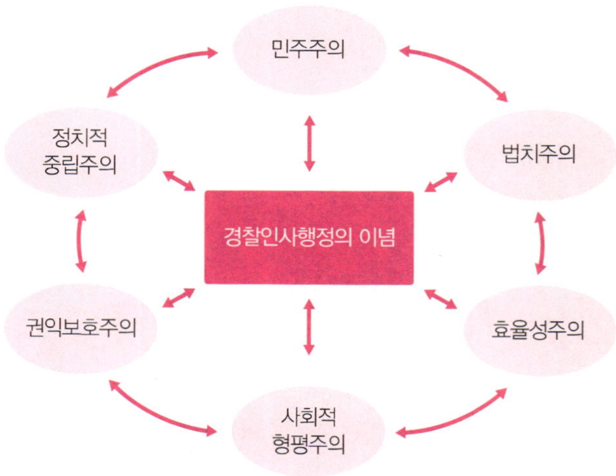

1) 오석홍, 인사행정론, 제9판, 박영사, 2022, pp. 3~6.

2) 임도빈, 행정학 제3판, 박영사, 2025, p. 331.

I 민주주의

우리 헌법 제25조는 모든 국민은 법률이 정하는 바에 의하여 공무담임권을 가진다고 규정하고 있다. 이는 일정한 요건을 갖춘 경우 누구나 경찰공무원이 될 수 있다는 의미이다. 국가공무원법 및 경찰공무원법 등에서는 경찰의 임용요건 및 배제요건을 규정하고 있고, 이 배제요건에 해당하지 않는 경우 그리고 일정한 채용절차를 갖춘 경우에는 누구에게나 경찰공무원으로 임용될 기회가 보장된다.

한편으로 경찰인사행정의 민주성이란 주권자인 국민의 요구 및 국민의 권익을 보장하는 차원에서 이루어져야 한다는 의미이다. 경찰법상 경찰위원회 제도 등을 통하여 경찰청장에 대한 추천동의권을 행사토록 하는 것도 그 일환이라 할 수 있다.

나아가 자치경찰제의 도입에 따라 시·도경찰청장은 경찰청장이 시·도자치경찰위원회와 협의하여 추천한 사람 중에서 행정안전부장관의 제청으로 국무총리를 거쳐 대통령이 임용토록 한 것도 민주주의 이념을 실천하는 것이다.[3)]

II 법치주의

경찰인사행정의 법치주의란 법령에 근거를 두고 인사행정이 이루어져야 하는 것을 말한다. 경찰인사행정의 근간을 이루는 법령에는 모든 국가공무원의 기본법이라고 할 수 있는 국가공무원법이 있으며, 경찰공무원 인사의 기본법인 경찰공무원법, 경찰법, 경찰공무원 임용령, 경찰공무원 승진임용 규정, 경찰공무원 징계령, 경찰공무원 교육훈련 규정, 경찰공무원 지급품에 관한 규칙, 경찰공무원 보건안전 및 복지 기본법, 경찰공무원 복무규정, 경찰공무원 특수지근무수당 지급규칙 등 매우 다양하다.

이 밖에도 경찰공무원 인사운영규칙, 경찰공무원 근속승진 운영규칙, 경찰공무원 채용시험에 관한 시행규칙, 보안경찰인사규칙, 수사경찰인사규칙 등 다양한 경찰청의 훈령 및 예규 등의 행정규정을 바탕으로 경찰의 인사행정이 이루어진다.

3) 국가경찰과 자치경찰의 조직 및 운영에 관한 법률(경찰법), [시행 2023. 2. 16.] [법률 제19023호, 2022. 11. 15., 일부개정], 제28조 제1항.

Ⅲ 효율성주의

경찰인사행정은 최소의 비용으로 최대의 효과를 얻을 수 있도록 운영되어야 하는 이념을 말한다. 경찰인사행정은 경찰목적을 달성하기 위한 경찰인력자원을 효과적으로 관리하는 것이 목적이다.

따라서 경찰의 인사관리는 경찰모집, 채용, 교육, 승진, 전보, 복리후생 등에 이르기까지 최소의 비용으로 가능한 최대의 효과가 발생할 수 있도록 그 비용을 절감하는 한편 과학적인 방법을 활용하는 등의 노력을 해야 한다.

한편 경찰인사행정의 효율성주의는 민주주의원칙과 충돌할 수 있으나 이 두 원칙이 상호 조화될 수 있도록 균형성을 유지해야 한다. 최근 경찰이 운용중인 직위공모제는 효율성주의를 달성하기 위한 수단 중 하나라고 할 수 있다.

경찰이 수시로 조직진단을 통해 기능별·관서별 치안 수요 및 업무량을 측정하고, 이를 기준으로 전국적으로 경찰인력을 재배치하는 것도 효율적인 인사관리의 일환이라고 할 수 있다. 또한 지역경찰·교통외근 및 여성청소년부서 근무자나 과학수사부서 근무자, 그리고 기능별 핵심업무 중 장기간의 직무경험 또는 특수한 전문성이 요구되어 장기근무가 필요한 직위에 대한 전문직위 부여 등도 인사운영의 효율성주의를 고려한 제도이다.[4)]

Ⅳ 사회적 형평주의

경찰인사행정에 있어 사회적 형평주의의 원칙이란 경찰공무원으로의 입직기회의 부여 및 재직자의 능력발전에 대한 기회부여 등을 고려하는 것을 의미한다. 즉, 사회적 형평성은 경찰채용과정에서부터 재직자에 대한 인사행정에 이르기까지 다양한 정책으로 구현될 수 있다.

사회적 형평성의 원칙은 사회구성원들 사이에 존재하는 정치적·사회적·경제적 불평등을 중화·해소하려는 노력의 산물이며, 소극적 의미와 적극적 의미로 구분할 수 있다.[5)]

---

4) 경찰공무원 인사운영 규칙 제36조. [시행 2025. 12. 31.] [경찰청예규 제654호, 2025. 12. 31., 일부개정].

5) 김정인, 인간과 조직을 위한 행정학, 박영사, 2020, pp. 109~110.

그림 1-3 국가 및 자치단체의 장애인의무고용율과 실제 고용률

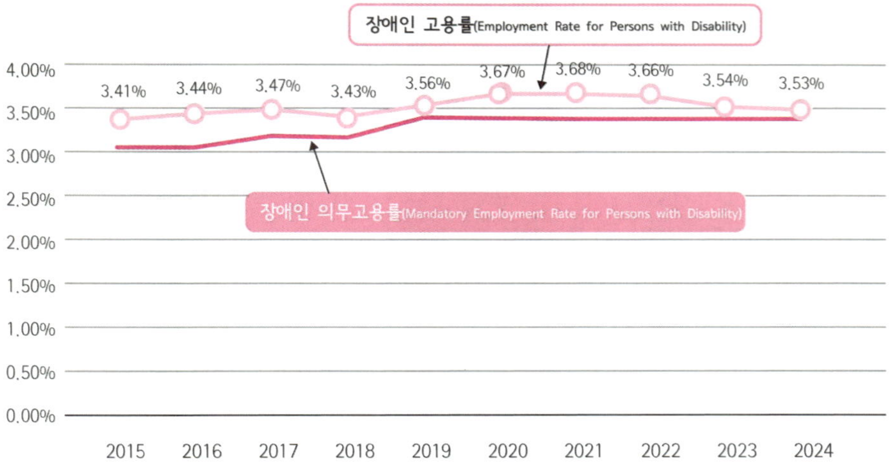

자료: 인사혁신처, 2025 인사혁신통계연보, 2025. 6.

소극적 의미의 사회적 형평주의의 원칙이란 인종, 성별, 연령, 계층, 출신 등과 무관하게 누구에게나 경찰공무원의 입직기회를 부여하거나 승진 및 교육 등의 기회를 구성원들에게 균등하게 부여하는 것을 의미한다. 따라서 소극적 의미의 사회적 형평주의는 공직기회 및 직무담임기회, 승진기회 등 기회의 형평성을 보장한다는 데에 그 의미가 있다.

적극적 의미의 사회적 형평주의의 원칙이란 여성, 장애자, 제대군인, 국가유공자, 특정지역출신 등을 특별히 배려하는 것을 말한다. 즉, 경찰인사에 있어 여성인력 확충을 위하여 여성할당제를 도입하거나, 승진심사시 여성경찰에 대한 일정한 우선적 임용권을 부여하는 것이다. 현재 경찰은 양성평등 인사를 위하여 여성경찰에게 별도의 승진인원을 배정함으로써 여성인력의 고위직급으로의 승진을 지원하고 있다.

국가유공자 우선 임용, 장애인의 의무고용제를 도입하거나 순직 경찰관의 유가족 채용, 일과 가정의 양립 등을 위한 보직배려[6] 등 사회적 약자 및 지원이 필요한 사람들에게 채용 및 승진, 교육, 보직부여 등의 기회를 우선적으로 제공하는 것도 적극적 의미의 사회적 형평주의를 실현하는 방법이다. 이러한 적극적 의미의

6) 경찰공무원 인사운영 규칙 제4조.

그림 1-4 남녀 국가공무원 비율

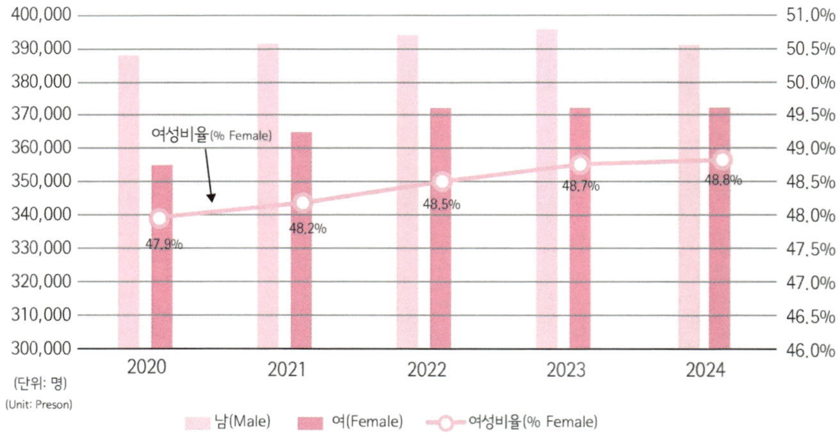

자료: 인사혁신처, 2025 인사혁신통계연보, 2025. 5.

사회적 형평성의 실천은 소극적 의미의 형평성을 보완하여 좀 더 실질적인 사회적 형평성을 구현한다는 점에서 그 가치가 있다. 특정지역이나 지방대학교, 차상위계층 등에게 가산점을 부여함으로써 경찰직으로의 입직기회를 우선적으로 확보해주는 대표관료제도 한 예라고 할 수 있다.

특히 정부가 추진하고 있는 지방인재 채용목표제[7] 및 지역인재 채용목표제[8]는 경찰이 아직 도입하고 있지 않지만, 이 제도들이 국가공무원법에 근거를 두고 이미 정착단계에 들어섰다는 점에서 경찰 역시 궁극적으로는 부분적인 도입이 예상된다.

---

7) 지방인재 채용목표제는 정부가 2007년부터 국가 균형 발전과 우수한 지방인재의 공직 진출 기회 확대를 위하여 5급 국가공무원 공채시험에 도입하였고, 2015년에는 7급 국가공무원 공채시험으로 확대하였다. 5·7급 공채 및 외교관후보자 선발시험 중 선발예정인원이 10명 이상인 시험단위에서, 지방인재(서울시를 제외한 지방소재 학교 출신 합격자)가 일정비율(5급·외교관 20%, 7급 30%)에 미달할 경우 선발예정인원 외에 추가로 선발한다. 인사혁신처, http://www.mpm.go.kr/

8) 지역인재 채용목표제는 정부가 공직의 지역 대표성 제고 및 지역 균형 발전, 고졸 출신의 공직 진출 확대 등을 위해 2005년부터 인턴제 방식의 채용제도인 이 제도를 도입하였다.
2005년에 6급으로 선발해오다 2010년부터는 7급으로 선발하고 있으며, 2012년부터는 9급으로까지 확대하여 선발하고 있다. 지역인재 7급의 경우 4년제 대학 졸업(예정)자를 학교추천을 통해 선발하여 1년간 수습근무 후 일반직 7급 국가공무원으로 임용하며, 지역인재 9급은 특성화고·마이스터고 등 졸업(예정)자를 학교추천을 통해 선발하여 6개월간 수습근무 후 일반직 9급 국가공무원으로 임용한다. 인사혁신처, http://www.mpm.go.kr/

표 1-1 국가공무원 남녀 비중(2024)

구분	합계	정무직	일반직	특정직						별정직
				소계	외무	경찰	소방	검사	교육	
전체	763,464	126	182,331	580,596	2,206	143,894	66,819	2,122	365,555	411
여성	372,419	18	73,405	298,833	1,000	22,370	7,217	747	267,499	163
여성비율	48.8%	14.3%	40.3%	51.5%	45.3%	15.5%	10.8%	35.2%	73.2%	39.7%

자료: 인사혁신처, 2025 인사혁신통계연보, 2025. 4.

국가공무원법 제42조(국가유공자 우선 임용) ① 공무원을 임용할 때에 법령으로 정하는 바에 따라 국가유공자를 우선 임용하여야 한다.

국가공무원법 제26조의4(지역 인재의 추천 채용 및 수습근무) ① 임용권자는 우수한 인재를 공직에 유치하기 위하여 학업 성적 등이 뛰어난 고등학교 이상 졸업자나 졸업 예정자를 추천·선발하여 3년의 범위에서 수습으로 근무하게 하고, 그 근무기간 동안 근무성적과 자질이 우수하다고 인정되는 자는 6급 이하의 공무원(계급 구분이나 직군 및 직렬의 분류를 적용하지 아니하는 공무원 중 6급 이하에 상당하는 공무원을 포함)으로 임용할 수 있다.

V 권익보호주의

경찰공무원은 국가와 특별권력관계에 있으며 이에 따른 의무와 권리를 갖는다. 따라서 경찰인사행정은 국가공무원법 및 경찰공무원법 등에서 보장하고 있는 경찰공무원의 권익을 보호하여야 한다. 경찰공무원은 정당한 책임이 없는 한 그 신분이 보장되며, 그에 따른 급여 및 실비급대여 등을 받을 권리가 있다. 또한 고충심사권을 통하여 고충을 해결할 수 있으며, 징계처분 및 불리한 처분을 받은 경우 소청심사 및 행정소송 등을 통하여 그 권리를 회복할 수 있다.[9)]

한편 공무원직장협의회의 설립·운영에 관한 법률상 경찰공무원은 근무환경 개선, 업무능률 향상 및 고충처리 등을 위한 직장협의회를 설립하여 운영할 수 있게 되었고, 2020년 6월부터 전국 경찰기관에 직장협의회가 설립되었다.[10)] 또한

9) 임도빈, 행정학 제3판, 박영사, 2025, p. 362.

동 법이 2022년 4월 26일 개정되어 경찰은 그 직무상 가입이 제한되는 경우를 제외하고 누구나 직장협의회에 가입할 수 있고, 전국적인 연합회를 구성할 수 있게 되었다.[11)]

공무원직장협의회의 설립 · 운영에 관한 법률 제3조(가입 범위)

1. 일반직공무원
2. 특정직공무원 중 다음 각 목의 어느 하나에 해당하는 공무원
   가. 외무영사직렬 · 외교정보기술직렬 외무공무원
   나. 경찰공무원
   다. 소방공무원

3. 4 삭제

5. 별정직공무원

② 제1항에도 불구하고 다음 각 호의 어느 하나에 해당하는 공무원은 협의회에 가입할 수 없다. <개정 2019. 12. 10., 2022. 4. 26.>

1. 삭제 <2022. 4. 26.>
2. 업무의 주된 내용이 지휘 · 감독권을 행사하거나 다른 공무원의 업무를 총괄하는 업무에 종사하는 공무원
3. 업무의 주된 내용이 인사, 예산, 경리, 물품출납, 비서, 기밀, 보안, 경비 및 그 밖에 이와 유사한 업무에 종사하는 공무원

③ 기관장은 해당 기관의 직책 또는 업무 중 제2항 제2호 및 제3호에 따라 협의회에의 가입이 금지되는 직책 또는 업무를 협의회와 협의하여 지정하고 이를 공고하여야 한다.

VI 정치적 중립주의

경찰인사행정의 정치적 중립주의란 경찰인사작용에 있어 불편부당하고 공정하고 중립적이어야 하는 것을 의미한다. 이는 경찰채용, 승진, 직위부여 등의 다

10) 공무원직장협의회의 설립 · 운영에 관한 법률(약칭: 공무원직협법) 제3조. [시행 2020. 6. 11.] [법률 제16762호, 2019. 12. 10., 일부개정].

11) 공무원직장협의회의 설립 · 운영에 관한 법률 제3조, [시행 2022. 10. 27.] [법률 제18844호, 2022. 4. 26., 일부개정].

양한 임용과정에 있어 정치적인 영향력을 행사해서는 안 된다는 것으로 경찰임용권자의 의무이다.

특히 직업공무원제를 채택하는 우리나라 경찰의 경우 정치적 중립성은 더욱 엄격하게 요구되는 인사원칙으로 헌법상 공무원의 의무이기도 하다. 경찰법상 경찰위원회의 자격요건 및 경찰청장의 임기제 등도 정치적 중립성을 요구하는 일련의 근거규정이라 할 수 있다.[12)]

헌법 제7조 ① 공무원은 국민전체에 대한 봉사자이며, 국민에 대하여 책임을 진다.
② 공무원의 신분과 정치적 중립성은 법률이 정하는 바에 의하여 보장된다.
국가공무원법 제65조(정치 운동의 금지) ① 공무원은 정당이나 그 밖의 정치단체의 결성에 관여하거나 이에 가입할 수 없다.
② 공무원은 선거에서 특정 정당 또는 특정인을 지지 또는 반대하기 위한 다음의 행위를 하여서는 아니 된다.

1. 투표를 하거나 하지 아니하도록 권유 운동을 하는 것
2. 서명 운동을 기도(企圖)·주재(主宰)하거나 권유하는 것
3. 문서나 도서를 공공시설 등에 게시하거나 게시하게 하는 것
4. 기부금을 모집 또는 모집하게 하거나, 공공자금을 이용 또는 이용하게 하는 것
5. 타인에게 정당이나 그 밖의 정치단체에 가입하게 하거나 가입하지 아니하도록 권유 운동을 하는 것

③ 공무원은 다른 공무원에게 제1항과 제2항에 위배되는 행위를 하도록 요구하거나, 정치적 행위에 대한 보상 또는 보복으로서 이익 또는 불이익을 약속하여서는 아니 된다.
④ 제3항 외에 정치적 행위의 금지에 관한 한계는 대통령령등으로 정한다.

제 2 절 경찰인사행정의 영향요인

경찰인사행정은 내·외부의 다양한 요소로부터 영향을 받게 된다. 특히 경찰조직을 둘러싼 입법적·정치적·경제적인 상황 및 과학기술, 사회문화적인 요인들

12) 허경미, 경찰학 제13판, 박영사, 2025, p. 97.

이 직간접적으로 변화와 쇄신을 요구한다.[13)]

그림 1-5 경찰인사행정의 영향요인

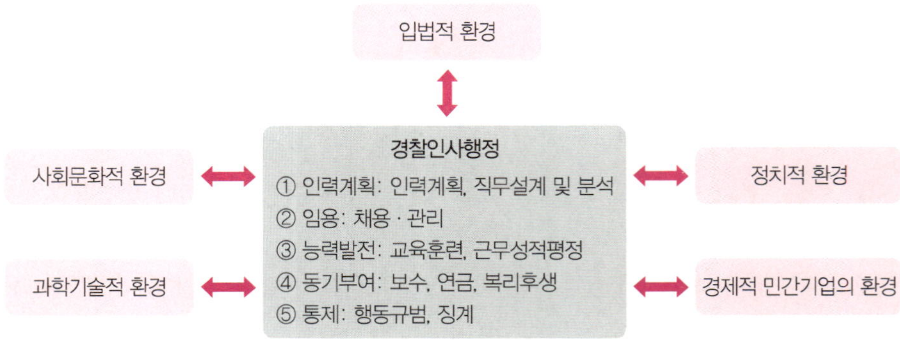

I 입법적 환경

경찰인사행정은 국회가 제정한 법률에 따라 영향을 받는다. 경찰은 국가공무원법상 경력직 공무원이자 특정직공무원으로서의 지위를 가지며, 이에 따라 기본적으로는 국가공무원으로서의 의무와 권리를 지닌다. 또한 경찰공무원은 경찰공무원법령상 경과제로 구분되며, 신규공개채용을 원칙으로 충원된다. 또한 경찰공무원은 공무원연금법상 재직중 기여금을 부담하며, 퇴직 후 국가로부터 연금급여를 받게 되며, 순직이나 공상을 입은 경우 그에 대한 적절한 보상을 받게 된다.

즉 경찰공무원의 다양한 관련법령에 의하여 채용에서부터 교육, 승진, 징계, 퇴직, 연금 등에 이르기까지 경찰인사행정의 전반이 운용 · 통제되는 것이다.

II 정치적 환경

정치권의 경찰에 대한 태도 및 사회안전에 대한 인식 등도 경찰인사행정의 변화를 가져오게 한다. 예를 들어 1987년 1월 14일의 박종철 군 고문치사사건 및 1986년 6월 6일의 권인숙 양 성고문사건 등으로 인하여 정치권은 경찰개혁을 강력하게 요구하게 되었다. 결국 국회는 경찰법(법률 제4369호, 1991.5.31, 제정)을 통

13) 권기헌, 행정학 콘서트 제3판, 박영사, 2025, p. 10.

과시켜 경찰을 당시 내무부의 외청으로 승격시키며, 경찰의 정치적 중립성을 담보토록 하였다. 또한 경찰위원회를 설치하여 경찰청장의 권한을 제한하고, 경찰인사의 공정성을 확보하는 한편 국민인권보호자로서의 경찰의 역할을 명확히 했다.

또한 양성평등정책 및 장애인채용의무제, 국가유공자에 대한 우대정책, 경찰대학 폐지론 등과 같이 정치적인 결단이 필요한 정책들도 경찰의 인사행정에 영향을 미친다.

한편 2020년 2월 4일 형사소송법 개정에 따라 경찰이 1차적인 수사종결권을 행사하게 되었고, 2020년 12월 9일 자로 국가경찰과 자치경찰의 조직 및 운영에 관한 법률(경찰법)이 개정되어 자치경찰제가 2021년 7월 1일부터 시행되었다. 이에 따라 시도자치경찰위원회가 자치경찰사무 담당 경찰에 대한 인사권을 일부 행사하는 등의 변화를 가져왔다.

검경 수사권 조정 및 자치경찰제 도입 등은 전형적인 정치적 환경의 변화에 따른 입법 및 제도의 변화라고 할 수 있다. 그리고 국가수사본부에 종사하는 수사경찰과 자치경찰사무 담당 경찰공무원 인사관리 등에 영향을 미친다.[14)]

최근 2025년을 전후한 정치환경의 변화 역시 경찰 인사행정의 '독립성 회복'과 '비정상의 정상화'를 강력히 요구하고 있다. 행정안전부 경찰국 폐지 추진은 인사권의 무게중심을 다시 경찰 내부와 국가경찰위원회로 이동시키는 결정적 계기가 되었다. 특히 과거 경찰국 신설에 반대했던 '전국 경찰서장 회의' 참석자들에 대한 명예회복과 주요 보직 복귀는 정치적 환경의 변화에 따른 조치라고 할 수 있다.[15)]

또한, 국가정보원의 대공수사권 이관에 따른 안보 공백 우려는 안보수사경찰의 위상 강화로 이어졌다. 안보수사본부 신설 논의와 함께 전문 수사관 트랙 도입, 대규모 특별승진 시행 등은 안보 수사 역량의 조기 안착을 위한 정치적·정책적 결단의 산물이라고 할 수 있다.[16)]

이와 같이 정치적인 이념 및 이를 둘러싼 시대상황이 경찰제도 및 행정 등의 개선 및 변화를 요구하며, 경찰인사 역시 직간접적으로 영향을 받게 된다.

---

14) 허경미, 경찰학 제13판, 2025. pp. 68–70.

15) 뉴스1, '쿠테타'에서 '역사적 행동'으로… 정권교체 후 평가 바뀐 '총경회의' 2025.11.27., https://www.news1.kr/society/general-society/5990130/

16) 뉴스1, 윤호중 "정부조직 개편 뒤 국정원 대공수사 인력 경찰로 이관", 2025.9.17., https://www.news1.kr/society/general-society/5915478/

Ⅲ 경제적 및 민간기업의 환경

경제적인 환경이나 이에 따른 민간기업의 환경 역시 경찰인사행정에 영향을 미치게 된다.[17] 예를 들어 경제가 호황기에 접어들 경우 민간기업의 임금 수준이 향상되고 근로자의 복지증진에 더 많은 비용을 투자하게 되며, 인력도 확충된다. 이에 따라 생산성과 함께 급여수준은 더 높아지며, 소비도 활성화된다. 따라서 국가 및 자치단체의 세금수입이 증가되며, 이는 공무원의 인력충원 및 급여인상 등의 자원으로 활용될 수 있다.

경제적 여건에 따라 국가의 예산이 확대 또는 감축되며, 그에 따라 경찰의 인력채용규모가 달라지며, 급여수준의 결정에도 영향을 받게 된다. 또한 각종 수당의 증액이나 복리후생정책이 달라지게 된다.

특히 국가공무원법은 경찰공무원을 비롯하여 공무원의 급여는 일반의 표준생계비, 물가수준, 그 밖의 사정을 고려하여 정하되, 민간부문의 임금수준과 적절한 균형을 유지하도록 노력하여야 한다고 규정하고 있어 경제적 민간기업의 환경과의 연계성을 강조하고 있다.[18]

또한 근무시간의 탄력적인 조정제 및 복리후생제, 승진제도, 교육훈련제도, 성과급제 등에 있어 민간부문이 시행하고 있는 제도들을 경찰조직이 도입하거나 반대로 경찰을 포함한 공공부문의 인사정책을 민간부문에서 도입하는 등 상호 영향을 주고받는다.

Ⅳ 과학기술적 환경

과학기술의 발달은 경찰행정의 발달을 가져오며, 특히 첨단교통장비 및 수사장비 등은 과거 경찰관이 직접 행하던 업무를 기계 및 전자장치로 대체할 수 있게 한다. 따라서 그에 상당하는 경찰인력을 다른 업무분야에 활용할 수 있다. 또한 인공위성의 발사 및 컴퓨터 등으로 범죄인 지도(Criminal Map)를 만들어 범죄예방 및 범인검거 등에 이용함으로써 일선 경찰서의 순찰인력 및 수사인력을 좀 더 효과적으로 운용할 수 있게 된다. 이러한 인력 운용은 경찰공무원의 효율적인 관리

17) 권기헌, 행정학 콘서트 제3판, 박영사, 2025, p. 137.

18) 국가공무원법 제46조. [시행 2025. 7. 1.] [법률 제20627호, 2024. 12. 31., 일부개정].

및 전문화 등에 영향을 미친다.[19)]

특히 최근 급부상한 인공지능(AI) 기술의 도입은 경찰행정과 인사관리의 연계성을 더욱 강화하고 있다. 빅데이터를 기반으로 한 'AI 범죄 예측 시스템(Predictive Policing)'과 지능형 CCTV의 활용은 경험에 의존하던 순찰 방식을 데이터 중심의 정밀한 인력 배치로 전환시켰다. 이는 경찰관에게 단순한 물리적 치안 유지를 넘어 고도의 정보 분석 및 IT 활용 능력을 요구하게 된다.[20)]

이에 따라 경찰 인사행정 역시 변화의 기로에 섰다. 사이버 범죄 및 딥페이크 등 신종 범죄에 대응하기 위해 데이터 분석 전문가를 특채하거나, 승진 및 보직 관리에서 AI 활용 역량을 주요 지표로 반영하는 경향이 뚜렷해지고 있다. 또한 교육훈련 과정에 AI와 가상현실(VR)을 접목하여 실전 대응력을 높이는 등, 과학기술의 진화는 단순한 장비의 현대화를 넘어 경찰관의 채용, 교육, 보직 관리를 아우르는 인사 시스템 전반의 고도화를 촉진하고 있다.[21)]

이와 같이 과학기술의 발전은 다양한 분야의 경찰업무에 크고 작은 변화를 가져오며, 이에 따른 경찰인사정책에도 변화를 주게 되는 것이다.

> 중략… AI 경찰차의 핵심은 '보이스 인식 기능'이다. AI가 사람의 비명 등 소리를 듣고 분석해 어떤 상황인지 판단하는 것은 물론 외국어를 실시간 통역해 외국인 범죄에도 활용할 수 있다. 이를 통해 시민의 신고 전에도 경찰이 선제적으로 대응할 수 있으며 골목 등 사각지대까지 순찰 범위가 넓어질 것으로 기대된다. 카메라를 통한 장면 인식 기능 역시 탑재된다. 'AI 비전 인식 기능'을 통해 불법·수배 차량을 자동으로 감지하고 사고·공사 등 출동에 방해되는 요소를 파악한다. 실시간으로 위험 요소, 위치, 시간, 주요 상황, 발견 흉기 등을 분석해 상황실 등에 텍스트형 리포트를 전달하는 기술도 담긴다… 중략…

19) 네이트 뉴스, 경찰, '지오프로스X' 개편… '피싱범죄 대응 강화·순찰지 지정 활용', 2025.5.16., https://news.nate.com/view/20250513n43663/

20) 한겨레, "경찰, '딥페이크' 성범죄와의 전쟁 선포… 7개월간 집중 단속", 2024.8.28., https://www.hani.co.kr/arti/society/society_general/1155621.html

21) 서울경제, 경찰, 100억 'AI 경찰관' 만든다… 네이버·카카오 연동 추진, 2025.11.24., https://www.sedaily.com/NewsView/2H0KUMI6WD/

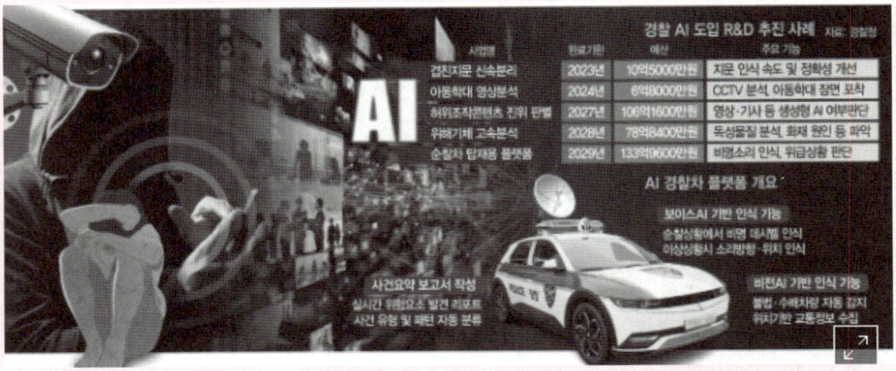

자료: 서울경제, 단독] 범죄 포착 'AI 경찰차' 도입… 아동학대 정황 분석 시스템도, 2025. 2. 14., https://www.sedaily.com/NewsView/2GOYS8AEDCI

V 사회·문화적 환경

사회·문화적 환경, 즉 범죄발생의 양상이나 국민의식수준의 변화, 사회적 이슈 등도 경찰의 인사행정에 영향을 미친다.

성범죄 및 가정폭력 등 여성의 안전을 위협하는 범죄문제가 심각해지면 이에 대하여 좀 더 적극적으로 대응할 것을 경찰에 요구하게 되며, 경찰은 이를 위하여 전담인력을 양성하여 배치하거나 신규채용하는 등의 인사정책을 취하게 된다. 또는 집회시위 등이 많이 발생하거나 대규모의 국제행사 및 올림픽 등의 스포츠행사 등을 개최하는 경우 이에 따른 인력을 보강하여 경찰목적 달성에 어려움이 없도록 한다. 특히 한국은 2024년을 기준으로 경찰공무원 1인당 담당인구가 391명으로 경찰공무원의 직무부담이 상당하다. 이와 같이 사회·문화적인 다양한 치안수요와 예측에 따라 경찰인사정책 역시 대응하게 된다.

한편 경찰은 최근 사이버 피싱범죄 및 해킹, 스토킹 등의 범죄가 심각해지자 이에 대한 수사 등을 강화하기 위하여 사이버범죄 수사의 전문성을 가진 인력의 채용을 확대하고 있다.[22)]

2026년에는 신임경찰 충원을 확대하여 그간 연 4,800여 명을 채용하던 것을

22) 뉴스1, 경찰청 "스토킹 전담 경찰관 증원 적극 추진", 2025.8.28., https://www.news1.kr/society/general-society/5894366/

연 6,400여 명으로 증원하여 채용하겠다는 계획을 발표하였다.[23)]

표 1-2 경찰관 1인당 담당인구의 변화

구 분	2020	2021	2022	2023	2024
정원	126,227	128,985	131,004	131,046	130,972
1인당 담당인구	411	400	393	393	391

23) 경찰청, 2025년 12월 9일 자 보도자료. 경찰청, 2026년도 예산 14조 2,621억 원 편성.

제2장

경찰의 인사행정제도

제1절 공무원제도

공무원제도란 공무원의 임용기준과 관리체계에 따른 분류이다. 즉, 공무원의 임용기준, "누구를, 무엇을 보고 뽑는가?"와 관리기준, "뽑은 인재를 어떻게 활용하고 대우하는가?"에 인사철학의 차이가 있다.

표 2-1 공무원제도의 차이

구분	임용의 핵심 기준	관리의 지향점
엽관제	정치적 관계 (Who you know)	정책적 추진력과 민주적 통제
실적제	객관적 능력 (What you know)	전문성 확보와 신분 보장
직업공무원제	발전 가능성 (Who you can be)	장기적 안정성과 조직 충성도

I 엽관제

1. 엽관제의 의의

엽관제(Spoils System)란 한 정당이 선거과정을 통하여 집권당이 되었을 때 해당 정당을 지지한 사람들에게 중요한 공직을 부여하는 공무원인사제도로 공직을 선거의 승리에 대한 보상으로 인식한다.[1] 즉, 엽관이란 내각의 각료 등에 대하여 선거에 의하여 선출된 관료(대통령, 자치단체장 등)가 정치적인 임용권을 갖는 것을 의미한다. 또한 엽관제는 선거승리의 경우뿐만 아니라 혈연, 지연, 학연 등 특정한 요인을 중심으로 공직을 운영하는 경우에도 적용된다. 따라서 엽관제는 정당이

1) 오석홍, 인사행정론, 제9판, 박영사, 2022, pp. 26~28.

추구하는 정강과 공약을 중점적으로 실천할 수 있다는 장점이 있지만, 반대로 단순히 정당 또는 정치지도자에 대한 충성심(Loyalty)을 기준으로 공직에 임명함으로써 전문성이 떨어져 정책의 생산성이 저하되는 문제점도 있다.

2. 엽관제의 발달

엽관제는 영국국왕이 자신의 정치세력 확보를 위해 의원들에게 고위관직이나 특권을 부여하는 은혜적 정실주의에서 그 유래를 찾을 수 있다. 이후 명예혁명(1688년)으로 제임스2세가 퇴위하고 윌리엄3세가 즉위하였는데, 이로 인해 국왕의 영향력이 상실되면서 관리에 대한 임면권이 왕에서 의회의 다수당으로 이관되었다. 그리고 각 당의 선거운동의 기여도에 따라 관직과 연금이 부여되는 정치적 정실주의로 전환되었다.

엽관제란 용어는 뉴욕주의 상원의원인 윌리암 메르시(William L. Marcy)가 1828년 선거에서 승리한 앤드류 잭슨(Andrew Jackson) 대통령이 1832년 의회연설 중 직접 연방공무원을 임명한 것을 옹호하면서 “적의 전리품은 승리자에게 귀속한다(To the Victor belong the Spoils of the Enemy)”고 주장한 데에서 비롯되었다. 민주당의 대표인 잭슨 대통령이 선거전쟁에서 승리하였으므로 공직임면권의 행사는 당연히 대통령의 권한이라는 것이다.[2)]

1829년 3월 4일 잭슨 대통령이 취임한 이후 엽관제가 더욱 본격적으로 도입되었다. 잭슨 대통령 취임 이후 연방공무원들 중 919명이 강제 퇴임을 당하였는데, 이는 전체 연방공무원의 10%에 해당되는 인원이었다.

당시 연방정부에서 가장 많은 인력을 고용하고 있던 우체국의 경우 400여 명의 유능한 우체부들이 해고되었다. 이들의 자리를 대신 차지한 사람들은 연방정부에 필요한 효과성 및 생산성보다는 충성심을 갖춘 사람들이었다.

미국의 엽관제는 대통령이 바뀔 때마다 자신들의 선거승리, 즉 정치적 입지를 확고히 하기 위하여 계속 강화되었다. 1841년 해리슨(William Henry Harrison) 대통령이 취임했을 때 엽관제는 절정을 이루어 연방정부의 공직을 비롯한 모두 23,000여 개의 공직을 차지하기 위하여 지지자들이 워싱턴으로 모여들었다. 이들 중 공직을 차지한 사람들은 적합한 능력을 갖추지 못했다.

결국 1860년대 후반에 직업공무원제(Civil Service System)를 요구하는 개혁의

2) 임도빈, 행정학, 박영사, 2018, pp. 21~23.

목소리들이 등장하기 시작했다. 공화당 정권 하에서 직업공무원제를 요구하던 개혁주의자들은 엽관주의자였던 그랜트(Ulysses S. Grant)가 대통령에 당선되면서 그 힘을 잃었다. 그러나 1881년 가필드(James A. Garfield) 대통령이 공직에 불만을 품은 엽관주의자에 의하여 암살되자 직업공무원제를 요구하는 세력들이 다시 힘을 얻기 시작했다.

결국 1883년 연방정부는 엽관제의 종말을 고하고, 정치적으로 중립적이며, 능력을 갖춘 후보자들을 평가하여 공직에 임명하기로 결정하였다. 그리고 이를 추진하기 위하여 초 정당적인 인사들로 구성된 직업공무원위원회(Civil Service Commission)를 설치, 연방공무원의 10%에 대해 직업공무원제의 적용조항을 주요 골자로 하는 펜들턴법(Pendleton Civil Service Reform Act: Pendleton Act)을 1883년 1월 16일에 의회에서 통과시키기에 이른다.

펜들턴법에 의하여 연방정부 공무원은 점차 직업공무원으로 대체되기 시작했고, 1900년대에 들어서면서 연방정부에는 직업공무원제가 자리잡고, 엽관제에 의한 공무원은 매우 제한되었다. 즉, 최초의 직업공무원은 10%에 불과했지만, 정권이 바뀔 때마다 점차 직업공무원들이 증가하면서 대부분의 연방공무원이 직업공무원으로 바뀌게 되었다. 또한 이 법이 연방청사 내에서의 정치적인 기부금을 금지시키고 있어 대통령 역시 자신이 공직임면을 해도 특별히 기대할 것이 없어졌고, 따라서 전면적인 범위의 엽관제를 구태여 존치시킬 명분이 없게 되었다.

1939년에 해치법(An Act to Prevent Pernicious Political Activities: Hatch Act)이 통과되었다. 이 법은 연방공무원의 정치적 중립성을 더욱 강화하기 위하여 대통령과 부통령, 일부 고위공무원을 제외한 나머지 연방공무원의 정치적 활동을 금지하는 것을 주요 내용으로 하고 있다. 또한 연방공무원은 정치적 목적 및 특정정당을 위한 예산계획 및 집행을 해서는 안 되며, 근무 중 정치적인 활동 및 정치적인 캠페인 역시 금지한다는 것이 주요 내용이다.[3)]

엽관제는 주(州)나 시(市) 단위 등의 지방정부에서는 더 오랫동안 유지되었는데 뉴욕의 경우 1930년대에 관료제를 도입하였고, 일리노이주는 1917년에 직업공

3) 이 해치법은 1993년 개정(The Hatch Act Reform Amendments of 1993)되었다. 이에 따라 대부분의 공무원들에게 정치활동이 제한적으로만 허용되었는데 이에는 즉 자유로운 시간(Free Time)이나 비번(Off-Duty) 인 경우, ① 특정후보 지지, 반대운동 ② 선거용 유인물 배포 ③ 정치모임, 집회조직, 관리 행위 ④ 투표나 등록관련 행위 ⑤ 특정후보 선거연설 행위 등이 포함된다. 해치법은 2012년에 개정되었다. U.S. Office of Special Counsel, https://osc.gov/Services/Pages/HatchAct-Federal.aspx #tabGroup12/

무원제를 도입했다. 그러나 시카고는 1972년에 이르러서야 직업공무원제를 도입했고 이후 미국 전역에 직업공무원제가 정착되었다. 오늘날 엽관제는 고위공직자 인선, 외교관 등 특별한 업무영역 내에서 매우 제한적으로 운용되고 있다.

3. 엽관제의 특징

엽관제의 장점은 누구나 공직을 담임할 수 있다는 민주주의적 사고를 바탕으로 한 특권적 관료주의제의 배척, 정당정치의 발달, 선거공약을 지키려는 공무원의 책임성 강화, 정책실현의 용이성 등이라 할 수 있다.[4)]

그러나 단점으로는 공직의 매관매직으로 인한 공직사회의 부패우려 및 공직자의 임용기준이 모호하여 비전문가가 임용될 수 있고, 정권이 바뀔 때마다 공직자가 바뀌므로 행정의 일관성이 없으며, 특정정당의 공약을 실천하게 되므로 행정의 공정성이 담보되지 못하는 등의 문제점이 있다.

4. 현대의 엽관제 양상

공직에 엽관제를 도입할 경우 그 폐해가 크긴 하지만, 동시에 정치인의 공약을 실현한다거나 통치자의 정치적인 결단이 필요한 정책을 실현할 필요가 있는 경우 등에는 엽관제적인 공직자 임용방식이 더 효과적일 수 있다.

따라서 현대에도 대통령이 새로 집권하는 경우 장·차관 등의 정무직 임명이나 그 밖에 국책기관에는 대통령의 정치적 의사결정을 충실히 이행하고 의견을 같이하는 전문가를 임용하는 등 선택적인 형태의 엽관제가 적용된다.

그러나 오늘날의 엽관제는 전체적인 직업공무원제의 근간을 유지하면서 일부 극히 제한적인 경우에만 유지되며, 법령에 엄격한 근거를 두고 있다.

Ⅱ 직업공무원제

1. 직업공무원제의 의의

직업공무원제(Career Civil Service System)란 정부에 의하여 공공영역에서 근무할 것을 조건으로 직업공무원(Civil Servant or Public Servant)을 채용하여 관리하는 인사제도를 말한다. 직업공무원의 고용주체는 항상 국가 또는 자치단체 형태의 정부

---

4) 오석홍, 인사행정론, 제9판, 박영사, 2022, p. 27.

이다.5)

직업공무원제도는 로마의 행정관제도에서 출발하는데 행정관이란 로마제국시대 고위 공직자의 개인비서를 칭하는 것이었다. 당시 행정관의 임명은 공직자에 대한 충성심과 신분 등이 그 기준이었다. 행정관에게는 화폐로 급여가 지불되었다.

2. 직업공무원제의 발달

독일 및 프랑스 등 대륙법계 국가들이 중상주의정책으로 국가규모가 확장되고, 중앙집권적인 국왕의 통치가 강화되면서 직업공무원제적인 관료조직의 필요성이 대두되었다. 즉, 화폐를 급여로 받는 전문적인 관료집단이 등장하게 된 것이다.

미국의 직업공무원제도는 1871년부터 시작되었다. 연방정부는 직업공무원을 입법부와 사법부, 행정부의 임명직이라고 정의하고 있다. 19세기 초까지는 대통령에 의하여 공무원이 임명되는 엽관제 형태를 유지하였다. 그러나 1883년 펜들턴법(Pendleton Act)에 의하여 직업공무원제도가 도입되었다. 1909년에는 연방정부의 2/3가 공개채용시험에 의하여 임용되었다. 하지만 외교적인 분야 및 일부 고위직의 경우는 정치적인 임명이 여전히 진행되었다.

1939년 해치법(Hatch Act)에 따라 직업공무원은 더 이상 정치활동 및 그 캠페인 등의 참여가 금지되었다. 미국의 연방 직업공무원은 경쟁적인 시스템에 의하여 채용되지만 외교분야 및 FBI, 안보분야 등의 공무원들은 별도의 채용시스템을 가지고 있다. 주정부 및 지방정부는 연방정부의 운영체제를 모델로 다양한 직업공무원제도를 운영하고 있다.

한편 동양의 경우 가장 오래된 직업공무원제도는 진나라의 실적주의제(Meritocracy)이다. 같은 시대의 한나라도 행정 및 군사에 가장 유능한 실적을 보인 사람을 기용하는 인사정책을 시행하였다.

한국은 국가로서의 형태를 띤 삼국시대부터 공무원제도를 도입하였는데 고구려의 경우 중앙에는 최고의 관직인 대대로를 포함하여 14등급의 관직을 두었다. 지방은 동·서·남·북·중의 5부(部)로 나누고, 5부에는 욕살(褥薩)이라는 군관(軍官)과 처려근지(處閭近支)라는 행정관을 파견하였다. 왕은 이들의 가문 및 충성심, 그리고 실적 등을 바탕으로 임명하였다. 이 역시 공무원제도의 출발이라 할 수 있다.

그러나 현대적 의미의 직업공무원제도는 1949년 8월 12일 법률 제44호로 국

5) 임도빈, 행정학 제3판, 박영사, 2025, p. 334.

가공무원법을 제정하면서부터이다. 이 법은 공무원의 임명은 고시성적 또는 채용시험 전형성적에 의하여 행하도록 하고, 공무원을 일반직과 별정직으로 구분하였다.

3. 직업공무원제의 특징

직업공무원제는 젊고 유능한 인재를 공개채용시험의 형태로 모집하여 최하위 직급에 배치하고, 이들이 최상위직급까지 승진하며 공직자로 근무하면서 능력을 발전시키도록 하는 인사제도이다. 직업공무원제는 기본적으로 공무원의 신분을 보장한다.[6)]

직업공무원제는 평생 다양한 직무경험을 통하여 일반행정가형(General Administrative Officer)으로서의 공직자의 발전을 꾀하며, 폐쇄형 인사체제(Closed Personnel Administration System)를 그 근간으로 한다.

따라서 직업공무원제의 장점은 공무원이 평생 공직자로서의 자부심을 가지며, 공직자로서의 행동규범을 몸에 익혀 지켜나가고, 정책결정에 있어 일관성을 유지한다는 점이다.[7)] 그러나 단점으로는 신분보장으로 인한 경쟁주의가 약화되므로 무사안일주의나 보수주의 및 관료주의적(Bureaucratic) 병폐를 보이기도 한다. 또한 실적주의 등에 비해 전문성이 떨어지는 문제점도 있다.

4. 현대의 직업공무원제 양상

현행 국가공무원법에서는 공무원을 경력직공무원과 특수경력직공무원으로 구분한다.

경력직공무원은 실적과 자격에 따라 임용되고 그 신분이 보장되며 평생 동안 공무원으로 근무할 것이 예정되는 공무원을 말한다. 경력직공무원은 일반직공무원과 특정직공무원으로 구분한다. 일반직공무원은 행정일반, 기술·연구에 대한 업무를 담당하는 공무원을 말하며, 특정직공무원은 담당업무가 특수하여 자격·신분보장·복무 등에서 특별법이 우선 적용되는 공무원을 말한다. 경찰공무원은 특정직공무원으로 분류된다.

특수경력직공무원이란 경력직공무원 외의 공무원을 말하며, 정무직공무원과

---

6) 유민봉 외, 인사행정론, 제4판, 박영사, 2016, p. 71.

7) 임도빈, 행정학 제3판, 박영사, 2025, pp. 334-337.

별정직공무원으로 구분한다. 정무직공무원이란 선거, 국회동의에 의하여 임용되는 공무원, 고도의 정책결정업무를 담당하거나 이를 보조하는 공무원으로서 법령에서 정무직으로 지정하는 공무원을 말하며, 별정직공무원은 비서관·비서 등 보좌업무 등을 수행하거나 특정한 업무 수행을 위하여 법령에서 별정직으로 지정하는 공무원을 말한다.

표 2-2 경력직공무원(국가공무원법 제2조 제2항)

구분	내 용
일반직	① 행정 · 기술직, ② 우정직, ③ 연구 · 지도직, ④ 전문직
특정직	담당업무가 특수하여 자격 · 신분보장 · 복무 등에서 특별법이 우선 적용되는 공무원 ① 법관 · 검사, ② 외무공무원, ③ 경찰공무원, ④ 소방공무원, ⑤ 교육공무원, ⑥ 군인 · 군무원, ⑦ 헌법재판소 헌법연구관, ⑧ 국가정보원의 직원 · 경호공무원 등 특수분야의 업무를 담당하는 공무원으로서 다른 법률이 특정직공무원으로 지정하는 공무원

표 2-3 특수경력직공무원(국가공무원법 제2조 제3항)

구분	내 용
정무직	선거, 국회동의에 의하여 임용되는 공무원, 고도의 정책결정업무를 담당하거나 이를 보조하는 공무원으로서 법령에서 정무직으로 지정하는 공무원 ① 감사원장 · 감사위원 및 사무총장 ② 국회사무총장 · 차장 · 도서관장 · 예산정책 처장 · 입법조사처장 ③ 헌법재판소 재판관 · 사무처장 및 사무차장 ④ 중앙선거관리위원회 상임위원 · 사무총장 및 차장 ⑤ 국무총리 ⑥ 국무위원 ⑦ 대통령비서실장 ⑧ 국가안보실장 ⑨ 대통령경호실장 ⑩ 국무조정실장 ⑪ 처의 처장 ⑫ 각부의 차관, 청장(경찰청장은 특정직) ⑬ 차관급상당 이상의 보수를 받는 비서관(대통령비서실 수석비서관, 국무총리비서실장, 대법원장비서실장, 국회의장비서실장) ⑪ 국가정보원장 및 차장 ⑫ 방송통신위원회 위원장 ⑬ 국가인권위원회 위원장
별정직	비서관 · 비서 등 보좌업무 등을 수행하거나 특정한 업무 수행을 위하여 법령에서 별정직으로 지정하는 공무원 ① 비서관 · 비서 ② 장관정책보좌관 ③ 국회 수석전문위원 ④ 감사원 사무차장 및 시 · 도 선거관리위원회 상임위원 ⑤ 국가정보원 기획조정실장 ⑥ 기타 법령에서 별정직으로 지정하는 공무원

표 2-4 전체공무원 현황(2024. 12. 31 기준)

구분		행정직			입법부	사법부	헌법재판소	중앙선거관리위원회
		소계	국가직	지방직				
합계	1,156,326	1,129,545	756,519	373,026	4,801	18,429	362	3,189

자료: 인사혁신처, 2025 인사혁신통계연보, 2025. 3.

표 2-5 국가공무원 직종별 현황(2024. 12. 31 기준)

구분		정무직	일반직	특정직						별정직
				합계	외무	경찰	소방	검사	교육	
합계	763,464	126	182,331	580,596	2,206	143,894	66,819	2,122	365,565	411

자료: 인사혁신처, 2025 인사혁신통계연보, 2025. 3.

한편 정부는 인사의 효율성 및 국가경쟁력 강화를 위하여 고위공무원단(Senior Executive Service)을 구성하여 운용한다. 고위공무원단이란 직무의 곤란성과 책임도가 높은 고위공무원단 직위에 임용되어 재직 중이거나 파견·휴직 등으로 인사관리되고 있는 일반직공무원, 별정직공무원 및 특정직공무원의 군(群)을 말한다. 인사혁신처는 고위공무원단에 속하는 공무원이 갖추어야 할 능력과 자질을 설정하고 이를 기준으로 고위공무원단 직위에 임용되려는 자를 평가하여 신규채용·승진임용 등 인사관리에 활용할 수 있다.

직업공무원제는 대부분의 국가에서 가장 보편적으로 시행하고 있는 공무원제도이지만 이 제도의 문제점을 보완하기 위한 인사정책도 병행된다. 예를 들어 공직자채용시 최하위직급에 젊고 유능한 사람을 채용하는 것뿐만 아니라 중간직급 및 필요한 업무에 특별채용의 방식으로 필요한 인재를 충원함으로써 입직제의 다양성을 꾀한다. 공무원의 무사안일주의, 관료제 등을 감시하기 위하여 시민의 모니터링제도 및 옴브즈만제도 등의 외적인 통제를 가하며, 내적으로는 실적제를 도입해서 직무성과를 평가하여 승진 및 보수에 반영하는 등의 정책을 취하기도 한다.

또한 엄격한 징계제도를 통하여 복지부동한 공직자를 징계하거나 근무평정이 좋지 않은 경우 교육훈련을 강화하여 그 능력개발을 유도한다. 또한 지속적으로 근무성적이 좋지 않거나 업무적합성이 떨어지는 경우 등은 면직처분(Remove Officer)하는 등 직업공무원제의 단점을 보완하기 위한 다양한 정책들이 개발되고 있다.

Ⅲ 실적제

1. 실적제의 의의

실적제(Merit System)란 업무의 효과성 및 생산성을 높이기 위하여 일정한 조건을 갖춘 사람을 채용하고, 그 실적과 능력에 따라 급여 및 승진 등의 기회를 부여하는 인사제도를 말한다. 실적제는 직업공무원제의 핵심을 이룬다.

즉 정치적 당파성, 혈연, 지연, 학연, 인종, 종교 등의 귀속적 임용요인을 배제하고 개인의 능력, 실적을 임용기준으로 삼는 인사정책을 말한다. 실적제가 추구하는 기본가치는 인사행정의 민주성과 형평성, 효율성 및 공무원의 권익을 보호하는 것이다.[8]

2. 실적제의 발달

영국의 경우 실적제는 1855년 추밀원령에 의해 도입되고, 1870년 추밀원령에 의해 정착되었다. 주요 골자는 다음과 같다.

① 공무원의 임용은 공개경쟁시험에 의한다.
② 행정사무를 행정직, 지도직 업무와 기계적, 반복적 업무로 구분한다.
③ 계급별로 채용시험을 채택한다.
④ 재무부는 지원자의 자격과 시험을 행할 관직결정에 동의권을 갖는다.

미국의 경우 1800년대 초까지 엽관제에 의해 채용된 공무원들이 정부에서 일했지만 1881년 가필드 대통령의 암살 이후 직업공무원제가 도입되면서 점차 그 양상이 변하게 되었다. 1883년 펜들턴법의 통과로 최초로 직업공무원제도가 성립되었고, 연방정부의 10% 공무원을 시험에 의하여 공개채용토록 하여 실적제의 근간이 마련된 것이다.

펜들턴법의 주요 내용은 다음과 같다.

① 독립적이며 초당적인 인사위원회를 설치한다.
② 공무원의 임용은 공개경쟁채용시험에 의한다.

8) 오석홍, 인사행정론, 제9판, 박영사, 2022, pp. 30~33.

③ 합격자에게는 시보기간(Probation Term)을 둔다.
④ 공무원에 대한 강제적인 정치 기부금 징수를 금지한다(정치적 중립의 시초).

이후 1923년에 분류법(Classification Act)이 제정되면서 실적주의가 전체 공무원의 80%까지 확대되었다. 이어 1939년 해치법이 제정되어 공직에 대한 정당의 지배와 공무원의 정치활동을 금지하게 됨으로써 실적주의가 자리를 잡게 된다.

미국의 실적제는 실적제보호위원회(U.S. Merit Systems Protection Board: MSPB)에 의하여 관장된다. 실적제보호위원회(MSPB)는 1978년에 제정된 공무원개혁법(Civil Service Reform Act of 1978(CSRA))에 근거를 두고 있다. 이 위원회는 연방기구로 준사법적인 독립적인 권한을 가지며, 연방기관들의 실적제 운영을 감시하고, 정치권 및 외부압력으로부터 연방의 실적제를 보호하며, 동시에 실적제의 남용에 대하여 연방공무원을 보호하는 역할을 한다.[9] 실적제보호위원회의 위원은 대통령이 지명하여 상원의 승인을 받아야 하며, 임기는 7년이다.[10] 2025년 12월 현재 의장은 캐시 해리스(Cathy A. Harris)이며, 2022년 6월 1일에 취임하였다. 현재 위원은 모두 3명이다.

Cathy A. Harris was confirmed by the Senate on May 25, 2022, and sworn into her duties as a member of the Board on June 1, 2022. She was designated Vice Chairman on Jun 6, 2022, and currently is the Acting Chairman...

CATHY A. HARRIS

RAYMOND A. LIMON

TRISTAN L. LEAVITT

자료: MSPB, https://www.mspb.gov/about/members.htm/

9) The U.S. Merit Systems Protection Board (MSPB), https://www.mspb.gov/
10) 5 U.S.C. §§ 1201 and 1202; 5 C.F.R. § 1200.2.

이 법은 실적제보호위원회가 준수하여야 할 실적제의 9가지 원칙을 다음과 같이 제시하고 있다.[11)]

실적제의 원칙(Merit System Principles)

제1원칙: 공개채용 및 공정한 채용 및 승진기회의 부여

공무원 채용 및 승진은 공개적으로 공정한 경쟁을 거쳐 능력, 지식 및 기술을 토대로 이루어져야 하며, 경쟁 기회는 평등하게 부여되어야 한다.

제2원칙: 평등한 대우

모든 공무원 및 후보자는 인종, 피부색, 종교, 출신 국가, 성별, 결혼 상태, 연령 또는 장애 여부와 관계없이 인사 관리의 모든 측면에서 공정하고 공평한 대우를 받아야하며 프라이버시 및 헌법상의 권리를 존중받아야 한다.

제3원칙: 적정한 급여보장

정부는 민간 부문에서 고용주가 근로자에게 지급하는 임금을 적절하게 고려하여 동등한 가치의 업무에 대해 동일한 임금을 제공해야 하며 성과에 대한 적절한 인센티브를 제공해야 한다.

제4원칙: 청렴성

모든 공무원은 공공의 이익을 위해 높은 수준의 청렴성, 행동 및 의식을 가져야 한다.

제5원칙: 효율적인 인사관리

연방공무원의 직무역량은 효율적이고 효과적으로 사용되어야 한다.

제6원칙: 성과제의 운용

공무원의 직무성과는 적정한 기준에 맞게 유지되어야 하며 부적절한 직무성과는 시정되어야 하며, 공무원은 요구되는 기준을 충족시키기 위해 능력을 향상시키는 사람과 그렇지 못한 사람은 분리하여 관리하여야 한다.

제7원칙: 교육 및 훈련

정부는 조직 및 개인의 성과를 향상시키는 교육 및 훈련기회를 제공하여야 하며, 공무원은 효과적인 교육 및 훈련에 참여하여야 한다.

제8원칙: 정치적 중립

공무원은 정당의 정치적 목적을 위한 행동, 지지, 강압 등으로부터 보호받아야 하며, 공무원은 선거 또는 선거 결과에 영향을 미치거나 영향을 미치기 위해 공식

11) 5 USC § 2301, https://www.mspb.gov/msp/meritsystemsprinciples.html/

적인 권한이나 영향력을 행사하여서는 안 된다.

제9원칙: 신분보장
공무원은 법률, 규칙 또는 규정 위반, 부적절한 관리, 자금 낭비, 권한의 부재 또는 공중 보건 또는 안전의 위험에 관한 실질적이고 구체적인 정보의 적법한 공개에 대한 보복으로부터 보호받아야 한다.

현행 국가공무원법은 실적제 운영을 위한 가이드라인을 제시하고 있다. 제26조는 국가공무원의 임용은 시험성적·근무성적, 그 밖의 능력의 실증에 따라 행한다라고 규정하고 있다. 같은 법 제51조는 행정기관의 장은 정기 또는 수시로 소속 공무원의 근무성적을 객관적이고 엄정하게 평정하여 인사관리에 반영하여야 한다고 규정하였다. 또한 공무원 성과평가 등에 관한 규정 제4조는 근무성적 평정은 성과계약등 평가와 근무성적평가로 구분한다고 명시하여 실적제를 강화하고 있다. 경찰공무원법 제8조에서도 경찰공무원의 신규채용은 공개경쟁시험 및 특별채용시험에 의한다라고 규정하였으며, 경찰공무원 승진임용 규정 제7조는 총경 이하의 경찰공무원에 대해서는 매년 근무성적을 평정하여야 하며, 근무성적 평정의 결과는 승진 등 인사관리에 반영하여야 한다고 규정하여 실적제를 명확히 하고 있다.

3. 실적제의 특징

인사행정에 있어 실적주의의 평가기준은 직무수행능력, 생산성, 교육수준, 전공분야, 근무경력, 경력 및 훈련의 수준 등으로 객관적인 평가지표에 의하여 공무원의 능력을 평가하며 이는 승진 및 보수수준의 결정 등의 근간이 된다.[12)]

실적주의의 장점은 공개경쟁채용시험으로 공무원을 채용하는 것을 원칙으로 하므로 공직취임의 기회균등을 통하여 민주주의를 실현할 수 있고, 공무원에 대한 평가는 그 실적을 기준으로 하므로 행정의 능률성을 향상시키며, 공무원에게 정치적 중립성을 요구하므로 행정의 공정성을 담보할 수 있다는 것이다. 또한 정권의 변화와 관계없이 공무원의 신분이 보장되므로, 정치행정적 부패가 상대적으로 감소되고, 행정의 안정성이 유지된다.[13)]

12) 임도빈, 행정학 제3판, 박영사, 2025, pp. 338－339.
13) 유민봉, 한국행정학, 박영사, 2020, p. 490.

그러나 실적주의제의 단점은 인사권의 중앙집권화, 그리고 법제화 등으로 인사행정이 경직되고 부적격자를 제거하는 소극적인 인사정책을 취한다는 것이다. 또한 최초의 공직채용시험 및 자격요건 등과 공무원의 직무수행능력과의 직접적인 연계성이 부족할 수 있으며, 이를 위한 재교육이 필요하다는 점도 있다. 한편으로는 엄격한 채용요건 등을 갖춘 경우에만 임용될 수 있으므로 특정한 성(性), 장애인, 소수민족 등 소외계층의 공직 진출이 원천적으로 곤란할 수 있다. 또한 직업공무원에 대한 강력한 신분보장으로 공무원에 대한 통제가 어려워 무사안일한 관료주의적인 행태가 고착될 우려가 있다. 공무원에게 정치적으로 중립적인 태도를 요구함으로써 고도의 정치적인 의사결정이 요구되는 사안에 대하여도 무감각하거나 무능력한 양상을 보이기도 한다. 나아가 지나친 실적제는 조직문화를 경직시키고, 비인간적인·계량주의적인 방향으로 나아갈 우려가 있다.

4. 현대의 실적제 양상

현대의 국가들은 실적제의 장점은 유지하면서 그 단점을 보완하기 위한 정책들을 도입하였다. 즉, 중앙인사기관에 집중된 인사권을 타 중앙부처 및 지방에 위임하거나 개방형 임용제를 도입함으로써 능력 있는 인재를 수시로 채용하여 기존 공직사회의 경쟁력을 강화시키기도 한다.

또한 장애인 및 국가유공자, 여성인력할당제 등을 시행함으로써 적극적으로 사회적 형평성을 유지하며, 공무원성과급제 및 연봉제 등을 보수체계에 도입함으로써 무사안일하고 복지부동한 공직자 사회의 근무행태를 개선하고 있다.

실적주의는 현행 공무원제도 및 경찰공무원인력운용제도에도 다양하게 반영되고 있다.

첫째, 우리 헌법 제25조는 "모든 국민은 법률이 정하는 바에 의하여 공무담임권을 가진다"고 공직담임 기회의 평등권을 보장하고 있다. 그리고 이를 구체적으로 실천하기 위하여 국가공무원법 제26조는 공무원의 임용의 원칙을 제시하고 있다. 즉 "공무원의 임용은 시험성적·근무성적, 그 밖의 능력의 실증에 따라 행한다"고 규정함으로써 공무원의 임용은 실적주의를 바탕으로 한다고 구체화하고 있다. 같은 법 제 26조의6은 공무원 임용의 차별을 금지하고 있다. 즉 "국가기관의 장은 소속 공무원을 임용할 때 합리적인 이유 없이 성별, 종교 또는 사회적 신분 등을 이유로 차별해서는 아니 된다"고 규정함으로서 상대적 차별을 당하지 않도록 하였다.

또한 같은 법 35조는 평등의 원칙을 제시하며 "공개경쟁에 따른 채용시험은 같은 자격을 가진 모든 국민에게 평등하게 공개하여야 하며 시험의 시기와 장소는 응시자의 편의를 고려하여 결정한다"고 규정함으로써 응시자의 기회균등성을 담보하고 있다.

둘째, 실적주의는 본질적으로 직업공무원주의를 근간으로 하며, 따라서 공무원의 정치적 중립성을 요구하고 있다. 정치적 지향성을 바탕으로 하는 엽관주의의 폐해를 극복하는 방안의 일부로 도입된 실적주의 및 직업공무원주의의 도입배경을 고려하면 공무원의 정치적 중립성은 매우 당연하다. 국가공무원법[14] 및 국가공무원복무규정[15] 역시 공무원의 정치적 중립성을 요구하고 있다.

다만, 실적주의를 획일적으로 적용할 경우 상대적으로 어려운 환경에 처한 사람들이나 보다 전문성을 요구하는 사람들을 우선적으로 일정부분 공직에 입문할 기회를 부여하는 등의 보다 다양한 인사정책이 채택되기도 한다. 장애인, 여성, 저소득자, 국가유공자 등에 대한 채용가선점 부여 및 할당제 등이 이에 속한다.

국가공무원법 제26조는 "국가기관의 장은 대통령령등으로 정하는 바에 따라 장애인 · 이공계전공자 · 저소득층 등에 대한 채용 · 승진 · 전보 등 인사관리상의 우대와 실질적인 양성 평등을 구현하기 위한 적극적인 정책을 실시할 수 있다"고 규정하고 있다.

---

14) 국가공무원법 제65조.

15) 국가공무원 복무규정 제27조(정치적 행위) ① 법 제65조의 정치적 행위는 다음 각 호의 어느 하나에 해당하는 정치적 목적을 가진 것을 말한다.
1. 정당의 조직, 조직의 확장, 그 밖에 그 목적 달성을 위한 것
2. 특정 정당 또는 정치단체를 지지하거나 반대하는 것
3. 법률에 따른 공직선거에서 특정 후보자를 당선하게 하거나 낙선하게 하기 위한 것
② 제1항에 규정된 정치적 행위의 한계는 제1항에 따른 정치적 목적을 가지고 다음 각 호의 어느 하나에 해당하는 행위를 하는 것을 말한다.
1. 시위운동을 기획 · 조직 · 지휘하거나 이에 참가하거나 원조하는 행위
2. 정당이나 그 밖의 정치단체의 기관지인 신문과 간행물을 발행 · 편집 · 배부하거나 이와 같은 행위를 원조하거나 방해하는 행위
3. 특정 정당 또는 정치단체를 지지 또는 반대하거나 공직선거에서 특정 후보자를 지지 또는 반대하는 의견을 집회나 그 밖에 여럿이 모인 장소에서 발표하거나 문서 · 도서 · 신문 또는 그 밖의 간행물에 싣는 행위
4. 정당이나 그 밖의 정치단체의 표지로 사용되는 기(旗) · 완장 · 복식 등을 제작 · 배부 · 착용하거나 착용을 권유 또는 방해하는 행위
5. 그 밖에 어떠한 명목으로든 금전이나 물질로 특정 정당 또는 정치단체를 지지하거나 반대하는 행위

5. 경찰인사행정의 실적주의

경찰의 경우에도 순경, 경위, 경정 등을 공개경쟁시험으로 신규채용하고, 경력 등 응시요건을 정하여 같은 사유에 해당하는 다수인을 대상으로 경력경쟁채용시험을 통하여 경찰공무원을 신규채용한다.[16] 다만, 다수인을 대상으로 시험을 실시하는 것이 적당하지 아니한 경우에는 법령에 정한 경우에 따라 다수인을 대상으로 하지 아니한 시험으로 경찰공무원을 채용할 수 있다고 예외를 인정하고 있다.[17]

또한 승진의 경우 총경 이하 경찰공무원에 대하여 근무평정과 경력평정 등의 성과평가를 통하여 활용한다. 근무성적은 제1평정요소로 경찰업무 발전에 대한 기여도, 포상 실적 등으로 제2평정요소는 근무실적, 직무수행능력, 직무수행태도 등으로 평가한다.

근무평정 결과는 승진 외에도 성과급 지급이나 전보 등 다양한 인사관리의 중요한 판단자료로 활용된다.

제 2 절 공직의 분류

공직의 분류란 공무원을 일정한 기준에 따라 구분하고 이를 바탕으로 임용방식을 달리하는 것으로 공직의 구조화 또는 공직의 배열을 말한다.[18] 사람을 기준으로 분류하는 방식을 계급제, 직무를 기준으로 분류하는 방식을 직위분류제라고 한다.

우리나라는 계급제와 직위분류제를 모두 채택하고 있지만, 직위분류제는 선언적 수준에 머물고 있다.

---

16) 경찰공무원법 제8조. [시행 2025. 1. 7.] [법률 제20646호, 2025. 1. 7., 일부개정].

17) 경찰공무원 임용령 제16조. [시행 2025. 1. 31.] [대통령령 제35236호, 2025. 1. 31., 일부개정].

18) 유민봉, 한국행정학, 박영사, 2020, pp. 506~507.

I 계급제

1. 계급제의 의의

계급제(Rank Classification)란 공무원의 직위를 직무의 종류와 곤란성 및 책임도에 따라 구분하여 그 등급을 구분하는 공무원인사제도를 말한다. 근본적으로 동일한 계급은 동일한 책임과 보수가 지급되는 것을 원칙으로 한다.[19)]

계급제는 공무원이 가지는 개인적 특성, 즉 학력 · 경력 · 자격을 기준으로 유사한 개인적 특성을 가진 공무원을 하나의 범주로 구분해 계급을 형성하는 제도를 말한다. 계급제는 직위가 내포하고 있는 직무가 아니라 공무원의 개인적 특성에 따라 공직을 종적으로 구분해 계층을 만들고 여기에 행정 업무를 수준별로 구분해 담당하게 하는 개별인간 중심적 제도(Person-Oriented System)로 직위분류제와 대비된다. 즉 계급제란 공무원을 개개인이 가진 자격 · 능력 · 신분 등의 우열(優劣)에 따라 계급을 만들어 구분하는 방식이다. 계급제는 전통적 계급 사회가 남겨준 역사적 산물(産物)의 하나이다. 우리나라를 비롯하여 영국 · 독일 · 프랑스 · 일본 등 관료제 전통이 강한 나라에서 채택되어 운영되고 있다.

일반적으로 직업공무원제도는 계급제(階級制)를 채택하며, 최하위 계급에서 젊고 유능한 사람을 신규채용하여 평생직장으로서의 공직을 유지하며 최고의 계급으로 승진하는 것에 의미를 부여할 수 있다. 이는 동시에 공직자로서의 능력 개발과 자아실현 등의 가치가 인정된다.

공무원은 경력직공무원과 특수경력직공무원으로 구분한다. 경력직공무원은 실적과 자격에 따라 임용되고 그 신분이 보장되며 평생 동안(임기제공무원의 경우에는 근무기간) 공무원으로 근무할 것이 예정되는 공무원을 말한다. 경력직공무원은 일반직공무원과 특정직공무원으로 구분한다.[20)] 경찰은 경력직공무원이며, 특정직공무원으로 분류된다.

특수경력직공무원은 경력직공무원외의 공무원을 말한다. 특수경력직공무원은 정무직공무원과 별정직공무원으로 구분한다.

국가공무원법 제4조는 일반직공무원은 1급부터 9급까지의 계급으로 구분하며, 직군(職群)과 직렬(職列)별로 분류한다고 규정함으로써 우리나라의 공무원제도

---

19) 오석홍, 인사행정론, 제9판, 박영사, 2022, pp. 51~52.

20) 국가공무원법 제2조.

가 계급제를 채택하고 있음을 나타내고 있다. 다만, 고위공무원단에 속하는 공무원은 그러하지 아니하다.

일반직공무원의 직군은 행정 · 기술 · 관리운영직, 우정직, 연구 · 지도직, 전문직으로 구분된다. 이는 다시 직렬 · 직류로 분류되며 그에 따라 3급부터 9급까지 구분된다.

일반직공무원 가운데 행정의 직군 · 직렬 · 직류 및 직급의 명칭은 <표 2-5>와 같다.[21]

일반직공무원은 전직(轉職)할 수 있다. 전직이란 상이한 직렬의 동일직급으로 수평이동하는 것을 말한다. 전직은 전직시험을 거치는 것을 원칙으로 한다. 그러나 일정한 경우에는 시험의 일부 또는 전부를 면제할 수 있다.[22]

21) 공무원임용령 제3조 [시행 2025. 10. 1.] [대통령령 제35811호, 2025. 10. 1., 타법개정].

22) 국가공무원법 제28조의3, 공무원임용령 제29조 · 제30조.

표 2-6 일반직공무원 중 행정직 직급표(공무원임용령 제3조 제1항)

직군	직렬	직류	계급 및 직급 3급	4급	5급	6급	7급	8급	9급
행정	교정	교정	부이사관	서기관	교정관	교감	교위	교사	교도
	보호	보호			보호 사무관	보호 주사	보호 주사보	보호 서기	보호 서기보
	검찰	검찰			검찰 사무관	검찰 주사	검찰 주사보	검찰 서기	검찰 서기보
	마약 수사	마약 수사			마약수사 사무관	마약수사 주사	마약수사 주사보	마약수사 서기	마약수사 서기보
	출입국 관리	출입국 관리			출입국 관리 사무관	출입국 관리 주사	출입국 관리 주사보	출입국 관리 서기	출입국 관리 서기보
	철도경찰	철도경찰			철도 경찰 사무관	철도 경찰 주사	철도 경찰 주사보	철도 경찰 서기	철도 경찰 서기보
	행정	일반행정			행정 사무관	행정 주사	행정 주사보	행정 서기	행정 서기보
		인사조직							
		법무행정							
		재경							
		국제통상							
		고용노동							
		문화홍보							
		교육행정							
		회계							
	직업 상담	직업 상담				직업상담 주사	직업상담 주사보	직업상담 서기	직업상담 서기보
	세무	세무				세무 주사	세무 주사보	세무서기	세무 서기보
	관세	관세				관세 주사	관세 주사보	관세서기	관세 서기보
	사회 복지	사회 복지			사회복지 사무관	사회복지 주사	사회복지 주사보	사회복지 서기	사회복지 서기보
	통계	통계			통계 사무관	통계 주사	통계 주사보	통계 서기	통계 서기보
	사서	사서			사서 사무관	사서 주사	사서 주사보	사서 서기	사서 서기보
	감사	감사		감사관	부감사관	감사 주사	감사 주사보	감사 서기	감사 서기보
	방호	방호			방호 사무관	방호 주사	방호 주사보	방호 서기	방호 서기보

표 2-7 국가공무원 신규채용(공개채용 및 경력채용, 2024)

직종별	직종별	2024		
		합계	공개채용	경력채용
		전체	전체	전체
합계	소계	25,482	19,075	6,407
일반직	소계	9,627	4,849	4,778
	고위공무원	69	–	69
	3급	19	–	19
	4급	118	–	118
	5급	479	305	174
	6급	178	–	178
	7급	1,293	825	468
	8급	423	–	423
	9급	4,656	3,472	1,184
	전문직	1	–	1
	연구직	292	16	276
	지도직	15	–	15
	우정직	1,413	231	1,182
	전문경력관	120	–	120
	전문임기제	312	–	312
	한시임기제	239	–	239
특정직	소계	15,770	14,226	1,544
	외무	114	71	43
	경찰	2,454	1,976	478
	소방	1,945	1,090	855
	검사	146	–	146
	교육	11,111	11,089	22
별정직	소계	85	–	85

자료: 지표누리, https://buly.kr/4bjBxJn

특정직공무원은 담당업무가 특수하여 자격 · 신분보장 · 복무 등에서 특별법이 우선 적용되는 공무원을 말한다. 법관 · 검사 · 외무공무원 · 경찰공무원 · 소방공무원 · 교육공무원 · 군인 · 군무원 · 헌법연구관 · 국가정보원 직원 · 경호공무원 등이 이에 속한다. 계급, 임용 등에 관한 사항은 개별법(국가공무원법의 특례법)으로 규정하며, 법원조직법, 검찰청법, 외무공무원법, 경찰공무원법, 교육공무원법 등이 있다.

표 2-8 특정직 공무원의 분류 및 직급표

구분	분류	근거법
법 관	대법원장 – 대법관 – 판사	법원조직법 제4조, 제5조
검 사	검찰총장 – 검사	검찰청법 제6조
외무공무원	고위외무공무원(공사급 이상 직위), 외무공무원 *외교통상직렬, 외무영사직렬, 외교정보기술직렬로 구분, 대통령령으로 정하는 참사관급 이상 직위는 직렬 미구분	외무공무원법 제2조, 제2조의2
경찰공무원	치안총감 – 치안정감 – 치안감 – 경무관 – 총경 – 경정 – 경감 – 경위 – 경사 – 경장 – 순경(11개 계급)	경찰공무원법 제3조
소방공무원	소방총감 – 소방정감 – 소방감 – 소방준감 – 소방정 – 소방령 – 소방경 – 소방위 – 소방장 – 소방교 – 소방사(11개 계급)	소방공무원법 제3조
교육공무원	교원 – 유치원, 초 · 중 · 고등학교 : 교장(원장), 교감(원감), 수석교사, 교사 – 대학 : 교수, 부교수, 조교수 장학관, 장학사 교육연구관, 교육연구사	교육공무원법 제2조, 제6조, 제6조의2, 제7조, 제8조
군인	장교 : 장성(원수, 대장, 중장, 소장, 준장), 영관(대령, 중령, 소령), 위관(대위, 중위, 소위) 준사관 : 준위, 부사관 : 원사, 상사, 중사, 하사	군인사법 제3조
군무원	일반군무원 : 1 ~ 9급(9개 계급)	군무원인사법 제3조
국가정보원직원	특정직 직원 : 1 ~ 9급(9개 계급)	국가정보원직원법 제2조
경호공무원	경호공무원 : 1 ~ 9급(9개 계급)	대통령 등의 경호에 관한 법률 제6조
헌법연구관	헌법연구관	헌법재판소법 제19조, 제19조의2

자료: 인사혁신처, 공무원 인사실무, 2024, 5.

2. 계급제의 특징

계급제는 최하위 직급에서 일정한 기간과 승진요건을 갖춘 뒤 최상위직급으로 승진하는 인사구조로 계급간 업무 및 보수의 차이가 있으며, 하위직급보다는 상위직급이 그 책임 및 전문성이 상대적으로 강화되는 특징을 가지고 있다.[23]

23) 유민봉, 한국행정학, 박영사, 2020, p. 510.

계급간 역할과 책임이 명확하므로 상명하복의 지휘체계가 성립하며, 특히 군대 및 경찰, 소방 등 일사불란한 행동양식이 요구되는 업무영역에서 계급제의 특성이 더욱 뚜렷하게 나타난다. 계급제는 기본적으로 입직과정이 단순하고, 입직 후 동일 계급이 행할 수 있는 다양한 직무를 경험하며 상위계급으로 진급하면서 그 전문성이 강화되어 일정한 직급 이상이 될 경우 일반적인 전문가형으로 성장하게 된다.

계급제의 장점은 일반적인 소양과 상식을 갖춘 인재를 골고루 채용할 수 있으며, 대부분의 공무원들이 다양한 직무를 거쳐 승진하게 되므로 인력운용의 융통성을 발휘할 수 있다. 또한 공무원으로서의 신분이 보장되고, 장기간 근무할수록 승진을 하고, 그 능력이 발전하므로 직업공무원제를 유지시키는 원동력이 된다.

그러나 계급제는 동시에 단점도 가지고 있다. 즉, 일정한 소양과 상식을 골고루 갖춘 젊은 사람을 신규채용하므로 특정한 지식과 전문성을 갖춘 사람을 확보하는 데에 한계가 있어 전문성이 부족하다는 것이다. 또한 엄격한 계급체제 내에서 상명하복의 관계가 유지되므로 명령 이외의 창의적인 직무개발이나 능력개발의 노력이 상대적으로 부족할 수 있다. 또한 적재적소에 인력배치를 하기 어려우며, 동일한 계급간 직무의 곤란성과 책임성을 모두 균등하게 맞추기 어려운 것도 계급제의 단점이라고 할 수 있다.

3. 현대의 계급제의 변화와 보완

대부분의 조직은 계층적인 상하간 구분 및 업무의 차별화를 근간으로 하므로 공무원조직이 아니더라도 대부분의 조직에서는 인사운용에 있어 계급제적인 요소를 도입한다. 현행 국가공무원법에서도 계급제를 도입하여 공무원의 계급을 3급부터 9급으로 구분하고 있다.

계급제는 신규채용 및 충원에 있어 최하위채용 및 내부승진 등의 방법을 채택하므로 이로 인한 문제점을 보완하기 위하여 최근에는 특정 업무 및 직급에 대하여는 개방형제(Open Personnel Administration System)를 도입하여 계급제의 문제점을 보완한다. 직위공모제나 기관장공모제 또는 특정업무에 대한 계약직채용 등은 계급제의 문제점을 보완하는 인사정책이라 할 수 있다. 또는 중앙부처의 경우 일정한 직렬간 또는 직류간, 동일 직급간 파견근무를 통합운용하기도 한다.

1) 개방형 공무원 임용

개방형 공무원 임용이란 공직사회의 경쟁력 제고를 위하여 전문성이 특히 요구되거나 효율적인 정책수립을 위하여 필요하다고 판단되는 직위에 공직내외를 불문하고 공개모집에 의한 선발시험을 거쳐 직무수행 요건을 갖춘 최적격자를 선발하여 임용하는 제도를 말한다.[24]

지정대상은 중앙행정기관 및 행정부 각급기관(감사원 제외)의 일반직·특정직·별정직·임기제공무원으로 보할 수 있는 고위공무원단 직위 및 과장급 직위이다.[25]

소속장관별로 고위공무원단 직위 또는 실·국장급 밑에 두는 보조기관 또는 이에 상응하는 직위(과장급 직위) 총수의 20% 범위 안에서 지정하되, 최소 10% 이상 되도록 한다.

개방형 직위 선발시험은 분야별 전문가로 구성된 인사혁신처 소속 '중앙선발시험위원회'에서 1차 서류시험과 2차 심층면접을 거쳐 공정하고 객관적으로 실시한다.

그림 2-1 개방형 직위 채용 절차

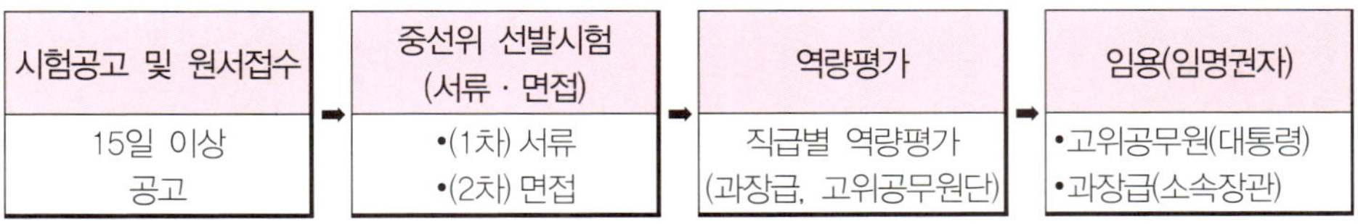

자료: 인사혁신처, https://www.mpm.go.kr/mpm/info/infoBiz/openPoSys/

통상 개방형 직위의 자격요건은 다음과 같다.

표 2-9 개방형 직위의 자격요건

구분	경력	학위	자격증
고위공무원단 (예시)	관련분야 10년 이상 경력 소지자 등	관련분야 박사학위 소지 후 7년 이상 경력 소지자 등	총 경력 7년 이상인 자로서, 변호사 등 자격증 소지 후 관련분야 4년 이상 등

24) 국가공무원법 제28조의4.

25) 개방형 및 공모 직위 규정 제3조. [시행 2024. 12. 31.] [대통령령 제35171호, 2024. 12. 31., 일부개정].

과장급 (예시)	관련분야 7년 이상 경력 소지자 등	관련분야 박사 학위 소지 후 4년 경력 이상 소지자 등	전산 직렬 기술사 등 자격증 소지 후 관련 분야 경력 4년 이상 등

경찰은 경찰청 감사관 및 경찰병원장을 개방형 공무원으로 공개모집하고 있다.

2) 공모직위 임용

효율적인 정책수립 또는 관리를 위해 특정직위에 행정부 내 당해기관 내부 또는 외부 공무원간 상호경쟁을 통해 최적격자를 선발하여 임용하는 것이다.

공모직위는 소속장관별로 고위공무원단 직위 총수의 30% 범위내, 과장급 직위수의 20% 범위내에서 지정한다. 중앙행정기관 및 행정부 각급기관(감사원 제외)을 대상으로 하며, 기능 및 성격상 지정이 어렵거나 지정비율 상한선에 의해 지정이 어려운 기관은 적용대상에서 제외된다.

경찰청 감사관 공개모집 공고문 일부

인사혁신처 공고 제2023-465호

경찰청 「감사관」(개방형 직위) 공개모집

인사혁신처(중앙선발시험위원회)는 개방형 직위로 지정된 경찰청 「감사관」을 다음과 같이 공개모집하오니 유능한 인재의 많은 응모를 바랍니다.

2023년 11월 1일

인사혁신처장

경찰청장

1. 채용직위 개요

□ 직위 주요 업무

- 경찰청과 그 소속기관 및 산하단체에 대한 감사
- 다른 기관에 의한 경찰청과 그 소속기관 및 산하단체 감사 결과 처리
- 사정 업무
- 경찰기관 공무원에 대한 진정 및 비위사항의 조사·처리
- 민원업무의 운영 및 지도
- 경찰 직무수행 과정상의 인권 보호 및 개선에 관한 사항
- 경찰 수사 과정상의 범죄피해자 보호 및 지원에 관한 사항
- 기타 경찰청장이 감사에 관하여 지시한 사항의 처리

□ 직위 당면 과제

- 주요 현안 및 직무사항에 대한 적시성과 투명성·효율성이 확보된 감사 실시
- 조직 내 기본과 원칙 구현을 위한 감찰활동 전개
- 적극적인 인권보호 시스템 구축 및 성비위 엄중 처리

자료: 인사혁신처, https://buly.kr/15Q2Kos/

4. 경찰의 경우

경찰공무원은 국가공무원법 제2조의 경력직공무원 중 특정직공무원에 해당한다. 경찰공무원법 제2조는 경찰공무원의 계급을 치안총감(治安總監, Commissioner General), 치안정감(治安正監, Chief Superintendent), 치안감(治安監, Superintendent General), 경무관(警務官, General), 총경(總警, Senior Superintendent), 경정(警正, Superintendent), 경감(警監, Senior Inspector), 경위(警衛, Inspector), 경사(警査, Assistant Inspector), 경장(警長, Senior Police Officer), 순경(巡警, Police Officer) 등의 11계급으로 구분한다.[26)]

그림 2-2 경찰공무원의 계급과 직무

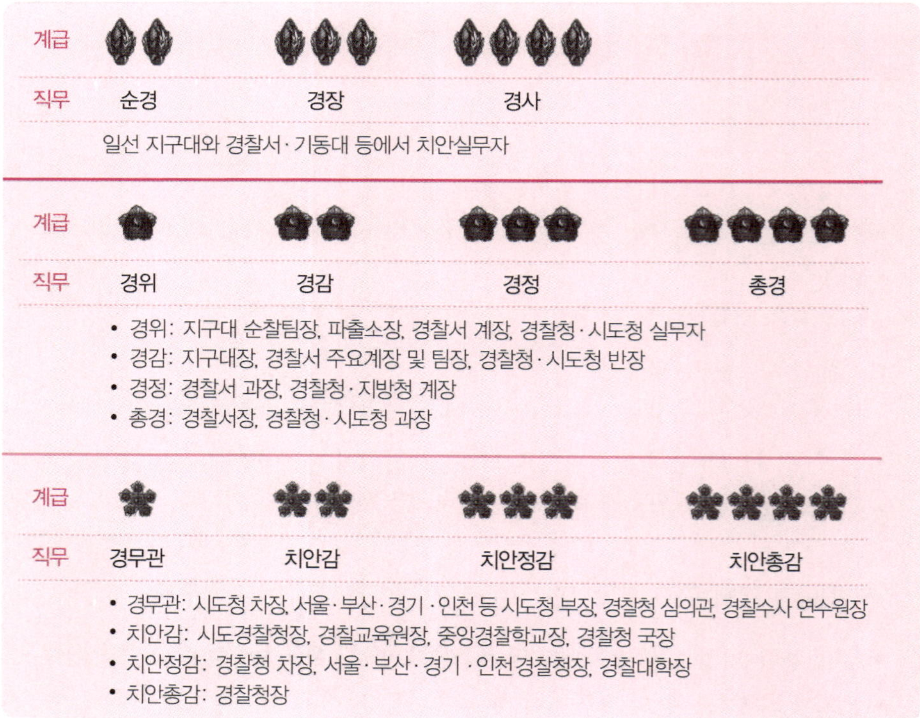

자료: 사이버경찰청, https://www.police.go.kr/

26) 경찰공무원법 제2조, 사이버경찰청 http://www.police.go.kr/

그림 2-3 경찰공무원 인력 추이

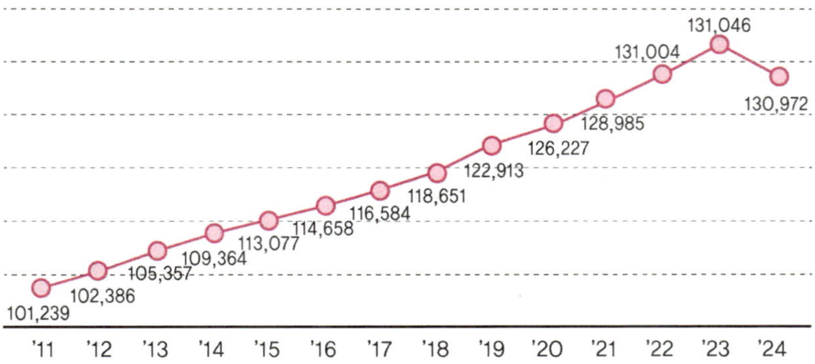

자료: 경찰청, 경찰통계연보, 2025,19.

표 2-10 경찰공무원 계급별 인력

계급별	2020		2021		2022		2023		2024	
	전체	여자	전체	여자	전체	여자	전체	여자	전체	여자
합계	138,764	17,786	140,835	19,107	144,697	20,982	146,044	21,949	143,894	22,370
치안총감	2	–	2	–	2	–	2	–	2	–
치안정감	8	1	9	–	10	1	9	–	9	–
치안감	27	1	35	1	38	–	38	1	37	–
경무관	72	–	99	1	89	2	93	2	102	2
총경	661	24	707	31	755	40	774	47	829	44
경정	3,085	174	3,217	205	3,393	246	3,423	262	3,537	298
경감	13,074	865	15,753	1,003	20,035	1,140	25,155	1,298	28,409	1,497
경위	55,101	3,572	54,337	4,245	49,500	4,616	45,421	5,115	40,880	5,315
경사	23,626	4,431	23,133	4,482	24,083	4,707	26,137	5,152	29,377	5,842
경장	24,452	4,736	25,288	4,964	26,085	5,310	25,947	5,659	22,907	5,203
순경	18,656	3,982	18,255	4,175	20,707	4,920	19,045	4,413	17,805	4,169

자료: 지표누리, https://buly.kr/4bjBxJn/

표 2-11 경찰기관별 경찰공무원 정원 현황

기관별 구분	계	경찰청	부속기관							시도경찰청			경찰서		
			소계	경찰대학	경찰인재개발원	중앙경찰학교	경찰수사연수원	경찰병원	운전면허시험관리단	소계	시도청	직할대	소계	본서	지구대(파출소)
2024	130,972	1,220	545	179	127	175	60	4	–	32,354	17,475	14,879	96,853	46,434	50,419
서울	30,429	–	–	–	–	–	–	–	–	9,940	3,061	6,879	20,489	10,008	10,481
부산	9,458	–	–	–	–	–	–	–	–	2,155	1,333	822	7,303	3,528	3,775
대구	5,968	–	–	–	–	–	–	–	–	1,285	345	940	4,683	2,262	2,421
인천	6,785	–	–	–	–	–	–	–	–	1,727	1,076	651	5,058	2,489	2,569
광주	3,590	–	–	–	–	–	–	–	–	1,053	665	388	2,537	1,224	1,313
대전	3,323	–	–	–	–	–	–	–	–	850	652	198	2,473	1,193	1,280
울산	2,842	–	–	–	–	–	–	–	–	832	562	270	2,010	983	1,027
세종	904	–	–	–	–	–	–	–	–	470	192	278	434	248	186
경기남부	18,364	–	–	–	–	–	–	–	–	3,259	2,079	1,180	15,105	7,273	7,832
경기북부	6,756	–	–	–	–	–	–	–	–	1,434	990	444	5,322	2,615	2,707
강원	4,631	–	–	–	–	–	–	–	–	1,082	812	270	3,549	1,639	1,910
충북	3,900	–	–	–	–	–	–	–	–	1,022	752	270	2,878	1,357	1,521
충남	5,043	–	–	–	–	–	–	–	–	1,257	816	441	3,786	1,793	1,993
전북	5,143	–	–	–	–	–	–	–	–	1,071	794	277	4,072	1,793	2,279
전남	5,762	–	–	–	–	–	–	–	–	1,223	843	380	4,539	2,064	2,475
경북	6,778	–	–	–	–	–	–	–	–	1,377	942	435	5,401	2,436	2,965
경남	7,398	–	–	–	–	–	–	–	–	1,463	1,075	388	5,935	2,893	3,042
제주	2,133	–	–	–	–	–	–	–	–	854	486	368	1,279	636	643

자료: 경찰청, 경찰통계연보, 2025. 45. 재구성.

그림 2-4 경찰의 기능별 정원(2024)

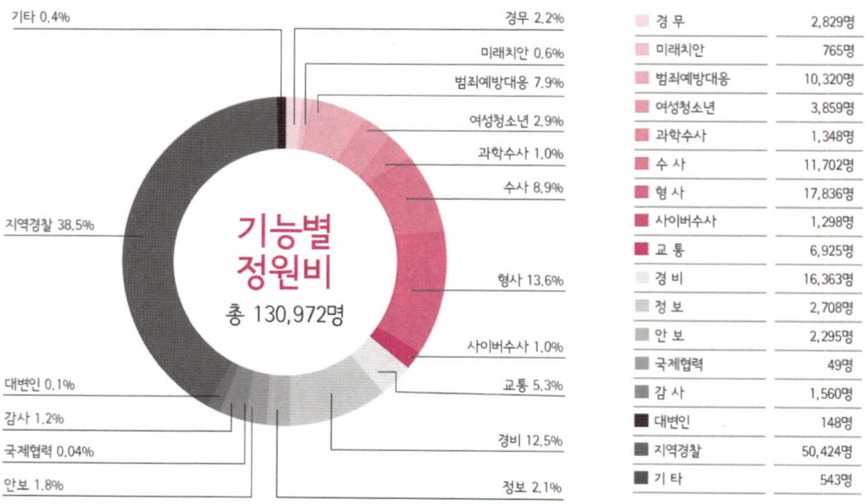

자료: 경찰청, 경찰통계연보, 2025. 20.

Ⅱ 직위분류제

1. 직위분류제의 의의

직위분류제(Classification System)란 모든 공무원의 직위(職位, Position)를 직무의 종류와 곤란성 및 책임도에 따라 분류하여 같은 직급이나, 같은 직무등급에 속하는 직위에 대하여는 동일하거나 유사한 보수가 지급되도록 분류하는 인력운용방식을 말한다.

직위분류제도는 1949년도에 제정된 직위분류법(Classification Act of 1949)에 근거하며, 전문행정가(Specialist)의 양성에 바탕을 둔다. 해당직위별로 자격요건을 설정하고, 이에 맞는 사람을 선발하여, 전문성을 발휘토록 하는 것이 직위분류제의 핵심원리이다.[27)]

직위분류제를 실시하기 위해서는 모든 직무에 대한 분석, 즉 직무분석(Task Classification)이 선행되어야 하며, 임용권자는 직위분류제의 적용을 받는 모든 직위를 어느 하나의 직급 또는 직무등급에 배정하여야 한다고 규정하고 있다.

국가공무원법 제22조는 직위분류를 할 때에는 모든 대상 직위를 직무의 종류와 곤란성 및 책임도에 따라 직군 · 직렬 · 직급 또는 직무등급별로 분류 즉, 직무분석을 할 것을 규정하고 있다.[28)]

직무분석이란 해당 직위의 성과책임 규명, 직무평가 및 직무수행요건 규명 등 각종 직무정보를 체계적으로 수집 · 분석하는 모든 활동을 말한다.[29)] 그리고 이러한 자료를 정리한 것을 직무기술서라고 한다.

현행 인사제도는 계급제를 토대로 하며, 부분적으로 직위분류제적 요소를 가미한 것으로 볼 수 있다.

국가공무원법 제5조는 사용하는 직무분석 및 임용 등에 사용하는 용어를 다음과 같이 규정하였다.[30)]

---

27) 김용철 외, 행정학원론, 박영사, 2022, p. 277; 오석홍, 인사행정론, 제9판, 박영사, 2022, pp. 77~79.

28) 국가공무원법 제21조－제24조.

29) 직무분석규정 제4조. [시행 2026. 1. 2.] [대통령령 제35948호, 2025. 12. 30., 타법개정]

30) 국가공무원법 제5조.

표 2-12 직위분류제와 관련한 용어의 정의

구분	정의
직위(職位)	1명의 공무원에게 부여할 수 있는 직무와 책임을 말한다.
직급(職級)	직무의 종류 · 곤란성과 책임도가 상당히 유사한 직위의 군을 말한다.
정급(定級)	직위를 직급 또는 직무등급에 배정하는 것을 말한다.
강임(降任)	같은 직렬 내에서 하위직급에 임명하거나 하위직급이 없어 다른 직렬의 하위직급으로 임명하거나 고위공무원단에 속하는 일반직공무원을 고위공무원단 직위가 아닌 하위직위에 임명하는 것을 말한다.
전직(轉職)	직렬을 달리하는 임명을 말한다.
전보(轉補)	같은 직급 내에서의 보직 변경 또는 고위공무원단 직위 간의 보직 변경
직군(職群)	직무의 성질이 유사한 직렬
직렬(職列)	직무의 종류가 유사하고 그 책임과 곤란성의 정도가 서로 다른 직급의 군
직류(職類)	같은 직렬 내에서 담당 분야가 같은 직무의 군
직무등급	직무의 곤란성과 책임도가 상당히 유사한 직위의 군

2. 직위분류제의 특징

직위분류제는 채용과정에서부터 직무에 적합한 전문성을 갖춘 인재를 채용하여 필요한 직위에 배치하는 것이므로 전문인력을 적재적소에 효과적으로 활용한다는 특징이 있다. 따라서 직위분류제의 채용 및 충원방식은 기본적으로 개방형제를 채택하게 된다. 직위분류제는 연구개발 등 창의적인 업무영역에 효과적일 수 있다.

직위분류제의 장점은 전문성을 갖춘 인재를 채용함으로써 신규채용시에도 교육훈련 시간 및 비용이 절약되며, 직무에 적합한 인재를 직무에 맞게 배치할 수 있어 업무의 전문성이 유지될 수 있다.[31)]

그러나 직위분류제는 공공영역의 모든 직무를 계량화하여 분석, 즉 직무분석(task analysis)이 어렵다는 태생적인 난관이 있다. 그리고 공무원을 그 능력과 전문성에 따라 특정한 직무에만 배치한다는 원칙상 인력관리의 융통성을 발하기 어려우며, 해당분야의 전문성 및 특수성을 강조하므로 직무영역별 상호간에 업무협조 및 조정이 어렵다. 또한 충원에 있어 개방형제를 취하므로 공무원의 신분

31) 임도빈, 행정학 제3판, 박영사, 2025, p. 340-341.

보장에 한계가 있다. 따라서 재직자의 소속감이나 충성심 등이 상대적으로 결여될 수 있다.

3. 현대의 직위분류제 양상

직위분류제를 공직 전체에 전면적으로 도입하는 것은 업무의 특성 및 국가의 수준, 행정환경 등 여러 가지 여건으로 그 한계가 있다. 따라서 대부분의 국가에서는 계급제적인 바탕 위에 직위분류제적인 요소를 가미하는 형식으로 인사행정에 반영하고 있다. 특히 직위분류제는 임시조직 및 태스크포스 같은 특정 프로젝트를 수행하는 경우 등에 임시적, 탄력적으로 도입되기도 한다.

4. 경찰의 경우

경찰인사 역시 직위분류제적인 요소를 도입하고 있지만 제한적이라 할 수 있다.

경찰공무원법 제3조는 경찰공무원은 그 직무의 종류에 따라 경과(警科)에 의하여 구분할 수 있다고 규정하고 있다. 이에 따라 경찰은 총경 이하에 대하여 경과를 부여하고 있다. 수사경과, 안보수사경과는 경정 이하에게만 부여된다. 임용권자는 경찰공무원을 신규채용할 때에 경과를 부여하여야 한다.[32]

각 경과의 직무영역은 다음과 같다.

경찰공무원의 경과별 직무영역

1. 일반경과: 기획 · 감사 · 경무 · 생활안전 · 교통 · 경비 · 작전 · 정보 · 외사 기타의 직무로서 수사경과 · 보안경과 및 특수경과에 속하지 아니하는 직무
2. 수사경과: 범죄수사에 관한 직무
3. 안보수사경과: 안보수사경찰에 관한 직무
4. 특수경과
   - 항공경과: 경찰항공기의 운영 · 관리에 관한 직무
   - 정보통신경과: 경찰정보통신의 운영 · 관리에 관한 직무

32) 경찰공무원 임용령 제3조.

또한 경찰은 사이버수사요원 및 외사요원, 기동대원, 특공대원, 프로파일러 등과 같이 특정직무에 한하여 일정한 자격요건을 갖춘 신규직원을 채용하여 해당 직무에 배치한다. 또한 경찰청 및 지방경찰청의 특정 직위에 한하여 직위공모제를 실시함으로써 동일 계급 내에서도 좀 더 전문성 및 경력을 가진 사람을 배치하는 등 직위분류제적 요소를 도입하고 있다.

경찰의 직위분류제적 요소의 도입은 신규인력 채용에서도 나타난다. 즉, 경찰은 일정한 전문능력을 갖춘 사람을 별도로 신규채용 후 별도의 경과에 분류, 배치하여 업무의 효율성을 높이고 있다.

2026년의 경우 경찰은 순경공채 6,062명을 공개채용하고, 직위분류제적 요소를 반영하여 18개 분야 546명을 〈표 2－13〉과 같이 경력경쟁채용하고 있다.

표 2-13 2026년 상반기 경찰공무원 채용 분야 및 인원

<table>
<tr><th colspan="2">분 야</th><th>계급</th><th>계</th><th colspan="2">인원(명)</th><th>공고일시</th><th>1차 시험</th><th>합격발표</th></tr>
<tr><td rowspan="2">공채</td><td rowspan="2">순경 공채</td><td rowspan="2">순경</td><td rowspan="2">3,202</td><td>일반</td><td>3,112</td><td rowspan="2">2.6.(금)</td><td rowspan="2">필기시험
3.14.(토)</td><td rowspan="2">6.19.(금)</td></tr>
<tr><td>101단(남)</td><td>90</td></tr>
<tr><td rowspan="10">경채</td><td>변호사</td><td>경감</td><td rowspan="10">88</td><td colspan="2">30</td><td rowspan="10">2.6.(금)</td><td rowspan="3">서류전형
※ 2월
공고 시
별도 공지</td><td rowspan="10">6.19.(금)</td></tr>
<tr><td>범죄분석</td><td>경장</td><td colspan="2">5</td></tr>
<tr><td>뇌파분석</td><td>경장</td><td colspan="2">2</td></tr>
<tr><td rowspan="3">항공</td><td>경감</td><td>조종</td><td>2</td><td rowspan="7">실기시험
※ 2월
공고 시
별도 공지</td></tr>
<tr><td>경위</td><td>조종</td><td>8</td></tr>
<tr><td>경장</td><td>정비</td><td>4</td></tr>
<tr><td>재난사고</td><td>경사</td><td colspan="2">15
건축 · 토목 10 / 화학 5</td></tr>
<tr><td>피해자심리</td><td>경장</td><td colspan="2">20</td></tr>
<tr><td>영상분석</td><td>순경</td><td colspan="2">2</td></tr>
</table>

자료: 경찰청, 2026년 채용안내, https://buly.kr/GP48Tae/

표 2-14 2026년 하반기 경찰공무원 채용 분야 및 인원

<table>
<tr><th colspan="2">분 야</th><th>계급</th><th>계</th><th colspan="2">인원(명)</th><th>공고일시</th><th>1차 시험</th><th>합격발표</th></tr>
<tr><td rowspan="2">공채</td><td rowspan="2">순경 공채</td><td rowspan="2">순경</td><td rowspan="2">2,860</td><td>일반</td><td>2,770</td><td rowspan="2">7.10.(금)</td><td rowspan="2">필기시험
8.22.(토)</td><td rowspan="2">12.11.(금)</td></tr>
<tr><td>101단(남)</td><td>90</td></tr>
<tr><td rowspan="16">경채</td><td>변호사</td><td>경감</td><td rowspan="16">408</td><td colspan="2">10</td><td rowspan="16">7.10.(금)</td><td rowspan="3">서류전형
※ 7월
공고 시
별도 공지</td><td rowspan="16">12.11.(금)</td></tr>
<tr><td>공인회계사</td><td>경감</td><td colspan="2">5</td></tr>
<tr><td>사이버수사</td><td>경위</td><td colspan="2">3</td></tr>
<tr><td>재난사고</td><td>경사</td><td colspan="2">15
건축 · 토목 5
기계 5 / 전기 5</td><td rowspan="5">실기시험
※ 7월
공고 시
별도 공지</td></tr>
<tr><td>경찰청장기
무도</td><td>순경</td><td colspan="2">33
태권도 12 / 유도 5 /
복싱 4 / 레슬링 4 /
겸도 4 / 합기도 4</td></tr>
<tr><td>경찰청장기
사격</td><td>순경</td><td colspan="2">3</td></tr>
<tr><td rowspan="2">현장감식</td><td rowspan="2">순경</td><td>일반감식</td><td>20</td></tr>
<tr><td>화재감식</td><td>5</td></tr>
<tr><td>사이버수사</td><td>경장</td><td colspan="2">60</td><td rowspan="4">필기시험
9.5.(토)</td></tr>
<tr><td>사이버
안보수사</td><td>경장</td><td colspan="2">12</td></tr>
<tr><td>교통공학</td><td>순경</td><td colspan="2">20</td></tr>
<tr><td>세무회계</td><td>순경</td><td colspan="2">20</td></tr>
<tr><td>경찰행정</td><td>순경</td><td colspan="2">150</td><td rowspan="4">필기시험
8.22.(토)</td></tr>
<tr><td rowspan="3">경찰특공대</td><td rowspan="3">순경</td><td>전술 男</td><td>41</td></tr>
<tr><td>전술 女</td><td>2</td></tr>
<tr><td>폭발물 처리</td><td>9</td></tr>
</table>

※ 경찰대학생 선발 및 경위 공채(50명) 채용 일정은 별도 공고

제3장

경찰의 인사행정기관

제 1 절 행정부의 중앙인사관장기관

I 인사혁신처장

인사혁신처는 행정부 소속 공무원의 인사행정에 관한 기본정책의 수립, 인사행정분야의 혁신, 인재채용, 인사관리, 인재개발, 윤리, 복무, 연금 및 소청에 관한 사무를 관장하기 위하여 국무총리 소속으로 설치되었다. 인사혁신처에 처장 1명과 차장 1명을 두되, 처장은 정무직으로 하고, 차장은 고위공무원단에 속하는 일반직공무원으로 보한다.[1)]

인사혁신처장은 국가인재데이터베이스 유지 및 관리, 각급 기관의 인사지원을 위한 공직후보자등에 관한 정보의 제공 등, 공무원노동조합과의 단체교섭 및 단체협약 체결에 관한 사항 등, 공무원 충원 및 인력개발에 관한 기본정책의 수립, 공무원 채용 및 시험에 관한 제도 및 법령 운영, 5급 이상 지방공무원 채용시험 지원, 역량평가 및 역량개발제도의 연구 및 운영, 국가고시센터의 운영·관리, 공무원 인사제도 및 공무원 인사 관계 법령의 총괄, 고위공무원단 인사제도 운영, 대통령이 임면하는 인사에 관한 사항, 개방형 직위 및 공모 직위 제도의 연구·운영, 공무원 평가 및 성과관리 인사제도, 처우개선제도 개발, 국외교육훈련 성과평가 및 활용방안 구축, 정부공직자윤리위원회 및 분과위원회의 운영, 공직윤리종합정보시스템의 운영, 중앙징계위원회의 운영, 퇴직공직자 취업확인·취업승인, 소청심사위원회, 고충심사위원회, 국가공무원인재개발원, 공무원재해보상연금위원회

1) 정부조직법 제24조. [시행 2026. 10. 2.] [법률 제21065호, 2025. 10. 1., 일부개정].

등을 관장한다.[2)]

Ⅱ 행정부 외의 중앙인사관장기관

행정부를 제외한 그 외 중앙인사관장기관의 장은 소관 부처의 인사관리에 대한 총괄적인 사항을 관장한다.

국회 소속 공무원은 국회의장(국회사무총장)이 임용하되, 국회규칙으로 정하는 바에 따라 그 임용권의 일부를 소속기관의 장에게 위임할 수 있다.[3)]

법원 소속 공무원은 대법원장(법원행정처장)이 임용하되, 대법원규칙으로 정하는 바에 따라 그 임용권의 일부를 소속 기관의 장에게 위임할 수 있다.

헌법재판소 소속 공무원은 헌법재판소장(헌법재판소사무처장)이 임용하되, 헌법재판소규칙으로 정하는 바에 따라 그 임용권의 일부를 헌법재판소사무처장에게 위임할 수 있다.

선거관리위원회 소속 5급 이상 공무원은 중앙선거관리위원회의 의결을 거쳐 중앙선거관리위원회위원장이 임용하고, 6급 이하의 공무원은 중앙선거관리위원회 사무총장이 임용한다.

중앙인사관장기관의 장은 각 기관의 균형적인 인사운영을 도모하고 인력의 효율적인 활용과 능력개발을 위하여 법령으로 정하는 바에 따라 인사관리에 관한 총괄적인 사항을 관장한다.

중앙인사관장기관의 장은 조직개편 등으로 현원이 정원을 초과하는 경우 및 행정기관별로 고위공무원단에 속하는 공무원의 현원이 정원을 초과하는 경우 등에는 그 초과된 현원을 총괄하여 관리할 수 있다. 이 경우 결원이 있는 기관의 장은 중앙인사관장기관의 장과 협의하여 결원을 보충하여야 한다.

---

2) 인사혁신처와 그 소속기관 직제 제4조–제15조. [시행 2026. 1. 2.] [대통령령 제35961호, 2025. 12. 30., 일부개정].

3) 국가공무원법 제32조 제4항–제7항.

제 2 절 경찰의 인사행정기관

I 대통령

대통령은 헌법 제78조,[4] 경찰법 제11조,[5] 경찰공무원법 제6조[6]에 의하여 총경 이상 경찰공무원에 대한 임용권을 갖는다.

경찰청 소속 총경 이상의 경찰공무원은 경찰청장 추천 → 행정안전부장관 제청 → 국무총리 경유 → 대통령이 임용한다. 다만, 총경의 전보, 휴직, 직위해제, 강등, 정직 및 복직은 경찰청장에게 위임한다.

경정으로의 신규채용, 승진임용 및 면직은 경찰청장의 제청으로 국무총리를 거쳐 대통령이 한다.

그림 3-1 경찰청장에 대한 대통령의 임용권 행사 절차

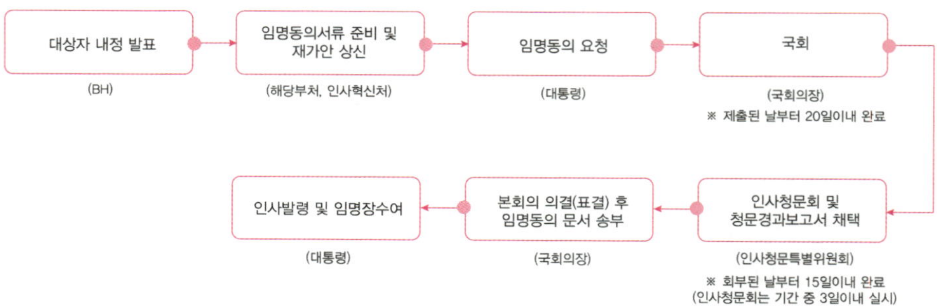

자료: 인사혁신처, http://www.mpm.go.kr/

4) 헌법 제78조는 "대통령은 헌법과 법률이 정하는 바에 의하여 공무원을 임면한다"고 규정하였다.

5) 경찰법 제11조 제2항은 "경찰청장은 경찰위원회의 동의를 받아 행정안전부장관의 제청으로 국무총리를 거쳐 대통령이 임명한다. 이 경우 국회의 인사청문을 거쳐야 한다"고 규정하고 있다.

6) 경찰공무원법 제6조 제1항은 "총경 이상 경찰공무원은 경찰청장 또는 해양경찰청장의 추천을 받아 행정안전부장관 또는 해양수산부장관의 제청으로 국무총리를 거쳐 대통령이 임용한다. 다만, 총경의 전보, 휴직, 직위해제, 강등, 정직 및 복직은 경찰청장 또는 해양경찰청장이 한다"고 규정하고 있다.

Ⅱ 경찰청장

총경의 전보, 휴직, 직위해제, 강등, 정직 및 복직은 경찰청장이 한다. 경정 이하의 경찰공무원은 경찰청장이 임용한다.

경찰청장은 시·도지사에게 해당 시·도의 자치경찰사무를 담당하는 경찰공무원[7] 중 경정의 전보·파견·휴직·직위해제 및 복직에 관한 권한과 경감 이하의 임용권(신규채용 및 면직에 관한 권한은 제외)을 위임한다.

경찰청장은 제반 임용권 위임에도 불구하고, 경찰공무원의 정원 조정, 승진임용, 인사교류 또는 파견을 위하여 필요한 경우에는 임용권을 행사할 수 있다.

Ⅲ 시·도지사, 자치경찰위원회

임용권을 위임받은 시·도지사는 경감 또는 경위로의 승진임용에 관한 권한을 제외한 임용권을 시·도자치경찰위원회에 다시 위임한다.[8] 시·도자치경찰위원회가 임용권을 행사하는 경우에는 시·도경찰청장의 추천을 받아야 한다.

임용권을 위임받은 시·도자치경찰위원회는 시·도지사와 시·도경찰청장의 의견을 들어 그 권한의 일부를 시·도경찰청장에게 다시 위임할 수 있다.

Ⅳ 경찰청 소속기관의 장

경찰청장은 경찰대학·경찰인재개발원·중앙경찰학교·경찰수사연수원·경찰병원 및 시·도경찰청장에게 그 소속 경찰공무원 중 경정의 전보·파견·휴직·직위해제 및 복직에 관한 권한과 경감 이하의 임용권을 위임한다.

소속기관등의 장은 경감 또는 경위를 신규채용하거나 경위 또는 경사를 승진시키려면 미리 경찰청장의 승인을 받아야 한다.

시·도경찰청장은 소속 경감 이하 경찰공무원에 대한 해당 경찰서 안에서의 전보권을 경찰서장에게 다시 위임할 수 있다.

시·도경찰청장 및 경찰서장은 지구대장 및 파출소장을 보직하는 경우에는 시

7) 시·도자치경찰위원회, 시·도경찰청 및 경찰서(지구대 및 파출소는 제외)에서 근무하는 경찰공무원.

8) 경찰공무원 임용령 제4조.

· 도자치경찰위원회의 의견을 사전에 들어야 한다.

V 국가수사본부장

경찰청장은 국가수사본부장에게 국가수사본부 안에서의 경정 이하에 대한 전보권을 위임한다. 경찰청장은 수사부서에서 총경을 보직하는 경우에는 국가수사본부장의 추천을 받아야 한다.

VI 경찰공무원인사위원회

경찰청 소속 경찰공무원의 인사에 관한 중요 사항에 대하여 경찰청장의 자문에 응하게 하기 위하여 경찰청에 경찰공무원인사위원회를 둔다.[9] 경찰공무원인사위원회는 위원장을 포함한 5명 이상 7명 이하의 위원으로 구성한다. 위원장은 경찰청의 인사담당국장이 되고, 위원은 경찰청 총경 이상의 경찰공무원 중에서 경찰청장이 임명한다.

인사위원회는 경찰공무원의 인사행정에 관한 방침과 기준 및 기본계획, 경찰공무원의 인사에 관한 법령의 제정·개정 또는 폐지에 관한 사항, 그 밖에 경찰청장이 인사위원회의 회의에 부치는 사항 등을 의결한다. 회의는 재적위원 과반수의 찬성으로 의결한다. 위원장은 인사위원회를 대표하며, 인사위원회의 사무를 총괄한다.

위원장이 부득이한 사유로 직무를 수행할 수 없는 때에는 위원 중에서 최상위계급 또는 선임의 경찰공무원이 그 직무를 대행한다. 위원장은 인사위원회의 회의를 소집하고 그 의장이 된다.

인사위원회에 간사 약간인을 둔다. 간사는 경찰청 소속 경찰공무원 중에서 위원장이 지명한다. 간사는 위원장의 명을 받아 인사위원회의 사무를 처리한다. 위원장은 인사위원회에서 심의된 사항을 지체없이 경찰청장에게 보고하여야 한다.

---

9) 경찰공무원법 제4조, 경찰공무원 임용령 제9조－제14조.

제2편

경찰공무원 신분의 형성, 변동, 그리고 소멸

제4장

경찰공무원 신분의 형성

제1절 채 용

I 채용의 의의

경찰공무원의 채용(Appointment)이란 법령상 일정한 자격요건을 갖춘 사람을 일정한 법적 절차에 따라 경찰공무원으로 임용하는 일련의 인사행정을 말한다.[1)]

경찰공무원은 신규채용을 원칙으로 하며, 신규채용은 순경, 경위, 경정으로의 일반공개채용 및 경력경쟁채용으로 구분된다. 채용방법은 공개채용시험을 원칙으로 한다.

전체적인 채용의 절차는 그림과 같다.

그림 4-1 채용의 절차

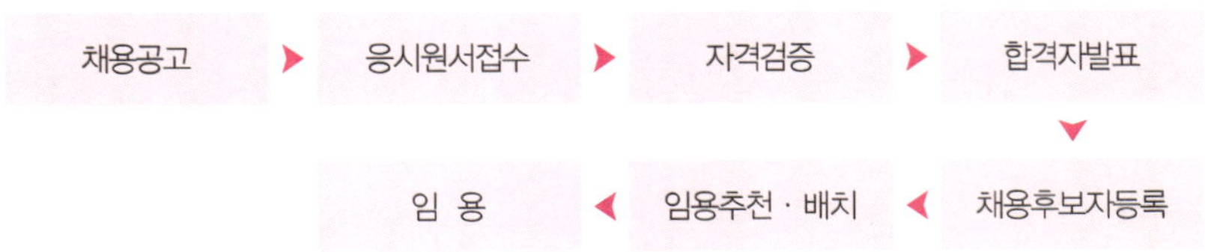

1) 오석홍, 인사행정론, 제9판, 박영사, 2022, p. 131.

Ⅱ 채용의 유형

경찰공무원의 채용은 일반공개채용과 경력경쟁채용으로 구분한다.

1. 일반공개채용

일반공개채용 중 경정 및 순경의 신규채용은 공개경쟁시험으로 한다. 경위의 신규채용은 경찰대학을 졸업한 사람 및 경찰간부후보생으로서 교육훈련을 마치고 정하여진 시험에 합격한 사람 중에서 한다.[2)]

2. 경력경쟁채용

경력경쟁채용시험이란 다수인을 대상으로 시험을 실시하는 것이 적당하지 아니한 경우 일정한 자격이나 경력을 가진 사람만을 대상으로 시험으로 경찰공무원을 신규채용하는 경우를 말한다. 경력경쟁채용시험의 대상은 다음의 경우에 해당한다.[3)]

1. 「국가공무원법」 제70조 제1항 제3호의 사유로 퇴직하거나,[4)] 같은 법 제71조 제1항 제1호[5)]의 휴직기간 만료로 퇴직한 경찰공무원을 퇴직한 날부터 3년(「공무원연금법」에 따른 공무상 질병 또는 부상으로 인한 휴직의 경우에는 5년) 이내에 퇴직 시에 재직한 계급의 경찰공무원으로 재임용하는 경우
2. 공개경쟁시험으로 임용하는 것이 부적당한 경우에 임용예정 직무에 관련된 자격증 소지자를 임용하는 경우
3. 임용예정직에 상응하는 근무실적 또는 연구실적이 있거나 전문지식을 가진 사람을 임용하는 경우
4. 「국가공무원법」에 따른 5급 공무원의 공개경쟁채용시험이나 「사법시험법」[6)]에 따른 사법시험에 합격한 사람을 경정 이하의 경찰공무원으로 임용하는 경우

2) 경찰공무원법 제10조 제1항–제2항.
3) 경찰공무원법 제10조 제3항.
4) 직제와 정원의 개폐 또는 예산의 감소 등에 따라 폐직(廢職) 또는 과원(過員)이 되었을 때
5) 신체·정신상의 장애로 장기 요양이 필요할 때
6) 사법시험법은 2009년 변호사시험법의 제정으로 2017년 12월 31일에 폐지되었다. 사법시험은 2017년까지만 존치하였다. 국가법령정보센터, law.go.kr/

5. 「국가공무원법」 제85조에 따라 재학 중에 장학금을 받고 졸업한 사람을 임용하는 경우
6. 섬, 외딴곳 등 특수지역에서 근무할 사람을 임용하는 경우
7. 외국어에 능통한 사람을 임용하는 경우
8. 제주특별자치도의 자치경찰공무원을 그 계급에 상응하는 경찰공무원으로 임용하는 경우

표 4-1 경찰공무원 신규채용 현황

구분	계		일반공개채용				경력경쟁채용											
			순경		경위		순경		경장		경사		경위		경감		경정	
	남	여	남	여	남	여	남	여	남	여	남	여	남	여	남	여	남	여
2021	4,237	1,663	3,747	1,321	38	12	271	236	140	83	–	–	12	–	29	11	–	–
2022	3,131	1,008	2,803	772	37	13	186	141	67	73	–	–	7	–	31	9	–	–
2023	3,209	1,056	2,796	730	36	14	230	236	126	64	–	–	3	–	18	12	–	–
2024	3,956	954	3,701	706	40	10	124	188	63	39	–	–	6	–	22	11	–	–

자료: 경찰청, 경찰통계연보, 2025, 78. 재구성.

제 2 절 채용시험

I 시험실시의 원칙

경찰공무원의 채용은 채용시험을 원칙으로 하며, 시험은 계급별로 실시한다. 다만, 결원보충을 원활히 하기 위하여 필요하다고 인정될 때에는 직무분야별 · 근무예정지역 또는 근무예정기관별로 구분하여 실시할 수 있다.[7)]

II 시험의 실시권자

경찰청장은 신규채용시험의 실시권을 시 · 도경찰청장, 경찰대학의 장 또는 중앙경찰학교의 장에게 위임한다. 다만, 경찰청장은 시험출제 수준의 균형을 유지하기 위하여 특히 필요하다고 인정하는 경우에는 시험출제 업무를 직접 할 수 있다.[8)]

7) 경찰공무원 임용령 제32조.
8) 경찰공무원법 제20조, 경찰공무원 임용령 제33조.

표 4-2 경찰공무원 채용시험 실시기관

구분	시험실시권자	실제 수행 업무
경위 이상 신규채용	**경찰대학**	간부후보생 선발 등 시험 전반 주관
경사 이하 신규채용	**시 · 도경찰청**	응시원서 접수, 필기 · 면접 장소 관리 등 운영 전반
출제 및 실기 (경사 이하)	**중앙경찰학교**	시험 문제 출제, 체크리스트 관리, 실기 평가 주관

Ⅲ 시험의 공고

중앙경찰학교장 또는 경찰대학장은 임용예정계급, 응시자격, 선발예정인원, 시험의 방법 · 시기 · 장소, 시험과목 및 배점에 관한 사항을 공개채용시험 실시

2025년 제2차 경찰공무원(순경) 공개경쟁채용시험

2025년 7월 11일 실제 경찰청이 발표한 (순경) 공개경쟁채용시험의 내용을 전재한다.[9]

1. 채용 분야 및 인원(3개 분야 총 2,842명 선발)

구 분		계	서울	부산	대구	인천	광주	대전	울산	세종	경기남부	경기북부	강원	충북	충남	전북	전남	경북	경남	제주
총 계		2,842	438	120	94	173	44	18	45	6	414	155	96	134	173	176	250	205	239	62
일반공채	남	2,244	288	94	74	134	34	12	35	3	343	127	80	111	143	146	202	170	198	50
	여	508	60	26	20	39	10	6	10	3	71	28	16	23	30	30	48	35	41	12
101경비단		90	90	–	–	–	–	–	–		–	–	–	–	–	–	–	–	–	–

※ 현재 주거지와 상관없이 근무하고자 하는 시 · 도 경찰청에 원서 접수

2. 시험 절차 및 일정

※ 일정은 기상조건, 시험장 사정 등에 따라 변경될 수 있음

시험절차 (합격결정비율)		시험일정 등 공고	시험 기간	합격자 발표
원서접수		7. 11.(금)~7. 21.(월) 18:00 / 11일간		
1차 시험 (50%)	필기시험	8. 22.(금)	3. 25.(토)	9. 5.(금) 17:00
2차 시험 (25%)	신체 · 체력 · 적성검사	9. 5.(금)	9. 22.(월)~11. 2.(일)	신체 · 체력 불합격자 현장통보
3차 시험	응시자격 등 심사	해당 없음	11. 3.(월)~11. 14.(금)	불합격자 개별통보
4차 시험 (25%)	면접시험	11. 14..(금)	11. 17.(월)~12. 9.(화)	12. 12.(금) 17:00

※ 당해 시험일정 변경, 단계별 시험장소 및 합격자 명단 발표 등 시험시행과 관련된 모든 사항은 접수 지방경찰청 홈페이지에 공지

20일 전까지 공고한다. 다만, 시험일정 등 미리 공고할 필요가 있는 사항은 시험실시 90일 전까지 공고하여야 한다.

만약 공고내용을 변경하고자 할 때에는 시험실시 7일 전까지 그 변경내용을 다시 공고하여야 한다.

IV 응시자격

경찰공무원 시험에 응시하려는 자는 다음의 자격요건을 갖추어야 한다.

1. 응시연령

표 4-3 경찰공무원 채용시험 응시자격[10)]

계급별	공개경쟁채용시험	경력경쟁채용시험
경정 이상	25세 이상 40세 이하	27세 이상 40세 이하
경감 · 경위	–	23세 이상 40세 이하(정보통신 및 항공 분야는 23세 이상 45세 이하)
경사 · 경장	–	20세 이상 40세 이하
순경	18세 이상 40세 이하	20세 이상 40세 이하(함정요원은 18세 이상 40세 이하, 의무경찰로 임용되어 정해진 복무를 마친 것을 요건으로 경력경쟁채용하는 경우에는 21세 이상 30세 이하)

2. 운전면허증 취득

경찰공무원 채용시험 응시 희망자는 제1종 운전면허증 대형면허 또는 보통면허를 받은 자이어야 한다.

3. 자격증 취득

임용예정 직무에 관련된 자격증 소지자를 임용하는 경력경쟁채용시험등 응시자격은 다음과 같은 자격증 소지자를 대상으로 한다.[11)]

9) 경찰청 공고 제2023-21호.

10) 경찰공무원 임용령 제39조 제1항 [별표 1의3].

11) 경찰공무원 임용령 시행규칙 제34조. 제1항 [별표 3].

표 4-4 경력경쟁채용시험등 응시자격증 종류

구분	경정이상	경감 · 경위	경사이하
해양	1급항해사 · 1급기관사 · 1급운항사 · 2급항해사 · 2급기관사 · 2급운항사	3급항해사 · 3급기관사 · 3급운항사 · 4급항해사 · 4급기관사 · 4급운항사	5급항해사 · 5급기관사 · 6급항해사 · 6급기관사 · 소형선박조정사 · 잠수산업기사 · 잠수기능사
항공	운송용조종사(비행기 또는 회전익항공기) · 항공정비사(비행기 또는 회전익항공기의 정비경력 5년 이상인 자)	사업용조종사(비행기 또는 회전익항공기) · 항공정비사(비행기 또는 회전익항공기 정비경력 3년 이상인 자)	항공정비사(비행기 또는 회전익항공기) · 항공공장정비사(비행기 또는 회전익항공기)
정보통신	정보통신기술사 · 전자계산기기술사 · 정보관리기술사 · 전자계산조직응용기술사	무선설비기사 · 전파통신기사 · 전파전자기사 · 정보통신기사 · 전자기사 · 전자계산기기사 · 정보처리기사 · 전자계산기조직응용기사 · 통신설비기능장 · 전자기기기능장	무선설비산업기사 · 전파통신산업기사 · 전파전자산업기사 · 정보통신산업기사 · 통신선로산업기사 · 사무자동화산업기사 · 전자산업기사 · 전자계산기조직응용산업기사 · 정보기술산업기사 · 통신기기기능사 · 통신선로기능사 · 전파전자기능사 · 무선설비기능사 · 전자기기기능사 · 정보처리기능사 · 방송통신기능사 · 전자계산기기능사 · 전파통신기능사 · 정보기기운용기능사
수사		변호사 · 공인회계사 · 세무사 · 관세사 · 정보처리기사, 공인노무사 및 전산망정보보호 관련 학사학위 이상 소지자	정보처리산업기사
전산	정보관리기술사 · 전자계산조직응용기술사 · 정보통신기술사	정보처리기사 · 정보통신기사 · 전자계산기조직응용기사	정보처리산업기사 · 정보기술산업기사 · 전자계산기조직응용산업기사
무도, 경호 및 테러진압			유도 · 검도 · 태권도 · 복싱 · 레슬링 2단 이상(대한체육회에 가맹한 경기단체가 인정하는 것을 말한다) 또는 합기도 2단 이상(법인으로서 중앙본부가 있으며 8 이상의 광역지방자치단체에 그 지부를 등록하고 각 지부에 10군데 이상의 체육도장을 갖추고 있으면서 3년 이상 활동 중인 단체가 인정하는 것에 한한다)
운전			제1종 대형운전면허
차량정비		자동차정비기사	자동차정비산업기사
건축		건축기사 · 건축설비기사	
화약류	화약류관리기술사	화약류제조기사 · 화약류관리기사	화약류제조산업기사 · 화약류관리산업기사

4. 경찰공무원 임용 결격

다음의 경우에는 경찰공무원의 임용이 배제되며, 채용시험에 응시할 수 없다.

경찰공무원 임용 및 채용시험 응시 결격사유

「경찰공무원법」 제8조 제2항(결격사유)

1. 대한민국 국적을 가지지 아니한 사람
2. 「국적법」 제11조의2 제1항에 따른 복수국적자
3. 피성년후견인 또는 피한정후견인
4. 파산선고를 받고 복권되지 아니한 사람
5. 자격정지 이상의 형(刑)을 선고받은 사람
6. 자격정지 이상의 형의 선고유예를 선고받고 그 유예기간 중에 있는 사람
7. 공무원으로 재직기간 중 직무와 관련하여 횡령·배임, 업무상 횡령 또는 업무상 배임 등의 죄를 지은 자로서 300만원 이상의 벌금형을 선고받고 그 형이 확정된 후 2년이 지나지 아니한 사람
8. 「성폭력범죄의 처벌 등에 관한 특례법」 제2조에 규정된 죄를 범한 사람으로서 100만원 이상의 벌금형을 선고받고 그 형이 확정된 후 3년이 지나지 아니한 사람
9. 미성년자에 대한 다음 각 목의 어느 하나에 해당하는 죄를 저질러 형 또는 치료감호가 확정된 사람(집행유예를 선고받은 후 그 집행유예기간이 경과한 사람을 포함한다)
   - 「성폭력범죄의 처벌 등에 관한 특례법」 제2조에 따른 성폭력범죄
   - 「아동·청소년의 성보호에 관한 법률」 제2조 제2호에 따른 아동·청소년대상 성범죄
10. 징계에 의하여 파면 또는 해임처분을 받은 사람

「경찰공무원 임용령」 제16조 제1항(경력경쟁채용 등의 요건)

1. 종전의 재직기관에서 감봉 이상의 징계처분을 받은 사람
2. 법 제24조 제1항 제2호에 따라 정년퇴직한 사람

「경찰공무원 임용령」 제46조(부정행위자에 대한 조치)

① 경찰공무원의 채용시험 또는 경찰간부후보생 공개경쟁선발시험에서 다음의 행위를 한 사람에 대해서는 해당 시험을 정지 또는 무효로 하거나 합격을 취소하고,

그 처분이 있은 날부터 5년간 경찰공무원 시험에 응시할 수 없다.
1. 다른 수험생의 답안지를 보거나 본인의 답안지를 보여주는 행위
2. 대리시험을 의뢰하거나 대리로 시험에 응시하는 행위
3. 통신기기, 그 밖의 신호 등을 이용하여 해당 시험 내용에 관하여 다른 사람과 의사소통을 하는 행위
4. 부정한 자료를 가지고 있거나 이용하는 행위
5. 병역, 가점 등 시험에 관한 증명서류에 거짓 사실을 적거나 그 서류를 위조·변조하여 시험결과에 부당한 영향을 주는 행위
6. 체력검사나 실기시험에 영향을 미칠 목적으로 인사혁신처장이 정하여 고시하는 금지 약물을 복용하거나 금지방법을 사용하는 행위
7. 그 밖에 부정한 수단으로 본인 또는 다른 사람의 시험결과에 영향을 미치는 행위

② 경찰공무원의 채용시험 또는 경찰간부후보생 공개경쟁선발시험에서 다음 행위를 한 사람에 대해서는 그 시험을 정지하거나 무효로 한다.
1. 시험 시작 전에 시험문제를 열람하는 행위
2. 시험 시작 전 또는 종료 후에 답안을 작성하는 행위
3. 허용되지 아니한 통신기기 또는 전자계산기를 가지고 있는 행위
4. 그 밖에 시험의 공정한 관리에 영향을 미치는 행위로서 시험실시기관의 장이 시험의 정지 또는 무효 처리기준으로 정하여 공고한 행위

③ 다른 법령에 따른 국가공무원 또는 지방공무원 임용시험에서 부정행위를 하여 해당 시험에의 응시자격이 정지된 사람은 응시자격정지 기간 중 경찰공무원 시험에 응시할 수 없다.

5. 경찰학 전공 이수

경력경쟁채용 가운데 경찰학 전공 채용의 경우 2년제 이상 대학의 경찰행정 관련 학과를 졸업한 사람(법령에 따라 이와 같은 수준의 학력이 있다고 인정된 사람)이나 4년제 대학의 경찰행정 관련 학과에 재학 중이거나 재학했던 사람으로서 경찰행정학 전공 이수로 인정될 수 있는 과목을 45학점 이상 이수하고 현역 또는 보충역의 복무를 마친 사람(법률에 따라 현역의 복무를 마친 것으로 보는 사람 및 여성을 포함)을 경사 이하의 경찰공무원으로 임용할 수 있다.

이 경우에 경찰행정학 전공 이수로 인정될 수 있는 과목은 다음과 같다.[12)]

1. 필수 이수과목: 경찰학, 범죄학, 경찰수사론, 범죄예방론, 형법, 형사소송법
2. 선택 이수과목: 경찰행정학, 경찰행정법, 헌법, 민사법 및 기타법, 자치경찰론, 비교경찰론, 범죄심리학, 범죄통계학, 피해자학, 형사정책론, 연구방법론, 경찰인권론, 경찰윤리론, 경찰사회론, 경찰경무론, 경찰관리론, 경찰생활안전론, 여성범죄론, 청소년범죄론, 특수범죄론, 사이버수사론, 과학수사론, 경찰교통론, 경찰경비론, 경찰정보론, 경찰외사론, 경찰보안론, 첨단경찰론, 경찰실습, 경찰무도

* 필수 이수과목 및 선택 이수과목의 각 과목에는 해당 과목과 유사하다고 인정되는 과목을 포함, 각 과목과 유사하다고 인정되는 과목은 경찰청장이 정한다.

** 각 과목(제1호에 따른 유사 과목을 포함)당 인정 학점의 상한은 3학점으로 한다.

V 시험의 방법

채용시험은 다음 방법에 의하여 단계적으로 실시한다. 다만, 업무내용의 특수성 기타 사유로 필요하다고 인정될 때에는 그 순서를 변경하여 실시할 수 있다.[13)]

신체검사, 체력검사, 필기시험, 적성검사, 면접시험 등의 순서로 실시되며 이 가운데 일부 순서를 변경, 생략하거나 병과할 수 있으며, 경우에 따라서는 서류전형으로 대체할 수 있다.

시험을 치르는 사람은 전(前) 단계 시험에 합격하지 아니하면 다음 단계의 시험에 응시할 수 없다. 다만, 시험실시권자가 필요하다고 인정할 때에는 전 단계 시험의 합격 결정 전에 다음 단계의 시험을 실시할 수 있으며, 이 경우 전 단계 시험에 합격하지 아니한 사람의 다음 단계 시험은 무효로 한다.[14)]

12) 경찰공무원 임용령 제16조 제4항 제2호 [별표 1의2].
13) 경찰공무원 임용령 제35조–제36조.
14) 경찰공무원 임용령 제36조.

그림 4-2 경찰공무원 채용시험의 방법 및 단계

신체검사	▶	체력검사	▶	선택형 필기시험	▶	논문형 필기시험	▶	종합적성검사	▶	면접시험
제1차 시험		제2차 시험		제3차 시험		제4차 시험		제5차 시험		제6차 시험

1. 신체검사

신체검사는 직무수행에 필요한 신체조건 및 건강상태를 검정하는 것으로 한다. 경찰공무원 임용시 필요한 신체조건은 다음과 같다.15)

표 4-5 경찰공무원 채용시험 신체검사 기준

구분	내용 및 기준
체격	국립 · 공립병원 또는 종합병원에서 실시한 경찰공무원 채용시험 신체검사 및 약물검사의 결과 건강상태가 양호하고, 직무에 적합한 신체를 가져야 한다.
시력	시력(교정시력을 포함한다)은 양쪽 눈이 각각 0.8 이상이어야 한다.
색각(色覺)	색맹 또는 적색약(赤色弱, 약도는 제외)이 아니어야 한다. 다만, 다음의 신규채용시험에 응시하는 사람은 색맹 또는 색약(色弱, 약도는 제외)이 아니어야 한다. 1) 감식 부분에 근무할 사람에 대한 신규채용시험 2) 경찰특공대에 근무할 사람에 대한 신규채용시험
청력	청력이 정상[좌우 각각 40데시벨(dB) 이하의 소리를 들을 수 있는 경우를 말한다]이어야 한다.
혈압	고혈압[수축기혈압이 145수은주밀리미터(mmHg)을 초과하거나 확장기혈압이 90수은주밀리미터(mmHg)을 초과] 또는 저혈압[수축기혈압이 90수은주밀리미터(mmHg) 미만이거나 확장기혈압이 60수은주밀리미터(mmHg) 미만]이 아니어야 한다.
사시(斜視)	복시(複視: 겹보임)가 없어야 한다. 다만, 안과전문의가 직무수행에 지장이 없다고 진단한 경우에는 그렇지 않다.
문신	내용 및 노출 여부에 따라 경찰공무원의 명예를 훼손할 수 있다고 판단되는 문신이 없어야 한다.

* 체격 항목 중 직무에 적합한 신체와 문신에 대한 구체적인 기준은 경찰청장이 정한다.
* "색각" 검사 시 응시자는 색각 교정 기구를 사용할 수 없다.

15) 경찰공무원 임용령 시행규칙 제34조의2 제1항 [별표 5].

표 4-6 경찰채용 신체검사 세부기준[16)]

평가 항목	내용		신체검사기준(불합격 판정기준)
직무에 적합한 신체	팔다리와 손 · 발가락		팔다리와 손 · 발가락이 강직, 절단 또는 변형된 기형으로 정형외과 전문의로부터 경찰 장비 및 장구 사용 등 직무수행에 적합하다는 진단을 받지 못한 사람
직무에 적합한 신체	척추만곡증(허리휘는 증상)		X-RAY촬영 결과 20도 이상 허리가 기울어져 있는 자로 정형외과 전문의로부터 정상판정을 받지 못한 사람
직무에 적합한 신체	상지관절의 정상 여부		상지 3대 관절(손목 · 팔꿈치 · 어깨관절)을 앞과 위 아래로 이동시 자연스럽지 않은 사람 중 상지의 3대 관절이 불완전하거나 관절의 기능손실이 15퍼센트 이상이거나 3대 관절의 손실 합이 15퍼센트 이상으로 정형외과 전문의로부터 정상판정을 받지 못한 사람
직무에 적합한 신체	하지관절의 정상 여부		하지 3대 관절(발목 · 무릎 · 고관절)을 좌우로 돌리는 것이 자연스럽지 않은 사람 중 하지의 3대 관절이 불안전하거나 관절의 기능 손실이 15퍼센트 이상이거나 3대 관절의 손실 합이 15퍼센트 이상으로 정형외과 전문의로부터 정상판정을 받지 못한 사람
약물 검사	약물(마약류) 종류		필로폰(MA), 대마(THC), 케타민(Ketamine), 엑스터시(MDMA), 코카인(COC), 아편(OPI)의 검출
문신	내용	혐오성	사회 일반인의 기준으로 판단하여 폭력적 · 공격적이거나 공포감을 조성할 수 있는 내용
문신	내용	음란성	사회 일반인의 기준으로 판단하여 성적 수치심을 야기할 수 있는 내용
문신	내용	차별성	특정 인종 · 종교 · 성별 · 국적 · 정치적 신념 등에 대한 차별적 내용
문신	내용	기타	범죄단체 상징 및 범죄를 야기 · 도발할 수 있거나 공직자로서의 직업윤리에 어긋나 경찰관의 이미지를 손상시킬 수 있는 내용
문신	노출 여부		모든 종류의 경찰 제복(성하복 포함)을 착용하였을 경우 외부에 노출되어 경찰공무원의 명예를 훼손할 수 있다고 판단되는 문신(얼굴, 목, 팔, 다리 등 포함)

* 신체검사기준(불합격 판정기준) 중에서 하나 이상 해당되는 경우에는 신체검사에 불합격한 것으로 본다.

16) 경찰공무원 채용시험에 관한 규칙 제10조 제1항 [별표 1], [시행 2026. 1. 1.] [경찰청예규 제648호, 2025. 11. 13., 일부개정].

2. 필기시험

경찰공무원 순경 및 경정의 공개경쟁채용시험은 〈표 4-7〉, 경위공개경쟁채용시험은 〈표 4-8〉, 그리고 경력경쟁채용시험은 〈표 4-9〉 등과 같다. 다만, 영어 과목은 〈표 4-10〉의 영어능력검정시험으로 대체한다. 한국사과목은 〈표 4-11〉의 한국사능력검정시험으로 한다.[17)]

필기시험의 출제수준은 다음과 같다.[18)]

1. 경위 이상 및 경찰간부후보생: 경찰행정의 기획 및 관리에 필요한 능력·지식을 검정할 수 있는 정도
2. 경사 및 경장: 경찰업무수행에 필요한 전문적 능력·지식을 검정할 수 있는 정도
3. 순경: 경찰업무수행에 필요한 기본적 능력·지식을 검정할 수 있는 정도

필기시험은 다음의 방법에 따라 합격자를 결정한다.

① 경위공개경쟁채용시험, 경력경쟁채용시험

영어와 한국사 능력검정시험에서 기준등급 이상을 취득하고, 나머지 각 과목 만점의 40퍼센트 이상, 전과목 총점의 60퍼센트 이상을 득점한 사람 중 선발예정인원과 시험성적을 고려하여 전 과목 총점이 높은 사람부터 차례로 합격자를 결정한다.

② 순경 공개경쟁채용시험 및 의무경찰 경력 공개경쟁채용시험

영어와 한국사 능력검정시험에서 기준등급이상을 취득하고, 나머지 각 과목 만점의 40퍼센트 이상을 득점한 사람 중 선발예정인원과 시험성적을 고려하여 전 과목 총점이 높은 사람부터 차례로 합격자를 결정한다.

---

17) 경찰공무원 임용령 제41조 제1항.

18) 경찰공무원 임용령 제42조.

표 4-7 경정 및 순경의 공개경쟁채용시험의 필기시험과목[19)]

시험별	경과별 / 분야별		일반 / 일반(보안)		항공 / 항공		정보통신 / 전산 · 정보통신	
경정 공개경쟁채용시험	제3차		한국사	–	한국사	–	한국사	–
			영어	–	영어	–	영어	–
			민법개론	100점	행정법	100점	전기통론	100점
					항공법규	100점		
	제4차	필수	행정법	100점	비행이론	100점	행정법	100점
			형법	100점			형법	100점
			형사소송법	100점	관제이론	100점	형사소송법	100점
		선택 (1개)	범죄학	100점	항공역학	100점	전자공학	100점
			국제법	100점	기관학	100점	통신이론	100점
			민사소송법	100점	형법	100점	프로그래밍언어론	100점
순경 공개경쟁채용시험	제3차	필수	한국사	–	한국사	–	한국사	–
			영어	–			영어	–
			헌법	50점	항공영어	100점	컴퓨터일반	100점
			형사법	100점	항공법규	100점		
			경찰학	100점	비행이론	100점		
		선택 (1개)					통신이론	100점
							정보관리론	100점

비고

1. 한국사 및 영어는 배점이 없고, 검정시험으로 대체한다.
2. 헌법, 형사법, 경찰학의 시험 범위 및 출제 비율은 다음과 같다.
   가. 헌법: 기본권 총론각론 80% 내외, 헌법총론·한국 헌법의 기본질서 20% 내외
   나. 형사법: 형법총론 35% 내외, 형법각론 35% 내외, 형사소송법 30% 내외(수사·증거 각 15% 내외)
   다. 경찰학: 경찰행정법 35% 내외, 경찰학의 기초이론 30% 내외, 경찰행정학 15% 내외, 분야별 경찰활동 15% 내외, 한국경찰의 역사와 비교경찰 5% 내외
   라. 범죄학: 범죄원인론 50% 내외, 범죄대책론 30% 내외, 범죄유형론 10% 내외, 범죄학 일반 10% 내외
3. 항공분야 경찰공무원 경력경쟁채용시험등의 필기시험 필수과목 중 항공법규과목은 「공항시설법」, 「항공사업법」 및 「항공안전법」과 같은 법 시행령 및 시행규칙으로 한다.

19) 경찰공무원 임용령 제41조 제1항 [별표 2].

표 4-8 경위공개경쟁채용시험의 필기시험과목[20]

시험별	경과별 / 분야별	일반					
		일반(보안)		세무 · 회계		사이버	
제3차 시험	필수	한국사	–	한국사	–	한국사	–
		영어	–	영어	–	영어	–
		형사법	120점	형사법	120점	형사법	120점
		헌법	60점	헌법	60점	헌법	60점
		경찰학	120점	세법	80점	정보보호론	80점
		범죄학	60점	회계학	80점	시스템 · 네트워크보안	80점
	선택 (1개)	행정법	40점	상법총칙	60점	데이터베이스론	60점
		행정학	40점	경제학	60점	통신이론	60점
				통계학	60점		
		민법총칙	40점	재정학	60점	소프트웨어공학	60점

비고

1. 한국사 및 영어는 배점이 없고, 검정시험으로 대체한다.
2. 형사법, 헌법, 경찰학, 범죄학의 시험 범위 및 출제 비율은 다음과 같다.
   가. 형사법: 형법총론 35% 내외, 형법각론 35% 내외, 형사소송법 30% 내외(수사 · 증거 각 15% 내외)
   나. 헌법: 기본권 총론 · 각론 80% 내외, 헌법총론 · 한국 헌법의 기본질서 20% 내외
   다. 경찰학: 경찰행정법 35% 내외, 경찰학의 기초이론 30% 내외, 경찰행정학 15% 내외, 분야별 경찰활동 15% 내외, 한국경찰의 역사와 비교경찰 5% 내외
   라. 범죄학: 범죄원인론 50% 내외, 범죄대책론 30% 내외, 범죄유형론 10% 내외, 범죄학 일반 10% 내외

20) 경찰공무원 임용령 제41조 제1항 [별표 2].

표 4-9 경찰공무원 경력경쟁채용시험등의 필기시험과목[21]

계급	경과	일반						항공	정보통신	수사			보안
	분야	일반(보안)	전투	외사	경찰특공대	교통공학	경찰행정	항공	전산·정보통신	법학	세무회계	사이버수사	사이버보안수사
총경·경정	필수	행정법, 형법, 형사소송법	행정법, 형사법, 군사학	행정법, 형법, 국제법, 영어				행정법, 항공법규, 비행이론	행정법, 형법, 전기통론				
	선택			프랑스어, 독일어, 일본어, 중국어, 스페인어, 러시아어, 아랍어 중 1과목				항공역학, 항공기상학 중 1과목	전산학 개론, 유선공학, 무선공학 중 1과목				
경감·경위	필수	행정법, 형법, 형사소송법	행정법, 형사법, 군사학	형법, 국제법, 영어				행정법, 항공법규, 비행이론	행정법, 형법, 전기통론				
	선택			프랑스어, 독일어, 일본어, 중국어, 스페인어, 러시아어, 아랍어 중 1과목				항공역학, 항공기상학 중 1과목	전산학 개론, 유선공학, 무선공학 중 1과목				
경사·경장·순경	필수	한국사, 영어, 형법, 형사소송법, 경찰학	한국사, 영어, 형법, 형사소송법, 군사학	한국사, 형법, 형사소송법	형법, 형사소송법, 경찰학	경찰교통론, 교통공학원론	영어, 형사법, 경찰학, 범죄학	한국사, 항공영어, 항공법규, 비행이론	한국사, 영어, 컴퓨터 일반	형법, 형사소송법, 민법, 헌법, 경찰학	형법, 형사소송법	정보보호론, 시스템 네트워크 보안	정보보호론, 시스템 네트워크 보안
	선택			영어, 프랑스어, 독일어, 일본어, 중국어, 스페인어, 러시아어, 아랍어 중 1과목					통신이론, 정보관리론 중 1과목			데이터 베이스론, 정보보안 관리 및 법규, 디지털 포렌식 개론 중 1과목	데이터 베이스론, 정보보안 관리 및 법규, 디지털 포렌식 개론 중 1과목

비고

1. 각 과목의 배점은 100점으로 한다. 다만, 필수과목 중 영어 및 한국사는 배점이 없고, 경찰행정분야 경사·경장·순경 경력경쟁채용시험등의 필수과목 중 범죄학의 배점은 50점으로 한다.
2. 형사법, 헌법, 경찰학, 범죄학의 시험 범위 및 출제 비율은 다음 각 목과 같다.
   가. 형사법: 형법총론 35% 내외, 형법각론 35% 내외, 형사소송법 30% 내외(수사·증거 각 15% 내외)
   나. 헌법: 기본권 총론·각론 80% 내외, 헌법총론·한국 헌법의 기본질서 20% 내외
   다. 경찰학: 경찰행정법 35% 내외, 경찰학의 기초이론 30% 내외, 경찰행정학 15% 내외, 분야별 경찰활동 15% 내외, 한국경찰의 역사와 비교경찰 5% 내외
   라. 범죄학: 범죄원인론 50% 내외, 범죄대책론 30% 내외, 범죄유형론 10% 내외, 범죄학 일반 10% 내외
3. 항공분야 경찰공무원 경력경쟁채용시험등의 필기시험 필수과목 중 항공법규의 범위는 다음 각 목과 같다.
   가. 「공항시설법」과 같은 법 시행령 및 시행규칙
   나. 「항공사업법」과 같은 법 시행령 및 시행규칙
   다. 「항공안전법」과 같은 법 시행령 및 시행규칙

21) 경찰공무원 임용령 제41조 제1항 [별표 4].

4. 경찰청장은 외사분야의 경찰공무원 경력경쟁채용시험등의 필기시험 선택과목이 아닌 외국어에 대해 특별한 수요가 있는 경우에는 해당 외국어를 선택과목에 추가할 수 있다.
5. 외사분야의 경찰공무원 경력경쟁채용시험등의 필기시험 선택과목 중 외국어과목(영어는 제외한다)은 경찰청장이 지정하는 국내외 외국어 시험전문기관에서 실시하는 외국어 시험으로 대체할 수 있다.

표 4-10 영어 과목을 대체하는 영어능력 검정시험의 종류 및 기준 점수[22)]

시험의 종류		기준 점수		
		총경 · 경정	경감 · 경위 (간부후보생)	경사 · 경장 · 순경
토플 (TOEFL)	아메리카합중국 이.티.에스.(ETS: Education Testing Service)에서 시행하는 시험(Test of English as a Foreign Language)으로서 그 실시방식에 따라 피.비.티.(PBT: Paper Based Test) 및 아이.비.티.(IBT: Internet Based Test)로 구분한다.	PBT 530점 이상	PBT 490점 이상	PBT 470점 이상
		IBT 71점 이상	IBT 58점 이상	IBT 52점 이상
토익 (TOEIC)	아메리카합중국 이.티.에스.(ETS: Education Testing Service)에서 시행하는 시험(Test of English for International Communication)을 말한다.	700점 이상	625점 이상	550점 이상
텝스 (TEPS)	서울대학교 영어능력검정시험(Test of English Proficiency developed by Seoul National University)을 말한다.	340점 이상	280점 이상	241점 이상
지텔프 (G-TELP)	아메리카합중국 국제테스트연구원(International Testing Services Center)에서 주관하는 시험(General Test of English Language Proficiency)을 말한다.	Level 2의 65점 이상	Level 2의 50점 이상	Level 2의 43점 이상
플렉스 (FLEX)	한국외국어대학교 어학능력검정시험(Foreign Language Examination)을 말한다.	625점 이상	520점 이상	457점 이상
토셀 (TOSEL)	중앙일보(주)에서 주관하는 시험(Test of the Skills in the English Language)을 말한다.	Advanced 690점 이상	Advanced 550점 이상	Advanced 510점 이상

비고
위 표에서 정한 시험은 해당 채용시험의 최종시험 시행예정일부터 역산(逆算)하여 3년이 되는 해의 1월 1일 이후에 실시된 시험으로서 해당 채용시험의 필기시험 시행예정일 전날까지 점수(등급)가 발표된 시험으로 한정하며, 기준점수가 확인된 시험만 인정한다. 이 경우 그 소명방법은 시험실시기관의 장이 정하여 고시한다.

22) 경찰공무원 임용령 제41조 제1항 [별표 5].

표 4-11 한국사 과목을 대체하는 한국사능력검정시험의 종류 및 기준등급표[23)]

시험의 종류		기준등급	
		총경 · 경정 · 경감 · 경위	경사 · 경장 · 순경
한국사능력검정시험	국사편찬위원회에서 주관하여 시행하는 시험(한국사능력검정시험)을 말한다.	2급 이상	3급 이상

비고
위 표에서 정한 시험은 해당 채용시험의 최종시험 시행예정일부터 역산(逆算)하여 4년이 되는 해의 1월 1일 이후에 실시된 시험으로서 해당 채용시험의 필기시험 시행예정일 전날까지 등급이 발표된 시험으로 한정하며, 기준등급이 확인된 시험만 인정한다. 이 경우 소명방법은 시험실시기관의 장이 정하여 고시한다.

3. 체력검사

체력검사는 직무수행에 필요한 민첩성·지구력 등 체력을 검정하는 것으로 하며, 검사종목은 〈표 4-12〉와 같다.[24)]

경찰공무원의 공개경쟁채용시험 및 경위 공개경쟁선발시험의 경우 체력검사의 합격은 순환식 체력검사의 평가기준에 따른다.[25)]

---

23) 경찰공무원 임용령 제41조 제1항 [별표 7].

24) 경찰공무원 임용령 시행규칙 제34조의2.

25) 경찰공무원 임용령 제43조 제1항.

그림 4-3 순환식 체력검사 수행 동선

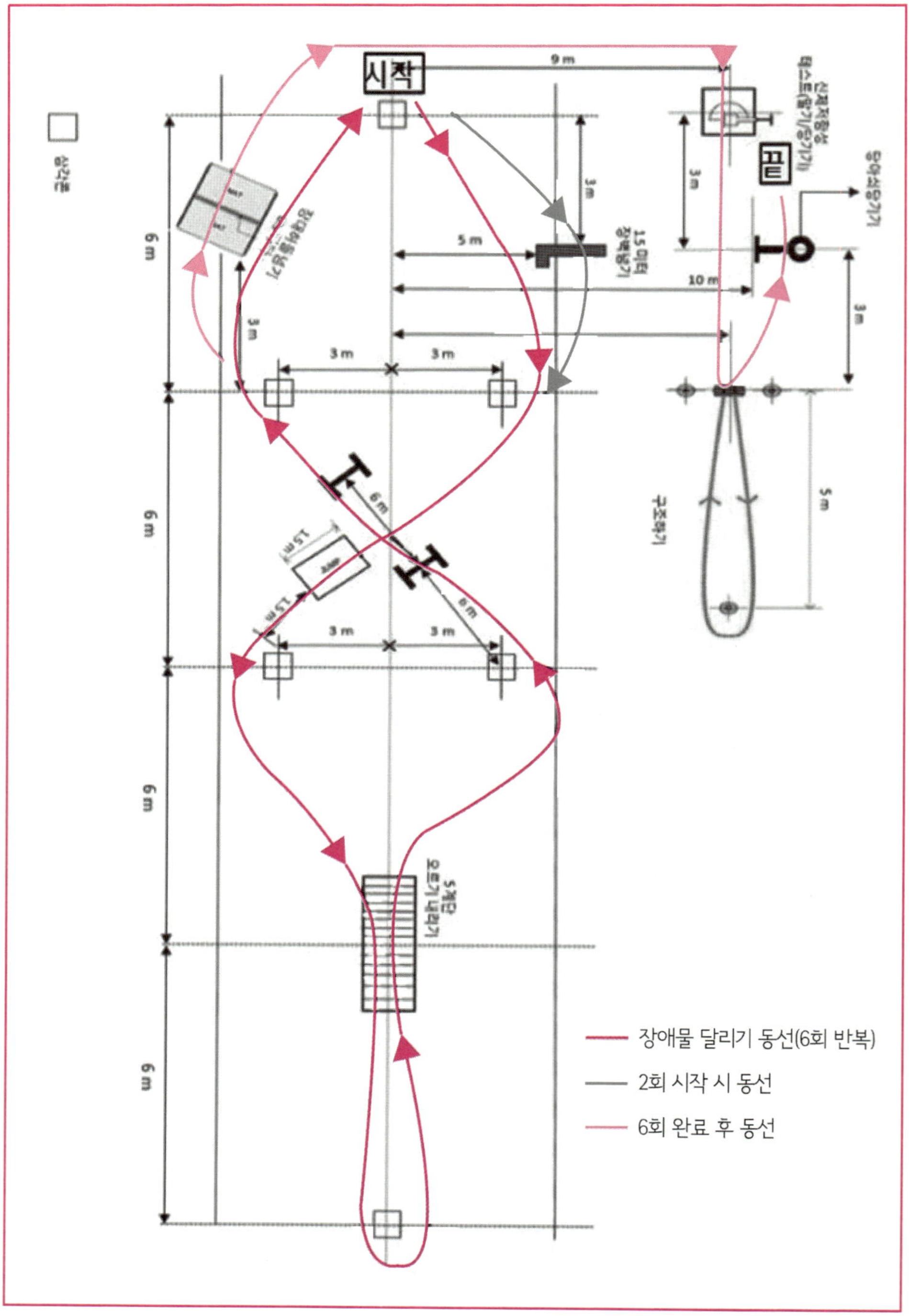

표 4-12 순환식 체력검사의 평가기준 및 방법[26]

1. 평가종목

순환식 체력검사는 경찰공무원의 직무수행 중에 발생하는 상황을 반영하여 4.2킬로그램의 조끼를 착용하고 다음 각 목의 종목을 연이어 수행한 후 그 완주시간을 측정하는 검사를 말한다(그림 참조).

① "장애물코스 달리기"는 매트(1.5미터 길이) 넘기, 허들(0.6미터 높이) 넘기, 계단 오르내리기(5단 계단), 장벽(1.5미터 높이) 넘기(2회 순환 시에만 수행)로 구성된 코스를 6회 반복하여 총 340미터를 달리는 종목

② "장대 허들 넘기"는 엎드린 상태에서 일어나 장대 허들(0.9미터 높이)에 손을 짚고 넘은 후 뒤로 눕기를 3회 반복하는 종목

③ "당기기 · 밀기"는 신체저항성 기구(32킬로그램)를 각각 당긴 상태와 민 상태로 반원을 그리면서 이동하기를 각각 3회 수행하는 종목

④ "구조하기"는 모형인형(72킬로그램)을 잡고 당겨서 10.7미터 거리를 이동시키는 종목

⑤ "방아쇠당기기"는 원형으로 구멍(지름 23센티미터)이 뚫려있는 전방 구조물의 원안에 총구를 넣고 주로 사용하는 손은 16회, 반대쪽 손은 15회씩 방아쇠를 당기는 종목

2. 평가기준

제1호 각 목에 따른 종목의 완주시간을 기준으로 평가한 등급은 다음 각 목의 구분에 따른다. 이 경우 완주시간은 측정된 수치 중 소수점 첫째자리 이하는 버리고 1초 단위로 측정하여 기록한다.

① 완주시간이 4분 40초 이하인 경우: 우수 등급

② 완주시간이 4분 40초를 초과하고 5분 10초 이하인 경우: 보통 등급

③ 완주시간이 5분 10초를 초과한 경우: 미흡 등급

3. 평가방법

① 제2호 각 목의 평가등급에 따른 합격 여부는 다음 1)과 2)의 구분에 따른다. 다만, 영 제43조의3에 따라 어느 한 성(性)을 초과하여 합격시키는 경우에는 보통 등급에 속하는 해당 성의 응시자 중 완주시간에 따른 선순위자를 우수 등급을 받은 인원과 합산한 후 해당 성의 선발예정 인원을 고려하여 합격자를 결정한다.

- 우수 등급을 받은 사람: 합격
- 보통 또는 미흡 등급을 받은 사람: 불합격

② 그 밖에 체력검사의 구체적인 측정방법은 경찰청장이 정한다.

4. 성적 계산 방식

① 체력검사 성적은 50점을 만점으로 하되, 제3호에 따라 합격 시 48점을 부여하고 무도 분야 자격증 2 · 3단을 보유한 경우 1점을, 4단 이상을 보유한 경우 2점을 더하여 계산한다.

② 체력검사 성적 계산 시 인정되는 무도 분야 자격증의 종류는 경찰청장이 정한다.

---

26) 경찰공무원 임용령 시행규칙, 제34조의2 제2항. [별표 5의3].

4. 종합적성검사

직무수행에 필요한 적성과 자질을 종합검정하는 것으로 한다.[27] 종합적성검사는 인성검사와 정밀신원조회로 구분하여 실시한다. 종합적성검사의 결과는 면접시험에 반영한다.

5. 면접시험

면접시험은 직무수행에 필요한 능력, 발전성 및 적격성을 검정하는 것으로 한다.[28] 시험실시권자는 평정을 위하여 필요한 참고자료를 수집하여 시험위원에게 제공하여야 한다.

표 4-13 면접평가

구분	주요 내용	세부 기준 및 비고
총점	50점 만점	5개 평가요소 × 최대 10점
평가 요소 (6가지)	판단 자료 (비계량)	**경찰공무원으로서의 적성** *(※ 직접 점수를 매기지 않고, 다른 요소 평가 시 참고자료로 활용)*
	평가 항목 (계량) *(각 1~10점 정수 평가*	**1. 상황판단 · 문제해결 능력(10)** **2. 의사소통 능력(10)** **3. 경찰윤리의식** (공정, 사명감, 청렴성, 준법성)(10) **4. 성실성 · 책임감(10)** **5. 협업 역량(10)**
합격 기준	총점의 40% 이상	면접위원의 평가 점수를 합산하여 총점의 40% (20점) 이상 득점 시 합격
불합격 기준 (과락)	면접위원 과반수의 최하점(2점 이하) 부여	총점과 관계없이 **불합격** 처리되는 경우: 면접위원 **과반수**가 어느 **하나의 평가요소**(제2호~제6호)에 대해 **2점 이하**로 평가했을 때
행정 사항	자료 제공 의무	시험실시권자는 평가(특히 제1호 적성 판단)를 위해 필요한 참고자료를 면접위원에게 제공해야 함

27) 경찰공무원 임용령 제35조 제1항 제4호; 경찰공무원 임용령 시행규칙 제35조.

28) 경찰공무원 임용령 제35조 제1항 제5호; 경찰공무원 임용령 시행규칙 제36조.

6. 실기시험

실기시험은 직무수행에 필요한 지식 및 기술을 실습 또는 실기의 방법에 의하여 검정하는 것으로 한다.[29]

7. 서류전형

직무수행에 관련되는 자격 및 경력 등을 서면에 의하여 심사하는 것으로 한다.[30]

① 순경, 경위, 경정의 공개경쟁선발시험에 응시자
: 응시원서 1통 제출(정보통신망에 의한 제출 포함)

①의 필기시험 합격자
1. 민간인 신원진술서 1통
2. 지문대조표 1통(시험실시권자가 필요하다고 인정하는 경우만 해당)
3. 경찰공무원 채용 신체검사서 1통
4. 개인신용정보에 관한 조회서 1부

①의 시험 실시권자
필기시험에 합격자에 대해 「전자정부법」 제36조 제1항에 따른 행정정보의 공동이용을 통하여 다음의 서류를 확인해야 한다.
1. 가족관계기록사항에 관한 증명서(기본증명서 및 가족관계증명서)
2. 국가보훈처장이 발급하는 취업지원 대상자 증명서(시험성적의 가산특전을 신청한 경우만 해당)
3. 학교생활기록 관계 서류(시험실시권자가 필요하다고 인정하는 경우만 해당)

③ 경력경쟁채용시험등에 응시하려는 사람은 경찰청장이 정하는 응시원서 1통을 제출(정보통신망에 의한 제출을 포함)해야 하며, 면접시험에 응시자는 다음의 서류를 제출해야 한다.
1. 민간인 신원진술서 1통

29) 경찰공무원 임용령 제35조 제1항 제6호.
30) 경찰공무원 임용령 제35조 제1항 제7호.

2. 경찰공무원 채용 신체검사서 1통
3. 지문대조표 1통(시험실시권자가 필요하다고 인정하는 경우만 해당된다)
4. 자격증명서 1통(응시요건에 필요한 경우만 해당된다)
5. 경력증명서 1통(응시요건에 필요한 경우만 해당된다)
6. 개인신용정보에 관한 조회서 1부

8. 최종합격자의 결정

최종합격자의 결정은 면접시험합격자 중에서 다음의 방법에 따라 정한다.[31]

표 4-14 시험 단계별 합격기준

구분	합격 기준
체력검사 (순환식)	모든 종목 수행 완주시간 기준 **'우수'** 등급 취득자
체력검사 (종목식)	각 종목 실격이 없고, 전 종목 총점의 **40%** 이상 득점자
필기시험 (일반 공채)	영어 · 한국사 기준점수 충족 + 나머지 과목 각각 40% 이상, 총점 60% 이상 득점자 중 고득점순
필기시험 (순경 공채)	영어 · 한국사 기준점수 충족 + 나머지 과목 각각 40% 이상 득점자 중 고득점순
필기시험 (경력 채용)	영어 · 한국사 기준점수 충족 + 나머지 과목 총점 60% 이상 득점자 중 고득점순
실기시험	만점의 60% 이상 득점자 중 고득점순
종합적성검사	면접시험에 결과 반영

표 4-15 최종 합격자 결정 비율

실시 시험 조합	합산 비율
체력 + 필기(실기) + 면접	체력 25% + 필기(또는 실기) 50% + 면접 25%
체력 + 필기 + 실기 + 면접	체력 10% + 필기 30% + 실기 35% + 면접 25%
필기 + 실기 + 면접	필기 30% + 실기 45% + 면접 25%
필기(실기) + 면접	필기(또는 실기) 75% + 면접 25%
체력 + 면접	체력 25% + 면접 75%
면접만 실시	면접시험 성적 100%

31) 경찰공무원 임용령 제43조.

최종합격자의 결정에 있어서 동점자가 있는 경우에는 다음의 순위에 따라 선순위자를 합격자로 한다. 다만, 제1호의 경우 동점자가 있는 때에는 제2호·제3호 및 제4호의 순위에 의한다. 이 때 동점자 계산은 소수점이하 둘째자리까지 계산한다.[32)]

1. 「국가유공자 등 예우 및 지원에 관한 법률」 제29조 또는 「독립유공자예우에 관한 법률」 제16조의 규정에 의한 취업보호대상자
2. 필기시험성적
3. 면접시험성적
4. 체력검사성적

제 3 절 채용후보자

I 채용후보자의 등록

채용시험에 합격한 자는 임용권자 또는 임용제청권자에게 채용후보자등록을 하여야 한다. 채용후보자등록을 하지 아니한 자는 경찰공무원으로 임용될 의사가 없는 것으로 본다.

채용후보자등록을 하고자 하는 자는 채용후보자 등록원서에 소정의 서류를 첨부하여 지정된 기한 내에 임용권자 또는 임용제청권자에게 등록하여야 한다.

임용권자 또는 임용제청권자는 서류를 심사하여 임용적격자에 한하여 채용후보자명부에 등재하고 등록필증을 본인에게 송부한다. 다만, 교육훈련통지서로 등록필증을 갈음할 수 있다.

II 채용후보자명부의 작성

임용권자 또는 임용제청권자는 신규채용시험에 합격한 사람(경찰대학 졸업자 및 경찰간부후보생 포함)을 성적 순위에 따라 채용후보자명부에 등재(登載)하여야

32) 경찰공무원 임용령 시행규칙 제37조 제2항.

한다.[33)]

채용후보자명부는 임용예정계급별로 작성하되, 채용후보자의 서류를 심사하여 임용적격자만을 등재한다. 임용권자 또는 임용제청권자는 채용후보자명부에의 등재여부를 본인에게 알려야 한다. 채용후보자명부의 유효기간은 2년으로 하되, 경찰청장은 필요에 따라 1년의 범위 안에서 그 기간을 연장할 수 있다.

표 4-16 채용후보자 등록 명부[34)]

등록번호	성명	현주소	최종학교명	병역관계		입교여부	임명연월일	임용부서
				군별	전역구분			
1	김**							
2	박**							
3	홍**							

Ⅲ 채용후보자의 자격상실

채용후보자가 다음에 해당하는 경우에는 채용후보자로서의 자격을 상실한다.[35)]

① 채용후보자가 임용 또는 임용제청에 불응한 때
② 채용후보자로서 받아야 할 교육훈련에 불응한 때
③ 채용후보자로서 받은 교육훈련성적이 수료점수에 미달된 때
④ 채용후보자로서 교육훈련을 받는 중에 퇴학처분을 받은 경우. 다만, 질병 등 교육훈련을 계속할 수 없는 불가피한 사정으로 퇴학처분을 받은 경우는 제외한다.

채용후보자가 경찰공무원법상 임용결격사유 또는 특별채용요건[36)]의 결격사유에 해당되는 때에는 등록을 하지 아니하거나 이를 취소하고 지체없이 그 사유를 본인에게 통지하여야 한다.

33) 경찰공무원 임용령 제18조.

34) 경찰공무원 임용령 시행규칙 [별지 제19호 서식].

35) 경찰공무원 임용령 제19조.

36) 경찰공무원 임용령 제16조(특별채용의 요건) ① 다음 각호의 1에 해당하는 자에 대하여는 법 제8조 제3항의 규정에 의한 특별채용을 할 수 없다.
1. 종전의 재직기관에서 감봉 이상의 징계처분을 받은 자
2. 법 제24조 제1항 제2호의 규정에 의하여 정년퇴직한 자

Ⅳ 채용후보자 등록의 효력

경찰공무원의 신규채용은 채용후보자명부의 등재 순위에 따르되, 후보자가 경찰교육기관에서 신임교육을 받은 경우에는 그 교육성적 순위에 따른다.[37]

채용후보자명부의 유효기간은 2년의 범위에서 정한다. 다만, 경찰청장은 필요에 따라 1년의 범위에서 그 기간을 연장할 수 있으며, 연장시 그 사실을 공고하여야 한다.

단, 신규채용시험에 합격한 사람이 채용후보자 명부에 등재된 이후 그 유효기간 내에 「병역법」에 따른 병역 복무를 위하여 군에 입대한 경우(대학생 군사훈련 과정 이수자를 포함한다)의 의무복무 기간은 계산하지 아니한다.

임용권자는 경찰공무원의 결원을 보충할 때 채용후보자명부 또는 승진후보자명부에 등재된 후보자 수가 결원 수보다 적고, 인사행정 운영상 특히 필요하다고 인정할 때에는 그 결원된 계급에 관하여 다른 임용권자가 작성한 자치경찰공무원의 신규임용후보자명부 또는 승진후보자명부를 해당 기관의 채용후보자명부 또는 승진후보자명부로 보아 해당 자치경찰공무원을 임용할 수 있다. 이 경우 임용권자는 그 자치경찰공무원의 임용권자와 협의하여야 한다.

제 4 절 시보임용

Ⅰ 시보임용의 의의

시보임용(Probation)이란 일정한 채용시험 및 교육과정을 마친 공무원을 일정한 기간 시보로 임용하여 근무경력을 쌓으며 직무를 익히도록 하는 제도이다.

경찰은 경정 이하의 경찰공무원을 신규채용할 때에는 1년간 시보(試補)로 임용하고, 그 기간이 만료된 다음 날에 정규 경찰공무원으로 임용한다.[38] 교육훈련성적이 만점의 60% 미만이거나 생활기록이 극히 불량할 때에는 시보임용을 하지 아니할 수 있다.[39]

37) 경찰공무원법 제12조.
38) 경찰공무원법 제13조.
39) 경찰공무원 임용령 제21조 제3항.

휴직기간, 직위해제기간 및 징계에 의한 정직처분 또는 감봉처분을 받은 기간은 시보임용 기간에 산입하지 아니한다. 시보임용 기간중에 있는 경찰공무원이 근무성적 또는 교육훈련성적이 불량할 때에는 면직시키거나 면직을 제청할 수 있다.

Ⅱ 경찰공무원의 시보임용 면제사유

다음의 경우에는 시보임용을 거치지 아니한다.

① 경찰대학을 졸업한 사람 또는 경찰간부후보생으로서 정하여진 교육을 마친 사람을 경위로 임용하는 경우
② 경찰공무원으로서 상위계급으로의 승진에 필요한 자격요건을 갖추고 임용예정 계급에 상응하는 공개경쟁채용시험에 합격한 사람을 해당 계급의 경찰공무원으로 임용하는 경우
③ 퇴직한 경찰공무원으로서 퇴직시에 재직하였던 계급의 채용시험에 합격한 사람을 재임용하는 경우
④ 자치경찰공무원을 그 계급에 상응하는 경찰공무원으로 임용하는 경우

Ⅲ 시보임용 대상자에 대한 지휘

임용권자 또는 임용제청권자는 시보임용 기간중의 경찰공무원에 대하여 근무사항을 항상 지도·감독하여야 한다. 시보임용 경찰공무원을 정규 경찰공무원으로 임용함에 있어서 그 적부를 심사하게 하기 위하여 임용권자 또는 임용제청권자 소속하에 정규임용심사위원회를 둔다.[40]

임용권자 또는 임용제청권자는 시보임용 경찰공무원 또는 시보임용 예정자에 대하여 일정한 기간 교육훈련을 시킬 수 있다. 이 경우 시보임용 예정자가 교육훈련을 받는 기간 동안 예산의 범위 안에서 임용예정 계급의 1호봉에 해당하는 봉급의 상당하는 금액(교육훈련기간은 그 금액의 80%) 등을 지급할 수 있다.

40) 경찰공무원 임용령 제20조－제21조.

Ⅳ 시보임용 대상자의 면직

임용권자 등은 시보임용 경찰공무원이 다음에 해당하여 정규 경찰공무원으로 임용함이 부적당하다고 인정되는 경우에는 정규임용심사위원회의 심사를 거쳐 당해 시보임용 경찰공무원을 면직시키거나 면직을 제청할 수 있다.[41]

① 징계사유에 해당할 때
② 교육훈련 중 질병, 병역 복무 또는 그 밖에 교육훈련을 계속할 수 없는 불가피한 사정 외의 사유로 퇴교처분을 받은 경우
③ 교육훈련성적이 만점의 60% 미만이거나, 생활기록이 극히 불량할 때
④ 경찰공무원 승진임용 규정상 제2평정요소(주관적 평정)에 대한 근무성적평정점이 만점의 50% 미만일 때

시보임용경찰공무원의 면직 또는 면직제청에 따른 동의의 절차는 해당 징계위원회의 파면 의결에 관한 절차를 준용한다.

시보경찰 음주운전, 정규임용심사위원회에서 직권면직 처분은 정당

서울고법 행정3부(부장판사 이상주 이수영 백승엽)는 A씨가 중부지방해양경찰청장을 상대로 제기한 면직처분취소 소송에서 원심과 같이 원고 패소로 판결했다.

A씨는 시보 기간 중이던 지난 2018년 9월 제주도의 한 도로에서 혈중알코올농도 0.19% 수준의 만취상태에서 승용차를 운전한 혐의로 재판에 넘겨졌다. 다음 달 A씨는 도로교통법위반(음주운전)으로 벌금 400만원의 구약식 처분을 받았다.

같은 해 11월 A씨는 관할 경찰서 징계위원회에서 성실의무 및 품위유지 의무 위반을 이유로 정직 2개월 징계처분을 받았고, 이 징계를 이유로 다른 경찰서로 전보됐다. 이듬해 4월 A씨는 같은 사유로 직권면직 처분을 받기도 했다.

이듬해 7월 정규임용심사위원회는 "'제2의 윤창호법'이라고 칭해지는 도로교통법상 음주운전 단속기준 및 처벌이 강화되는 등 사회적으로 경찰공무원 등에게 책임성, 성실성의 의무가 커지고 있다"며 "시보경찰 공무원 임용심사 강화 계획 등에 따라도 A씨를 정규임용에서 배제하는 것이 마땅하다"며 직권면직 처분을 했다.

이에 반발한 A씨는 지난해 10월 행정소송을 제기했다.

재판과정에서 A씨 측은 "시보로서 성실하게 근무를 해왔고, 상사나 동료로부터 긍정

41) 경찰공무원 임용령 제20조 제4항.

적인 평가를 받은 점 등에 비춰보면 이 사건 처분은 지나치게 과도하다"며 "이 사건 이전에는 음주운전의 전과사실이 없고, 이 사건으로 인적·물적 피해가 발생하지 않았다"고 주장했다.

1심은 "A씨가 음주운전 단속을 피하기 위해 도주를 하다 뒤쫓아오던 경찰에 적발된 점, A씨의 혈중알코올농도가 당시 자동차운전면허 취소기준(0.1%)보다 훨씬 높은 점, 음주운전은 불특정 다수의 생명과 재산에 해를 끼칠 수 있는 중대한 범죄인 점 등을 고려하면 A씨의 행위가 비난가능성이 높다"고 봤다.

이어 "A씨가 시보 임용 경찰공무원으로 음주운전 행위를 저질렀다고 하더라도 국민의 시각에서는 정규 경찰공무원의 비위행위와 마찬가지로 인식돼 국민의 경찰공무원 전체에 대한 신뢰를 심각하게 훼손해 엄정히 대처할 필요가 있다"며 "시보 경찰공무원의 면직사유는 경찰공무원의 면직사유보다 넓게 인정하고 있다"고 설명했다.

그러면서 "A씨는 신입경찰 교육기간 중 '함내 주류 반입 및 음주 행위'로 벌점을 받았음에도 자숙하지 않고 음주운전 행위를 저질렀다"며 "A씨가 이 사건 처분으로 인해 더 이상 경찰 공무원으로 재직할 수 없다는 크나큰 불이익을 입지만, 청렴하고 유능한 경찰공무원을 채용하기 위한 공익과 비교할 때 두 법익사이에 현저한 불균형이 있다고 보긴 어렵다"고 덧붙였다.

자료: 뉴스1코리아, 2020년 12월 17일자 보도.

사 건 : 2021-306 직위해제 처분 취소 청구
소청인: ㅇㅇ경찰서 A
피소청인 : ㅇㅇ청장

공무집행방해 (직위해제 → 취소)

처분요지

소청인은 ㅇㅇ경찰서에 근무하던 중 감찰계에 근무하는 피해자에게 전화하여 30여분 간 심한 욕설 및 신변에 위협을 가하겠다고 말하는 등 협박하여 피해자의 공무를 방해한 혐의로 수사 중인 사유로 직위해제 처분

소청이유

소청인이 단순한 욕설을 한 것뿐이고 그 협박이 경미하여 협박에 해당되지 않는 등 정황상 직위해제 처분은 위법하거나 부당한 처분이므로 원처분 취소를 구함

결정요지

소청인의 비위가 도저히 직무를 수행할 수 없다고 해석할 만한 명확한 근거가 부족해 보이고, 소청인이 받은 심각한 불이익 등을 종합적으로 고려하여 취소 결정

자료: 인사혁신처, 소청결정사례집, 2022. 264.

사 건 : 2021–508 강등 처분 취소 또는 감경 청구
소청인: ○○부 A
피소청인 : ○○부장관

초과근무수당 부당수령 (강등 → 기각)

처분요지

소청인은 인사시스템 서무권한을 이용하여 총 147회 초과근무 실적을 허위로 신청하고, 대리결재를 하는 등 부정한 방법으로 총 3,284,850원의 초과근무수당을 부당수령한 비위로 강등 처분

소청이유

사실관계는 인정하나 부서 초과근무시간 총량 제한으로 초과근무를 하고도 수당을 받지 못하여 비위를 저지르게 되었다며 원처분의 취소 또는 감경을 구함

결정요지

원처분 상당의 책임이 인정되어 기각 결정

자료: 인사혁신처, 소청결정사례집, 2022. 293.

V 정규임용심사

시보임용경찰공무원을 정규 경찰공무원으로 임용하는 경우 그 적부(適否)를 심사하게 하기 위하여 임용권자 또는 임용제청권자 소속으로 정규임용심사위원회를 둔다. 경찰기관의 장은 시보임용경찰공무원에 관한 정규임용심사에 필요한 자료를 시보임용 기간 만료 10일 전까지 임용권자 또는 임용제청권자에게 제출하여야 한다.[42]

시보임용경찰공무원을 정규 경찰공무원으로 임용하는 경우 다음의 사항을 고려하여 임용 적합 여부를 심사하여야 한다.

1. 시보임용 기간 중 근무실적 및 직무수행 태도
2. 징계사유에 해당하는 경우
3. 교육훈련성적이 만점의 60퍼센트 미만이거나 생활기록이 극히 불량한 경우

42) 경찰공무원 임용령 시행규칙 제9조–제10조.

4. 근무평정 중 제2 평정 요소의 평정점이 만점의 50퍼센트 미만인 경우
5. 지능 저하 또는 판단력 부족으로 경찰업무를 감당할 수 없는 경우
6. 책임감의 결여로 직무수행에 성의가 없고 위험한 직무를 고의로 기피하거나 포기하는 경우
7. 인격장애, 알코올·약물중독 그 밖의 정신장애로 인하여 경찰업무를 감당할 수 없는 경우
8. 사행행위 또는 재산의 낭비로 인한 채무과다, 부정한 이성관계 등 도덕적 결함이 현저하여 타인의 비난을 받는 경우
9. 소속 상사의 소견

V 임용심사위원회

1. 위원회 구성

정규임용심사위원회는 위원장 1명을 포함한 위원 5명 이상 7명 이하로 구성한다.

위원은 소속 경감 이상 경찰공무원 중에서 위원회가 설치된 기관의 장이 임명하되, 심사대상자보다 상위 계급자로 한다. 위원장은 위원 중 가장 계급이 높은 경찰공무원이 된다. 다만, 가장 계급이 높은 경찰공무원이 둘 이상인 경우 그 중 해당 계급에 승진임용된 날이 가장 빠른 경찰공무원이 된다.

위원회는 재적위원 3분의 2 이상 출석과 출석위원 과반수 찬성으로 의결한다.

2. 임용심사위원회 운영

임용심사위원회는 다음의 구분에 따라 회의를 개최할 수 있다.

1. 시보임용경찰공무원을 정규 경찰공무원으로 임용 또는 임용 제청하기 위한 회의: 시보임용경찰공무원의 시보임용 기간 종료일 1개월 전부터
2. 채용후보자 자격상실 여부를 결정하기 위한 회의: 채용후보자 명부에 등재된 날부터 시보임용 전까지
3. 시보임용경찰공무원을 면직 또는 면직 제청하기 위한 회의: 시보임용경찰공무원의 시보임용 기간 중

임용심사위원회는 위 2호-3호에 따른 의결을 하려는 경우 대상자에게 회의에 출석하여 진술할 수 있는 기회를 보장해야 하며, 대상자는 서면 또는 구술로 자기에게 이익이 되는 사실을 진술하거나 증거를 제출할 수 있다.

<table>
<tr><td colspan="11">경 찰 공 무 원 임 용 서</td></tr>
<tr><td colspan="4"></td><td></td><td colspan="6"></td></tr>
<tr><td colspan="2">등록번호</td><td colspan="2"></td><td rowspan="4"></td><td></td><td></td><td colspan="2"></td><td colspan="2"></td></tr>
<tr><td colspan="2">등록일</td><td colspan="2"></td><td rowspan="3"></td><td rowspan="3"></td><td colspan="2" rowspan="3"></td><td colspan="2" rowspan="3"></td></tr>
<tr><td colspan="2">결재일</td><td colspan="2"></td></tr>
<tr><td colspan="2">공개구분</td><td colspan="2"></td></tr>
<tr><td colspan="4"></td><td></td><td>협조자</td><td colspan="5"></td></tr>
<tr><td colspan="5"></td><td colspan="6"></td></tr>
<tr><td colspan="3">의견</td><td colspan="8"></td></tr>
<tr><td colspan="3">제목</td><td colspan="8"></td></tr>
<tr><td>번호</td><td colspan="2">계급</td><td colspan="2">성명</td><td colspan="3">임용 또는 제청(추천)사항</td><td colspan="2">현 부서(직위)</td><td>임용일</td></tr>
<tr><td>1</td><td colspan="2"></td><td colspan="2"></td><td colspan="3"></td><td colspan="2"></td><td></td></tr>
<tr><td>2</td><td colspan="2"></td><td colspan="2"></td><td colspan="3"></td><td colspan="2"></td><td></td></tr>
<tr><td>3</td><td colspan="2"></td><td colspan="2"></td><td colspan="3"></td><td colspan="2"></td><td></td></tr>
<tr><td>4</td><td colspan="2"></td><td colspan="2"></td><td colspan="3"></td><td colspan="2"></td><td></td></tr>
<tr><td>5</td><td colspan="2"></td><td colspan="2"></td><td colspan="3"></td><td colspan="2"></td><td></td></tr>
<tr><td>6</td><td colspan="2"></td><td colspan="2"></td><td colspan="3"></td><td colspan="2"></td><td></td></tr>
</table>

경찰공무원 임용장

임 용 장

(소 속)

(계 급 · 성 명)

(임 용 사 항)

년 월 일

(임 용 권 자)

제5장

경찰공무원 신분의 변동과 소멸

제1절 전 과

I 전과의 허용

전과란 경과를 변경하는 것을 말한다.[1)]

전과는 일반경과에서 수사경과·안보수사경과 또는 특수경과로의 전과만 인정한다. 다만, 정원감축 등 경찰청장이 정하는 사유가 있는 경우 보안경과·수사경과 또는 정보통신경과에서 일반경과로의 전과를 인정할 수 있다.

이 경우 다음의 요건을 갖춰야 한다.

1. 현재 경과보다 다른 경과에서 더욱 발전할 수 있다고 인정되는 사람
2. 정원감축, 직제개편 등 부득이한 사유로 기존 경과를 유지하기 어려워진 사람
3. 전과하려는 경과와 관련된 자격증을 소지한 사람
4. 전과하려는 경과와 관련된 분야의 시험에 합격한 사람

또한 경과가 신설되는 경우에는 기존경과에서 신설경과로의 전과를 인정하며, 반대로 경과가 폐지되는 경우에는 기존경과로의 전과를 인정할 수 있다.

1) 경찰공무원 임용령 시행규칙 제27조－제28조.

Ⅱ 전과의 금지

다음에 해당하는 사람은 전과를 할 수 없다.

1. 현재 경과를 부여받고 1년이 지나지 아니한 사람
2. 특정한 직무분야에 근무할 것을 조건으로 채용된 경찰공무원으로서 채용 후 5년이 지나지 아니한 사람

제 2 절 보직관리

Ⅰ 보직의 기준

임용권자 또는 임용제청권자는 소속 경찰공무원에게 경과·교육훈련·근무경력, 연고지 등을 고려하여 하나의 직위를 부여하여야 한다. 그러나 법령에서 별도로 정하거나 다음의 경우에는 직위를 부여하지 아니한다.

직위가 부여되지 않는 경우

1. 「국가공무원법」 제43조에 따라 별도정원이 인정되는 휴직자의 복직, 파견된 자의 복귀 또는 파면·해임·면직된 자의 복귀 시에 그에 해당하는 계급의 결원이 없어 그 계급의 정원에 최초로 결원이 생길 때까지 해당 경찰공무원을 보직없이 근무하게 하는 경우
2. 직제의 신설·개편 또는 폐지 시 2개월 이내의 기간 동안 기관의 신설 준비 등을 위하여 보직 없이 근무하게 하는 경우

상위계급의 직위에 하위계급인 사람을 보직할 수 있는 경우는 다음 각 호의 어느 하나에 해당하는 경우로 한정한다.

1. 승진후보자를 임용예정 계급의 직위에 보직하는 경우
2. 해당 기관의 상위계급에 결원이 있으나 승진후보자가 없는 경우

경위 이상으로 신규채용된 경찰공무원은 관리능력을 배양할 수 있도록 전공 및 적성을 고려하여 합리적으로 보직하여야 한다.[2)] 경사 이하로 신규채용된 경찰공무원은 지구대, 파출소, 기동순찰대, 경찰기동대나 그 밖에 경비업무를 수행하는 부서에 보직하여야 한다.

특정한 직무분야에 근무할 것을 조건으로 신규채용 또는 승진임용된 사람은 5년(신규채용의 경우 휴직기간, 직위해제기간 및 정직기간은 미포함) 이내에 채용 조건 또는 승진임용 조건에서 정한 것과 다른 직무분야에 전보할 수 없다.[3)]

다음 신규채용자는 필수현장보직 부서에 일정기간 동안 배치하여야 한다.[4)]

1. 고시 경채 경정 : 총 2년
- 1차 보직: 생활안전, 교통, 경비 중 어느 하나의 부서 : 1년
- 2차 보직: 수사, 형사, 정보, 안보 중 어느 하나의 부서 : 1년

2. 변호사 경채 경감 : 총 5년
- 1차 보직: 경찰서 수사부서(경제팀) : 2년
- 2차 보직: 경찰서 수사부서 : 3년

다만, 예외적으로 경찰청장이 정하는 경우 법률 지식이 필요한 부서에 배치 가능

3. 경찰대학 졸업 경위 및 간부후보생 경위 : 총 3년 6개월
- 1차 보직: 지구대 또는 파출소 6개월
- 2차 보직: 경찰서 수사부서(경제팀) 3년

다만, 경제팀 근무 2년이 만료되는 날이 속하는 해의 정기인사 시 수사부서 내에서 보직 이동 가능
- 세무회계 및 사이버 분야로 채용된 간부후보생 경위 : 필수현장보직 기간 만료 후 3년간 다음의 부서에서 근무함을 원칙으로 한다.
- 세무회계: 수사, 재정, 감사 관련 부서
- 사이버: 사이버, 수사, 정보통신 관련 부서

4. 필수현장보직 기간 중 전보금지

다만, 경찰청장의 승인을 받은 경우에는 예외로 한다.

---

2) 경찰공무원 임용령 제23조.

3) 경찰공무원 임용령 시행규칙 제32조 제1항.

4) 경찰공무원 인사운영규칙 제32조－제35조. [시행 2025. 7. 21.] [경찰청예규 제641호, 2025. 7. 21., 일부개정]

Ⅱ 전 보

전보(轉補, Transference)란 경찰공무원의 동일 직위 및 자격 내에서 근무기관이나 부서를 달리하는 임용행위이다. 임용권자 또는 임용제청권자는 경찰공무원의 동일직위에서의 장기근무로 인한 직무수행의 침체현상을 방지하여 창의적이며 활력 있는 직무성과의 증진을 위하여 정기적으로 전보를 실시하여야 한다.

1. 1년 이내 전보금지 및 예외

경찰공무원이 해당 직위에 임용된 날부터 1년 이내(감사업무를 담당하는 경찰공무원의 경우에는 2년 이내)에 다른 직위에 전보할 수 없다. 다만 다음 경우에는 전보할 수 있다.[5)]

1. 직제상 최저단위인 보조기관 또는 보좌기관 내에서 전보하는 경우
2. 경찰청과 소속기관등 또는 소속기관등 상호 간의 교류를 위하여 전보하는 경우
3. 기구의 개편, 직제 또는 정원의 변경으로 해당 경찰공무원을 전보하는 경우
4. 승진임용된 경찰공무원을 전보하는 경우
5. 전문직위로 경찰공무원을 전보하는 경우
6. 징계처분을 받은 경우
7. 형사사건에 관련되어 수사기관에서 조사를 받고 있는 경우
8. 경찰공무원으로서의 품위를 크게 손상하는 비위(非違)로 인한 감사 또는 조사가 진행 중이어서 해당 직위를 유지하는 것이 부적절하다고 판단되는 경찰공무원을 전보하는 경우
9. 경찰기동대 등 경비부서에서 정기적으로 교체하는 경우
10. 교육훈련기관의 교수요원으로 보직하는 경우
11. 시보임용 중인 경우
12. 신규채용된 경찰공무원을 해당 계급의 보직관리기준에 따라 전보하는 경우 및 이와 관련한 전보의 경우
13. 감사담당 경찰공무원 가운데 부적격자로 인정되는 경우
14. 경정 이하의 경찰공무원을 배우자 또는 직계존속이 거주하는 시·군·자치구 지역의 경찰기관으로 전보하는 경우
15. 임신 중인 경찰공무원 또는 출산 후 1년이 지나지 않은 경찰공무원의 모성보호, 육아 등을 위하여 필요한 경우

---

5) 경찰공무원 임용령 제27조 제1항.

다음의 어느 하나에 해당하는 임용의 경우 전보제한기간을 계산할 때에는 새로운 임용으로 보지 아니한다.[6]

1. 직제상 최저단위인 보조기관 또는 보좌기관 내에서 전보하는 경우
2. 승진 또는 강등 임용
3. 시보임용 중인 경찰공무원을 정규 경찰공무원으로 임용하는 경우
4. 기구의 개편, 직제 또는 정원의 변경에 따라 담당직무의 변경 없이 소속·직위만을 변경하여 재발령하는 경우

2. 교수요원 및 특수지 근무

교육훈련기관의 교수요원으로 임용된 사람은 그 임용일부터 1년 이상 3년 이하의 범위에서 경찰청장이 정하는 기간 안에는 다른 직위에 전보할 수 없다. 다만, 기구의 개편, 직제·정원의 변경이나 교육과정의 개편 또는 폐지가 있거나 교수요원으로서 부적당하다고 인정될 때에는 그러하지 아니하다.[7]

특수지 근무 원으로 채용된 경찰공무원은 그 채용일부터 5년의 범위에서 경찰청장이 정하는 기간(휴직기간, 직위해제기간 및 정직기간은 포함하지 아니한다) 안에는 채용조건에 해당하는 기관 또는 부서 외의 기관 또는 부서로 전보할 수 없다.

임용권자는 2년의 범위에서 경찰청장이 정하는 기간 이상 특수지에서 근무한 총경 이하 경찰공무원에 대하여는 따로 인사교류계획을 수립하여 해당 지역 외의 지역으로 전보를 하여야 한다. 이 경우 전보는 경찰청장이 정하는 범위에서 본인이 희망하는 기관 또는 부서로 함을 원칙으로 한다. 본인이 다른 지역으로의 전보를 희망하지 아니하거나 그 밖의 부득이한 사유가 있는 경우에는 전보대상에서 제외할 수 있다.

특정한 직무분야에 근무할 것을 조건으로 신규채용 또는 승진임용된 사람은 5년 이내에 채용조건 또는 승진임용조건에서 정한 것과 다른 직무분야에 전보할 수 없다. 신규채용의 경우 휴직기간, 직위해제기간 및 정직기간은 포함하지 아니한다.

---

6) 경찰공무원 임용령 제27조 제4항.

7) 경찰공무원 임용령 제29조.

또한 승진임용후보자로 확정된 사람은 임용권자를 달리하는 기관에 전보할 수 없다. 다만, 승진임용되는 계급에 결원이 있는 기관으로의 전보는 예외로 한다.[8)]

Ⅲ 육아휴직

만 8세 이하(취학중인 경우에는 초등학교 2학년 이하)의 자녀를 양육하기 위하여 필요하거나 여성공무원이 임신 또는 출산하게 된 때에는 육아휴직을 할 수 있다.[9)]

육아휴직사유로 인한 휴직명령은 그 경찰공무원이 원하는 경우 이를 분할하여 활용할 수 있으며, 해당 공무원이 원하는 경우에는 당사자를 시간선택제전환근무 경찰공무원으로 지정할 수 있다.

Ⅳ 시간선택제전환근무

시간선택제전환근무명령은 당해 경찰공무원이 원하는 경우 분할하여 활용할 수 있다. 시간선택제전환근무 시간은 1일 최소 3시간 이상, 1주당 15시간 이상 35시간 이하의 범위 내어야 한다.

Ⅴ 업무대행

경찰공무원이 출산휴가 또는 육아휴직을 하거나 시간선택제전환근무 경찰공무원으로 지정된 때에는 그 공무원의 업무(시간제 근무 경찰공무원의 경우에는 근무시간 외의 업무에 한정)를 소속 경찰공무원에게 대행하도록 명할 수 있다.

업무대행 경찰공무원은 1인으로 지정함을 원칙으로 하지만 업무의 특성상 다수인을 지정할 필요가 있는 경우에는 최소한의 인원으로 하되, 5인을 초과할 수 없다.

출산휴가 또는 육아휴직중인 경찰공무원의 업무를 대행하는 경찰공무원 및 시간제 근무 경찰공무원의 근무시간 외의 업무를 대행하는 경찰공무원에 대하여는 수당을 지급할 수 있다.[10)]

---

8) 경찰공무원 임용령 시행규칙 제32조.

9) 국가공무원법 제71조 제2항 제4호; 경찰공무원 임용령 제30조의2; 경찰공무원 임용령 시행규칙 제33조의2.

10) 경찰공무원 임용령 제30조의3; 공무원수당 등에 관한 규정 제11조의3. [시행 2026. 1. 2.] [대

VI 파견근무

파견근무(Dispatched Service)란 국가의 각급기관의 장이 국가적 업무의 수행 또는 그 업무수행과 관련된 행정지원이나 연수, 기타 능력개발 등을 위하여 필요한 때에는 소속 공무원을 다른 국가기관·공공단체·정부투자기관·국내외의 교육기관·연구기관 등에 일정기간 근무하게 하는 것을 말한다.[11)]

경찰공무원의 파견근무는 다음과 같은 경우에 행해진다.

① 국가기관 외의 기관·단체에서 국가적 사업의 수행을 위하여 특히 필요한 경우
② 다른 기관의 업무폭주로 행정지원이 필요한 경우
③ 관련기관간의 긴밀한 협조를 요하는 특수업무의 공동수행을 위하여 필요한 경우
④ 공무원교육훈련법에 의한 교육훈련을 위하여 필요한 경우
⑤ 공무원교육훈련법에 의한 공무원교육훈련기관의 교수요원으로 선발된 경우
⑥ 국제기구, 외국의 정부 또는 연구기관에서의 업무수행 및 능력개발을 위하여 필요한 경우
⑦ 국내외의 교육·연구기관 및 국제기구에서 능력을 개발하기 위하여 필요한 경우 등

제 3 절 휴직과 직위해제·강임·복직

I 휴 직

휴직(休職, Leave of Absence)이란 일정한 사유로 인하여 경찰공무원으로서의 신분은 보유하면서 일정기간 동안 직무에 종사하지 못하는 것을 말한다.

휴직기간중에 휴직사유가 소멸되었을 때에는 30일 이내에 임용권자 또는 임용제청권자에게 신고하여야 하며, 임용권자는 지체없이 복직을 명하여야 한다. 또한, 휴직기간이 만료된 경찰공무원이 30일 이내에 복직신청을 한 때에는 당연 복직된다.

휴직에는 임용권자의 직권에 의한 직권휴직(職權休職)과 경찰공무원 본인의 의사에 의하여 임용권자가 행하는 의원휴직(依願休職)이 있다.

통령령 제36015호, 2026. 1. 2., 일부개정]

11) 경찰공무원 임용령 제30조.

직권휴직 사유인 다음에 해당할 때에는 임용권자는 본인의 의사에 불구하고 휴직을 명하여야 한다.[12)]

표 5-1 직권휴직 사유 및 기간

직권휴직 사유	기간
신체정신상의 장애로 장기요양을 요할 때	1년(1년 연장 가능, 공무상 질병 또는 부상으로 인한 휴직기간은 3년)
병역복무를 필하기 위하여 징집 또는 소집되었을 때	복무 기간이 끝날 때까지
천재 · 지변 또는 전시 · 사변이나 기타의 사유로 인하여 생사 또는 소재가 불명하게 되었을 때	3개월 이내
법률의 규정에 의한 의무를 수행하기 위하여 직무를 이탈하게 되었을 때	복무 기간이 끝날 때까지
공무원의 노동조합 전임자로 종사하게 된 때	그 전임 기간

경찰공무원이 다음에 해당하는 사유로 휴직을 요청하는 경우에는 임용권자는 휴직을 명할 수 있다.

표 5-2 의원휴직 사유 및 기간

의원휴직 사유	기간
국제기구, 외국기관, 국내외의 대학 · 연구기관, 다른 국가기관 또는 민간기업 그 밖의 기관에 임시로 채용될 때	민간기업이나 그 밖의 기관에 채용되면 3년 이내
해외유학을 하게 된 때	3년 이내로 하되, 부득이한 경우에는 2년의 범위에서 연장가능
중앙인사관장기관의 장이 지정한 연구기관이나 교육기관 등에서 연수하게 된 때	2년 이내
만 8세 이하 또는 초등학교 2학년 이하의 자녀를 양육하기 위하여 필요하거나, 여자공무원이 임신 또는 출산하게 된 때	자녀 1명에 대하여 3년 이내
조부모, 부모(배우자의 부모를 포함), 배우자, 자녀 또는 손자녀를 부양하거나 돌보기 위하여 필요한 경우(조부모나 손자녀의 돌봄 휴직은 본인 외에 돌볼 사람이 없는 등 일정한 요건 필요)	1년 이내로 하되, 재직 기간중 총 3년을 초과할 수 없다.
외국에서 근무 · 유학 또는 연수하게 되는 배우자를 동반하게 된 때	3년 이내로 하되, 부득이한 경우에는 2년의 범위에서 연장할 수 있다.
자기계발 휴직	1년 이내

12) 국가공무원법 제71조－제72조.

표 5-3 경찰공무원의 정직, 휴직, 직위해제, 복직 현황

구분		전과	정직	휴직	직위해제	복직
2020		–	111	4,354	25	3,264
2021		–	140	4,893	40	3,376
2022		–	128	4,598	146	4,355
2023		–	145	4,621	213	4,923
2024		–	152	5,429	256	5,157
치안총감	남	–	–	–	–	–
	여	–	–	–	–	–
치안정감	남	–	–	–	2	–
	여	–	–	–	–	–
치안감	남	–	–	–	1	2
	여	–	–	–	–	–
경무관	남	–	1	–	4	2
	여	–	–	–	1	–
총경	남	–	3	2	3	24
	여	–	–	1	–	2
경정	남	–	14	24	17	57
	여	–	–	3	–	5
경감	남	–	43	229	68	254
	여	–	–	62	2	66
경위	남	–	43	822	75	776
	여	–	2	281	3	264
경사	남	–	11	1,312	28	1,097
	여	–	1	871	5	751
경장	남	–	17	850	25	794
	여	–	3	701	6	785
순경	남	–	13	126	14	125
	여	–	1	145	2	153

자료: 경찰청, 경찰통계연보, 2025, 72-73. 재구성.

Ⅱ 직위해제

직위해제(職位解除, Release from Position)란 임용권자가 소속 경찰공무원이 다음에 해당하는 경우에 직위를 부여하지 아니하는 것을 말한다.[13)]

① 직무수행능력이 부족하거나 근무성적이 극히 불량한 자

② 파면 · 해임 · 강등 또는 정직에 해당하는 징계의결이 요구중인 자

13) 국가공무원법 제73조의3.

③ 형사사건으로 기소된 자(약식명령이 청구된 자는 제외)

④ 정당한 사유 없이 직위를 부여받지 못한 기간이 총 2년에 달한 때

⑤ 고위공무원단에 속하는 일반직공무원으로서 제70조의2 제1항 제2호부터 제5호까지의 사유로 적격심사를 요구받은 자[14)]

⑥ 금품비위, 성범죄 등 대통령령으로 정하는 비위행위로 인하여 감사원 및 검찰·경찰 등 수사기관에서 조사나 수사 중인 자로서 비위의 정도가 중대하고 이로 인하여 정상적인 업무수행을 기대하기 현저히 어려운 자

임용권자는 직위를 부여하지 아니한 경우에 그 사유가 소멸된 때에는 지체없이 직위를 부여하여야 한다.

또한 파면·해임 또는 정직에 해당하는 징계의결이 요구중인 사유로 직위해제된 자에 대하여 3월 이내의 기간 동안 대기를 명한다. 이때 대기명령을 받은 자에 대하여 능력회복이나 근무성적의 향상을 위한 교육훈련 또는 특별한 연구과제 부여 등 필요한 조치를 하여야 한다.

경찰청, '뇌물수수 혐의'로 구속된 현직 경찰서장 직위해제

뇌물수수 혐의로 구속영장이 발부된 현직 경찰서장이 직위해제됐다....

14일 경찰에 따르면 경찰청은 특정범죄가중처벌등에관한법률위반(뇌물) 등 혐의로 전날 법원에서 구속영장이 발부된 서울 소재 경찰서장(총경) A 씨를 이날 직위해제 발령했다.

---

14) 국가공무원법 제70조의2 제1항 제2호부터 제5호

2. 근무성적평정에서 최하위 등급의 평정을 총 2년 이상 받은 때. 이 경우 고위공무원단에 속하는 일반직공무원으로 임용되기 전에 고위공무원단에 속하는 별정직공무원으로 재직한 경우에는 그 재직기간 중에 받은 최하위등급의 평정을 포함한다.
3. 대통령령으로 정하는 정당한 사유 없이 직위를 부여받지 못한 기간이 총 1년에 이른 때
4. 다음 각 목의 경우에 모두 해당할 때
   가. 근무성적평정에서 최하위 등급을 1년 이상 받은 사실이 있는 경우. 이 경우 고위공무원단에 속하는 일반직공무원으로 임용되기 전에 고위공무원단에 속하는 별정직공무원으로 재직한 경우에는 그 재직기간 중에 받은 최하위 등급을 포함한다.
   나. 대통령령으로 정하는 정당한 사유 없이 6개월 이상 직위를 부여받지 못한 사실이 있는 경우
5. 교육훈련 또는 연구과제 등을 통하여 근무성적 및 능력의 향상이 기대된다는 이유로 조건부 적격자로 지정된 자가 교육훈련을 이수하지 아니하거나 연구과제를 수행하지 아니한 때

이에 따라 해당 경찰서는 서장 직무대행 체제로 전환됐다. ....

앞서 검찰은 지난 12일 이들에 대한 구속영장을 청구했다. 검찰은 코인 관련 사기 혐의를 받는 C 씨에 대해 조사하는 과정에서 A 씨와 금전거래가 있는 정황을 확인한 것으로 알려졌다.

A 씨는 수사를 무마해 주는 조건으로 C 씨에게 여러 차례에 걸쳐 수천만 원을 수수한 것으로 조사됐다. 이 과정에서 현직 경찰관인 B 씨도 금품을 챙긴 것으로 알려졌다....

국가공무원법 제73조의3에 따르면 수사기관에서 조사나 수사 중인 자로서 비위 정도가 중대하고 이로 인해 정상적인 업무 수행을 기대하기 현저히 어려운 경우에는 직위해제 처분이 가능하다.

자료: 동아일보, 2025년 11월 14일자 보도.

살인미수 피의자 불법 면회 부산 · 경남 경무관 2명 직위해제

살인미수 혐의 피의자에게 불법으로 면회를 시켜준 부산 · 경남지역 경무관 2명이 직위 해제됐다. 6일 부산경찰청 등에 따르면 피의자 불법 면회 사건에 연루된 A해운대경찰서장(경무관)과 경남경찰청 B경무관이 이날 직위 해제됐다.

A서장은 지난 8월초 경찰대 후배인 B경무관으로부터 살인미수 혐의로 해운대서 유치장에 입감돼 있던 피의자를 지인과 만날 수 있도록 해달라는 청탁을 받았다. 이에 A서장은 B경무관을 형사과장과 연결시켜 줬다. 형사과장은 입출감 지휘서에 피의자 조사를 한다고 허위 기재한 뒤 유치장에 있던 피의자를 자신의 사무실로 데려와 불법 면회를 제공한 것으로 드러났다.

이 같은 첩보를 입수한 경찰청은 해운대서 형사과장과 A서장, B경무관을 감찰한 뒤 지난달 경찰청 국가수사본부에 정식 수사를 의뢰했다. 형사과장은 앞서 지난달 직위 해제됐다.

자료: 한국일보, 2023년 10월 6일자 보도.

Ⅲ 강 임

강임(降任, Demotion)이란 공무원을 현재의 직급 보다 낮은 직급의 직위로 이동시키는 전보를 말한다.

임용권자는 직제 또는 정원의 변경이나 예산의 감소 등으로 직위가 폐직되거나 하위의 직위로 변경되어 과원이 된 경우 또는 본인이 동의한 경우에는 소속 공무원을 강임(降任)할 수 있다.

강임된 공무원은 상위 직급 또는 고위공무원단 직위에 결원이 생기면 우선 임용된다. 다만, 본인이 동의하여 강임된 공무원은 본인의 경력과 해당 기관의 인력사정 등을 고려하여 우선 임용될 수 있다.[15)]

Ⅳ 복 직

복직(復職)이란 휴직 · 직위해제 또는 정직, 강등으로 인한 정직중에 있는 경찰공무원을 직위에 복귀시키는 것을 말한다. 휴직중인 경찰공무원은 휴직기간중 그 사유가 소멸되면 30일 이내에 이를 임용권자 또는 임용제청권자에게 신고하여야 하며 임용권자는 지체없이 복직을 명하여야 한다.

제 4 절 특별임용

Ⅰ 모범공무원 임용

모범공무원 임용이란 공무원으로서 그 직무를 성실히 수행하여 다른 공무원의 모범이 되는 공무원을 선발하여 인사상 특전을 부여하는 제도이다. 모범공무원은 6급 이하 공무원 및 이에 상당하는 공무원 중에서 선발한다.[16)] 경찰은 경감 이하 경찰공무원과 6급 이하의 일반직공무원으로 5년 이상 재직자 중 선발한다.

---

15) 국가공무원법 제73조의4.

16) 모범공무원 규정 제1조 – 제8조의2. [시행 2024. 4. 30.] [대통령령 제34461호, 2024. 4. 30., 일부개정]

모범공무원은 경찰청장이 행정안전부장관에게 추천하며, 행정안전부장관과의 협의를 거쳐 국무총리가 선발한다.

모범공무원으로 이미 선발된 사실이 있는 사람은 다시 모범공무원으로 선발할 수 없다.

모범공무원으로 선발된 경찰공무원에게는 표장(標章)과 모범공무원증을 수여하며, 월 5만원의 모범공무원 수당을 지급한다. 지급기간은 모범공무원으로 선발된 날이 속하는 달의 다음 달부터 3년간이다. 또한 모범공무원 표장은 왼쪽 가슴 위에 단다.

표 5-4 모범공무원 수당 지급

구분	해당 휴직 사유 (법령 기준)	지급 방법
지급 유지	• 질병/부상으로 인한 휴직	휴직 기간 중에도 계속 지급
지급 정지 후 재개	• 육아, 연수, 가사 휴직 등	• **중단**: 휴직일 속하는 달의 다음 달부터 중단 • **재개: 복직한 날이 속하는 달부터** 남은 기간분 지급
지급중단	• **신분 변동**: 퇴직하거나 면직되었을 때 • **징계 처분**: 징계처분을 받았을 때 • **직위 해제**: 직위해제처분을 받았을 때	• 사유가 발생한 날이 속하는 달의 **다음 달부터** 지급 중단

경찰청은 모범공무원으로 선발된 경찰공무원에게 국무총리 표창과 동일한 포상점수를 인정하고 있다.

표 5-5 모범경찰공무원 임용 현황

연도	2020	2021	2022	2023	2024
인원	566	574	574	574	578

자료: 경찰청, 경찰통계연보, 2025, 78.

그림 5-1 모범공무원 표장(모범공무원규정 제5조)

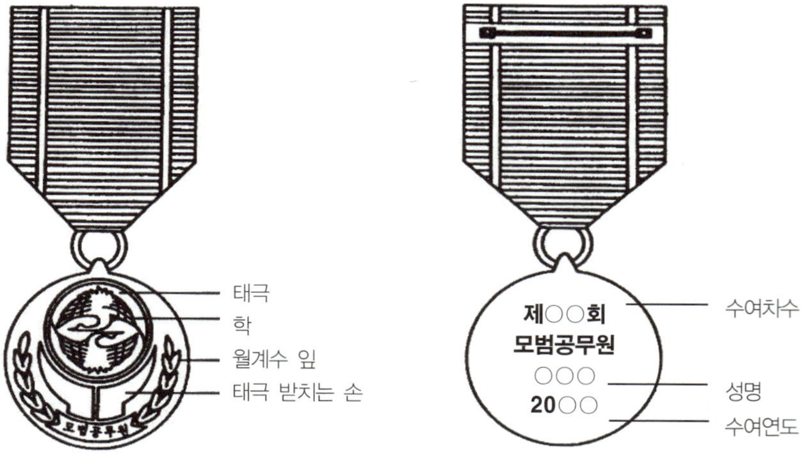

[앞면] [뒷면]

제 호

모범공무원증

소 속

직급 또는 계급 성 명

귀하는 직무를 성실히 수행하여 「모범공무원 규정」에 따라 0000년도 모범공무원으로 선발되었으므로 이 증을 수여합니다.

년 월 일

국 무 총 리 ○ ○ ○ ㊞

205㎜ × 292㎜(한지 170g/㎡)

Ⅱ 대우공무원 임용

1. 의 의

대우공무원(待遇公務員) 임용이란 임용권자나 임용제청권자가 소속 경찰공무원 중 해당 계급에서 승진소요최저근무연수 이상 근무하고 승진임용 제한 사유가 없는 근무실적 우수자를 바로 위 계급의 경찰공무원으로 선발하는 것을 말한다.[17)]

대우공무원제는 승진적체현상으로 승진을 하지 못한 성실, 유능한 공무원에 대하여 상위계급에 상응하는 처우상의 대우를 함으로써 공무원의 근무의욕 고취, 사기진작 및 조직의 활성화를 도모하는 데 있다.[18)]

2. 선 발

대우공무원으로 선발되기 위해서는 각 계급의 승진소요최저근무연수를 경과한 총경 이하 경찰공무원으로서 해당 계급에서 일정기간 동안 근무하여야 한다.[19)]

1. 총경 · 경정: 7년 이상
2. 경감 이하: 4년 이상

임용권자 또는 임용제청권자는 매월 말 5일 전까지 대우공무원 발령일을 기준으로 하여 대우공무원 선발요건에 적합한 대상자를 결정하여야 하고, 그 다음 달 1일에 일괄하여 대우공무원으로 발령하여야 한다.

경찰의 대우공무원 임용 현황은 아래와 같다.

표 5-6 대우 경찰공무원 임용 현황(2023. 12. 31)

계	경무관대우	총경대우	경정대우	경감대우	경위대우	경사대우	경장대우
10,017	49	92	1,214	7,005	1,535	19	3

자료: 경찰청, 2024 경찰백서, 2025, 255.

17) 경찰공무원 승진임용 규정 제43조. [시행 2026. 7. 1.] [대통령령 제33986호, 2023. 12. 19., 일부개정]

18) 인사혁신처, 공무원 인사실무, 2024. 181.

19) 경찰공무원 승진임용 규정 시행규칙 제35조－제38조. [시행 2026. 7. 1.] [행정안전부령 제456호, 2024. 1. 19., 일부개정].

3. 수당지급

대우공무원으로 선발된 사람에게는 해당 경찰공무원 월봉급액의 4.1%를 대우공무원수당으로 지급할 수 있다.[20] 다만, 대우공무원수당과 월봉급액을 합산한 금액이 상위직급으로 승진시의 월봉급액을 초과할 경우에는 해당 직급 월봉급액과 상위직급 월봉급액의 차액을 대우공무원수당으로 지급한다.

대우공무원이 징계 또는 직위해제 처분을 받거나 휴직하여도 대우공무원수당은 계속 지급한다. 다만, 정직 · 감봉 · 직위해제 및 휴직으로 봉급이 감액 지급되는 사람에게는 대우공무원수당을 감액하여 지급한다.

4. 자격상실

대우공무원이 다음의 어느 하나에 해당하는 경우 그 해당 일자에 대우공무원의 자격은 별도 조치없이 당연히 상실된다.

1. 상위계급으로 승진임용되는 경우: 승진임용일
2. 강등되는 경우: 강등일

Ⅲ 개방형 직위임용

1. 의 의

개방형 직위임용(Open Appointment System)이란 공직사회의 경쟁력 제고를 위하여 전문성이 특히 요구되거나 효율적인 정책수립을 위하여 필요하다고 판단되는 직위에 공직 내외를 불문하고 공개모집에 의한 선발시험을 거쳐 직무수행 요건을 갖춘 최적격자를 선발하여 임용하는 제도이다.[21]

경찰의 경우 감사관과 경찰병원장을 개방형으로 임용한다.

개방형 직위임용제도는 공직은 신분보장, 연공서열제, 낮은 경쟁력 등으로 민간부문보다 전문가 양성과 업무의 효율성이 떨어진다는 문제점을 보완하기 위해 1999년 11월 15일 38개 부처 129개 직위를 개방형 직위로 지정하면서 시행되었다.[22]

---

20) 공무원수당 등에 관한 규정 제6조의2. [시행 2026. 1. 2.] [대통령령 제36015호, 2026. 1. 2., 일부개정].

21) 개방형 직위 및 공모 직위의 운영 등에 관한 규정 제1조－제7조. [시행 2024. 12. 31.] [대통령령 제35171호, 2024. 12. 31., 일부개정].

22) 인사혁신처, 나라일터, 개방형직위, https://www.gojobs.go.kr/cseInfo.do/

2. 개방형 직위의 지정기준

개방형 직위 응시 요건은 해당 부처가 직위별 특성을 고려해 선정하며, 공고된 응시 요건 중 하나 이상의 요건을 충족하면 응시 가능하도록 한다.

표 5-7 개방형 직위 응시자격 요건 (예시)

구 분	경 력	학 위	자격증
고위공무원단	관련분야 10년 이상 경력 소지자 등	관련분야 박사학위 소지 후 7년 이상 경력 소지자 등	총 경력 7년 이상인 자로서, 변호사 등 자격증 소지 후 관련분야 4년 이상 등
과장급	관련분야 7년 이상 경력 소지자 등	관련분야 박사 학위 소지 후 4년 경력 이상 소지자 등	전산 직렬 기술사 등 자격증 소지 후 관련 분야 경력 4년 이상 등

자료: 인사혁신처, 개방형직위제도, https://buly.kr/5q8fzM9/

이와 같은 조건을 참작하여 임용권자나 임용제청권자는 개방형 직위의 지정, 변경, 해제 등은 인사혁신처장과 협의하여 개방형 직위 대상자로 1급부터 3급까지의 공무원 또는 고위공무원단(정원의 20% 이내), 중앙행정기관의 실장·국장 밑에 두는 과장급 이하 직위(20% 이내)를 지정할 수 있다.[23]

또한 개방형 직위 중 특히 공직 외부의 경험과 전문성을 적극 활용할 필요가 있는 직위를 공직 외부에서만 적격자를 선발하는 개방형 직위(경력개방형 직위)를 지정할 수 있다.[24]

3. 선 발

개방형 직위에 공무원을 임용하려는 경우에는 공직 내부와 외부를 대상으로 공개모집에 의한 시험을 거쳐 적격자를 선발하여야 한다.

선발시험은 서류전형과 면접시험의 방법으로 실시하되, 필요한 경우에는 필기시험이나 실기시험을 실시할 수 있다.

인사혁신처장 소속으로 개방형 직위 중앙선발시험위원회를 두며, 선발시험위원

23) 개방형 직위 및 공모 직위의 운영 등에 관한 규정 제13조.

24) 인사혁신처, 개방형·공모 직위 지정 현황, 2021, 1.

회는 임용예정 직위별로 5명 이상의 위원으로 구성한다.[25] 선발시험위원회 위원은 성별을 고려하여 인사혁신처장이 위촉한다. 위원장은 위원 중에서 호선(互選)한다.

1. 공무원(국·공립 대학의 교원을 제외)이 아닌 사람으로서 임용예정 직위와 관련된 분야 또는 채용·면접 등 시험에 관한 경험과 지식이 풍부한 사람
2. 해당 기관 소속 공무원

* 제2호 위원은 임용예정 직위별로 2명을 초과할 수 없다.

경찰청 경찰병원장(개방형직위) 공개모집

인사혁신처(중앙선발시험위원회)는 개방형 직위로 지정된 경찰청 경찰병원장을 다음과 같이 공개모집하오니, 유능한 인재의 많은 응모를 바랍니다.

2022년 10월 4일
인사혁신처장
경찰청장

1. 임용예정직위 및 인원 : 경찰병원장(1명)
2. 지원자격 : 공고문의 응시자격 요건을 갖춘 민간인 및 공무원
3. 응시원서 접수

ㅇ 접수기간 :2022. 10. 4.(화) – 10. 19.(수) 18:00까지(마감시간 이전에 여유있게 응시 완료 하시는 것을 권장합니다.)

ㅇ 접수방법

– 나라일터를 통해 온라인 접수 원칙

(방문, 메일, 등기접수 불가 / 나라일터를 통한 원서접수가 불가능한 경우는 인사혁신처에 문의 바랍니다)

※ 접수마감은 10. 19. (수) 18:00까지 도착분에 한하며, 주말 및 공휴일에도 접수가능

4. 시험일정

ㅇ 시험 일정 및 장소 : 2022년 11월~12월 / 경기도 과천

ㅇ 합격자 발표 : 나라일터 홈페이지에 게시

자료: 인사혁신처, 나라일터, https://www.gojobs.go.kr/

25) 개방형 직위 및 공모 직위의 운영 등에 관한 규정 제6조.

제 5 절 경찰공무원 신분의 소멸

I 정년퇴직

정년퇴직(停年退職, Retirement)이란 경찰공무원이 경찰공무원법상 정년에 도달한 때에 경찰공무원관계가 소멸하는 것을 말한다.[26] 정년에는 연령정년과 계급정년이 있다. 연령정년은 60세까지이다.

계급정년은 경정부터 치안감까지 적용된다.

표 5-8 경찰공무원의 계급 정년

계급	정년
치안감	4년
경무관	6년
총경	11년
경정	14년

징계로 인하여 강등(경감으로 강등된 경우를 포함)된 경찰공무원의 계급정년은 강등된 계급의 계급정년은 강등되기 전 계급 중 가장 높은 계급의 계급정년으로 한며, 계급정년을 산정할 때에는 강등되기 전 계급의 근무연수와 강등 이후의 근무연수를 합산한다.

수사·정보·외사·보안 등 특수부문에 근무하는 경찰공무원으로서 일정한 자격요건을 갖춘 총경 및 경정은 3년의 범위 안에서 계급정년을 연장할 수 있다.

경찰청장은 전시·사변 기타 이에 준하는 비상사태 하에서는 2년의 범위 안에서 계급정년을 연장할 수 있다. 이 경우 경무관 이상의 경찰공무원에 대하여는 행정안전부장관(경찰청 소속 경찰공무원에 대한 경우로 한정한다)과 국무총리를 거쳐 대통령의 승인을 얻어야 하고, 총경·경정의 경찰공무원에 대하여는 국무총리를 거쳐 대통령의 승인을 얻어야 한다.

경찰공무원은 그 정년에 달한 날이 1월에서 6월 사이에 있는 경우에는 6월 30일에, 7월에서 12월 사이에 있는 경우에는 12월 31일에 각각 당연 퇴직된다.

계급정년을 산정함에 있어 자치경찰공무원으로 근무한 경력이 있는 경찰공무원의 경우에는 그 계급에 상응하는 자치경찰공무원에서의 근무연수를 산입한다.

---

26) 경찰공무원법 제30조.

표 5-9 경찰공무원의 신분의 소멸

구분		퇴직												
		계	의원면직	정년퇴직			명예퇴직	징계파면	징계해임	직권면직	당연퇴직	순직	기타	사망
				소계	연령	계급								
2020		2,509	131	1,568	1,511	57	671	23	24	3	6	1	–	82
2021		3,048	245	1,851	1,807	44	800	14	31	4	13	–	–	90
2022		3,543	246	2,186	2,149	37	956	14	37	2	10	–	–	92
2023		3,526	414	2,056	2,028	28	896	17	39	5	10	–	–	89
2024		4,329	400	2,172	2,136	36	1,586	31	60	5	8	–	–	67
치안총감	남	1	–	–	–	–	–	–	–	–	1	–	–	–
	여	–	–	–	–	–	–	–	–	–	–	–	–	–
치안정감	남	4	1	–	–	–	3	–	–	–	–	–	–	–
	여	–	–	–	–	–	–	–	–	–	–	–	–	–
치안감	남	7	1	4	1	3	2	–	–	–	–	–	–	–
	여	1	–	–	–	–	1	–	–	–	–	–	–	–
경무관	남	10	–	9	4	5	–	–	1	–	–	–	–	–
	여	1	–	1	1	–	–	–	–	–	–	–	–	–
총경	남	44	2	35	19	16	5	–	1	–	–	–	–	1
	여	10	–	9	9	–	1	–		–	–	–	–	–
경정	남	171	6	119	107	12	36	3	5	–	–	–	–	2
	여	9	–	6	6	–	3	–	–	–	–	–	–	–
경감	남	3,229	56	1,920	1,920	–	1,197	6	18	–	2	–	–	30
	여	87	12	33	33	–	42	–	–	–	–	–	–	–
경위	남	433	68	36	36	–	275	15	13	1	2	–	–	23
	여	31	12	–	–	–	18	–	1	–	–	–	–	–
경사	남	73	51	–	–	–	3	6	7	1	2	–	–	3
	여	28	26	–	–	–	–	–	1		–	–	–	1
경장	남	80	66	–	–	–	–	1	7	–	1	–	–	5
	여	29	28	–	–	–	–	–	–	–	–	–	–	1
순경	남	61	53	–	–	–	–	–	4	3	–	–	–	1
	여	20	18	–	–	–	–	–	2	–	–	–	–	–

Ⅱ 명예퇴직

1. 요 건

명예퇴직(名譽退職; Honorable Retirement)이란 공무원으로서 20년 이상 근속한 자가 정년 전에 자진하여 퇴직하는 경우를 말한다.[27] 이 경우 예산의 범위 안에서 명예퇴직수당을 지급할 수 있다. 정년 잔여기간의 계산은 연령정년과 계급정년

이 동시에 적용되는 공무원의 경우에는 연령정년과 계급정년 중 먼저 도래하는 정년을 기준으로 하고, 정년이 연장된 공무원의 경우에는 연장 전의 정년을 기준으로 한다.

경찰공무원 중 명예퇴직수당을 지급받을 수 있는 사람은 치안정감 이하로서 재직기간이 20년 이상이고, 정년퇴직일부터 최소한 1년 전에 스스로 퇴직하는 사람으로 한다. 다만, 명예퇴직수당(이를 갈음하는 공로퇴직수당·명예전역수당 등을 포함)을 이미 지급받은 사실이 있는 사람은 제외한다.[28]

그러나 명예퇴직수당 지급 신청일 현재 다음에 해당되는 사람은 명예퇴직수당 지급대상에서 제외한다.[29]

명예퇴직수당 지급대상 제외자

① 수사기관의 수사 결과가 통보되어 징계의결을 요구하여야 하는 사람
② 감사원 등 관계 행정기관의 장으로부터 징계처분이 요구되어 있는 사람
③ 징계위원회에 징계의결이 요구되어 있는 사람
④ 징계처분으로 승진임용 제한 기간 중에 있는 사람
⑤ 형사사건으로 기소 중인 사람
⑥ 감사원 등 감사기관과 검찰·경찰 등 수사기관에서 비위조사 중 또는 수사 중인 사람
⑦ 정부기능이 이관되면서 그 이관되는 기능을 수행하는 기관의 소속 직원이 되기 위하여 퇴직하기로 예정된 사람
⑧ 정무직공무원(선거로 임용되는 정무직공무원은 제외)이 되기 위하여 퇴직하기로 예정된 사람

2. 명예퇴직수당의 신청 및 지급

명예퇴직을 희망하는 경찰공무원은 명예퇴직원 및 명예퇴직수당 지급신청서를 본인이 작성하여 소속 기관장에게 제출하며, 이는 최종적으로 경찰청에서 심사하여 결정한다.

27) 국가공무원법 제74조의2.

28) 국가공무원 명예퇴직수당 등 지급 규정 제3조. [시행 2026. 1. 2.] [대통령령 제35948호, 2025. 12. 30., 타법개정].

29) 국가공무원법 제74조의2.

표 5-10 명예퇴직수당 지급신청기간 및 명예퇴직 예정일[30]

명예퇴직수당 지급신청기간	명예퇴직예정일
1. 1. ~ 1. 15.	2. 28.
3. 1. ~ 3. 15.	4. 30.
5. 1. ~ 5. 15.	6. 30.
7. 1. ~ 7. 15.	8. 31.
9. 1. ~ 9. 15.	10. 31.
11. 1. ~ 11. 15.	12. 31.

명예퇴직수당의 지급액은 다음과 같이 산정한 금액으로 한다.[31]

표 5-11 명예퇴직수당 지급액 산정기준

정년잔여기간별대상자	산정기준
1년 이상 5년 이내인 사람	퇴직 당시 월봉급액의 반액×정년잔여월수
5년 초과 10년 이내인 사람	퇴직 당시 월봉급액의 반액×$(60 + \frac{\text{정년잔여월수} - 60}{2})$
10년 초과인 사람	정년잔여기간이 10년인 사람의 금액과 동일한 금액 (10년을 초과하는 정년잔여기간에 대해서는 수당을 지급하지 아니한다)

* 비고
1. 명예퇴직수당 지급액의 계산시 정년잔여기간은 명예퇴직수당 지급대상자의 퇴직일의 다음 달 1일을 기준으로 산정한다.
2. 정년잔여기간은 명예퇴직일 현재 법 및 다른 법률에 따른 정년을 기준으로 한다.
3. 호봉제 적용대상 공무원의 월봉급액은 봉급표상 봉급액의 68%를 적용한다.

다만, 대(對) 간첩작전 또는 이에 준하는 국가안보와 관련된 업무나 범인의 체포, 화재의 진압 등 생명·신체에 위험이 따르는 업무를 수행하다가 장애 상태가 된 사람에게는 다음의 금액을 예산의 범위에서 가산하여 지급한다.

표 5-12 장애등급에 따른 가산지급액

장애등급	가산지급액
1급~4급	월봉급액의 4배
5급~8급	월봉급액의 3배
9급~12급	월봉급액의 2배
13급~14급	월봉급액의 1배

비고: 장애등급은 「공무원연금법 시행령」에 따른다.

30) 국가공무원 명예퇴직수당 등 지급 규정 제5조.
31) 국가공무원 명예퇴직수당 등 지급 규정 제4조.

3. 명예퇴직수당 지급대상자 결정의 취소

경찰기관의 장은 명예퇴직수당 지급대상자로 결정된 사람에게 명예퇴직수당 지급신청기간 이후부터 명예퇴직일까지의 기간 중에 명예퇴직 수당 지급대상 제외에 해당하는 사유가 발생한 경우에는 지체 없이 명예퇴직수당 지급대상자 결정을 취소하여야 한다.[32)]

명예퇴직수당 지급대상자 결정의 취소 대상

- 수사기관의 수사 결과가 통보되어 징계의결을 요구하여야 하는 사람
- 감사원 등 관계 행정기관의 장으로부터 징계처분이 요구되어 있는 사람
- 징계위원회에 징계의결이 요구되어 있는 사람
- 징계처분으로 승진임용 제한 기간 중에 있는 사람
- 형사사건으로 기소 중인 사람
- 감사원 등 감사기관과 검찰·경찰 등 수사기관에서 비위조사 중 또는 수사 중인 사람
- 정부기능이 이관되면서 그 이관되는 기능을 수행하는 기관의 소속 직원이 되기 위하여 퇴직하기로 예정된 사람
- 경력직공무원(임기제공무원은 제외) 및 특수경력직공무원 중 정무직공무원(선거로 임용되는 정무직공무원은 제외)이 되기 위하여 퇴직하기로 예정된 사람

4. 명예퇴직수당 환수대상

명예퇴직수당을 지급한 국가기관의 장은 명예퇴직수당을 지급받은 자가 다음에 해당하는 경우에는 그 명예퇴직수당을 환수하여야 하며, 기한 이내에 납부하지 아니한 때에는 국세체납처분의 예에 의하여 이를 징수할 수 있다.[33)]

경찰청장은 명예퇴직한 경찰공무원이 재직중의 사유로 금고 이상의 형을 받은 경우에 해당되는지를 매년 6월 30일과 12월 31일을 기준으로 확인하여야 하고, 같은 규정에 해당하는 사람에 대하여 환수에 필요한 조치를 한 후 그 결과를

32) 국가공무원 명예퇴직수당 등 지급 규정 제9조.

33) 국가공무원법 제4조의2.

확인 기준일부터 30일 이내에 인사혁신처장에게 통보하여야 한다.[34)]

① 재직 중의 사유로 금고 이상의 형을 받은 경우
② 재직 중에 수뢰죄, 뇌물제공죄, 수뢰후부정처사죄 등으로 금고 이상 형의 선고유예를 받은 경우
③ 재직 중에 직무와 관련하여 횡령, 배임, 업무상횡령 및 배임죄로 300만원 이상의 벌금형을 선고받고 그 형이 확정되거나 금고 이상의 형의 선고유예를 받은 경우
④ 경력직공무원 등의 공무원으로 재임용되는 경우
⑤ 명예퇴직 수당을 초과하여 지급받거나 그 밖에 명예퇴직 수당의 지급 대상이 아닌 자가 지급받은 경우

34) 국가공무원 명예퇴직수당 등 지급 규정 제9조의5.

■ 국가공무원 명예퇴직수당 등 지급 규정 [별지 제2호서식]

명 예 퇴 직 원

1. 소 속:
2. 직 위:
3. 직급 · 계급:
4. 성 명:

○ 명예퇴직 사유:

※ 명예퇴직 사유를 구체적으로 적고, 재취업의 경우 대상기관, 직위, 시기(기간) 등을 명시합니다.

○ 명예퇴직 신청일:

○ 명예퇴직 희망일:

※ 명예퇴직 희망일은 「국가공무원 명예퇴직수당 등 지급 규정」 제6조 제2항에 따른 수시 명예퇴직 신청자만 적습니다.

위 본인은 자유의사에 따라 위와 같이 ([ ]정기 · [ ]수시) 명예퇴직하려고 하니 허락해 주시기 바랍니다.

년 월 일

신청인 (서명 또는 인)

중앙행정기관의 장 귀하

Ⅲ 조기퇴직

조기퇴직(早期退職, Early Retirement)이란 경찰공무원으로 1년 이상 20년 미만 근속한 사람으로서 직제와 정원의 개폐 또는 예산의 감소 등으로 직위가 없어지거나 정원이 초과되었을 때 그 날로부터 3개월 이내에 스스로 퇴직하는 경우를 말한다. 이 경우 조기퇴직수당을 지급받을 수 있다.[35]

조기퇴직수당은 퇴직 당시 월봉급액의 6개월분에 상응하는 금액으로 한다. 다만, 정년 또는 근무상한 연령까지의 잔여기간이 6개월 미만인 경우에는 그 잔여기간에 상응하는 금액으로 한다.

조기퇴직수당 지급 신청일 현재 명예퇴직수당 지급대상자 요건 중 어느 하나에 해당하는 사람은 조기퇴직수당 지급대상에서 제외한다.

조기퇴직수당을 지급받으려는 사람은 조기퇴직원 및 조기퇴직수당 등 지급신청서 등을 소속기관의 장을 거쳐 중앙행정기관의 장에게 제출하여야 한다.

Ⅳ 자진퇴직

자진퇴직이란 별정직공무원(비서관 및 비서는 제외)으로 1년 이상 근속한 사람으로서 직제와 정원의 개폐 또는 예산의 감소 등으로 폐직 또는 과원이 되었을 때에 폐직 또는 과원이 된 날부터 3개월 이내에 스스로 퇴직하는 사람을 말한다.

자진퇴직자에게는 자진퇴직수당을 지급하며, 그 금액은 퇴직 당시 월봉급액의 6개월분에 상응하는 금액으로 한다. 다만, 정년 또는 근무상한 연령까지의 잔여기간이 6개월 미만인 경우에는 그 잔여기간에 상응하는 금액으로 한다.

다음에 해당하는 사람은 자진퇴직수당 지급대상에서 제외한다.

① 명예퇴직수당 또는 명예퇴직수당 정산금 지급대상인 사람
② 수사기관의 수사 결과가 통보되어 징계의결을 요구하여야 하는 사람
③ 감사원 등 관계 행정기관의 장으로부터 징계처분이 요구되어 있는 사람
④ 징계위원회에 징계의결이 요구되어 있는 사람
⑤ 징계처분 중에 있는 사람

35) 국가공무원 명예퇴직수당 등 지급 규정 제11조.

⑥ 형사사건으로 기소 중인 사람
⑦ 감사원 등 감사기관과 검찰·경찰 등 수사기관에서 비위조사 중 또는 수사 중인 사람
⑧ 정부기능이 이관되면서 그 이관되는 기능을 수행하는 기관의 소속 직원이 되기 위하여 퇴직하기로 예정된 사람
⑨ 지방직 경력직공무원(임기제 제외) 및 특수경력직공무원 중 정무직공무원(선거로 임용되는 정무직공무원은 제외)이 되기 위하여 퇴직하기로 예정된 사람

■ 국가공무원 명예퇴직수당 등 지급 규정 [별지 제4호서식] 〈개정 2012.1.26〉

[ ] 조기
[ ] 자진 **퇴직원**

1. 소　속:

2. 직　급:

(상당계급)

3. 성　명:

위 본인은 자유의사에 따라 ([ ]조기 · [ ]자진) 퇴직하려고 하니 허락해 주시기 바랍니다.

년　　월　　일

신청인　　　　(서명 또는 인)

중앙행정기관의 장 귀하

V 면 직

면직(免職, Dismissal)이란 경찰공무원의 신분을 상실시키는 임용행위로서 의원면직(依願免職)과 직권면직(職權免職)이 있다. 의원면직은 경찰공무원 본인의 사의표시에 의하여 공무원의 신분관계를 소멸시키는 행위를 말한다.36)

임용권자는 경찰공무원이 다음의 어느 하나에 해당될 때에는 직권면직시킬 수 있다.37)

직권면직 사유

1. 직제와 정원의 개폐 또는 예산의 감소 등에 따라 폐직(廢職) 또는 과원(過員)이 되었을 때
2. 휴직기간이 끝나거나 휴직 사유가 소멸된 후에도 직무에 복귀하지 아니하거나 직무를 감당할 수 없을 때(이 경우 직권면직일은 휴직기간의 만료일이나 휴직 사유의 소멸일로 한다)
3. 직무수행능력이 부족하거나 근무성적이 극히 나빠 대기명령을 받은 자가 그 기간에 능력 또는 근무성적의 향상을 기대하기 어렵다고 인정된 때
4. 경찰공무원으로는 부적합할 정도로 직무수행능력이나 성실성이 현저하게 결여된 경우(징계위원회 동의 필요)
5. 직무를 수행하는 데에 위험을 일으킬 우려가 있을 정도의 성격적 또는 도덕적 결함이 있는 경우(징계위원회 동의 필요)
6. 해당 경과에서 직무를 수행하는 데 필요한 자격증의 효력이 상실되거나 면허가 취소되어 담당 직무를 수행할 수 없게 되었을 때

VI 파면과 해임

파면(罷免)과 해임(解任)은 징계처분에 의하여 경찰공무원 신분을 박탈시키는 임용행위를 말한다. 파면과 해임은 중징계로 반드시 징계위원회의 의결을 거쳐야 한다.

---

36) 국가공무원법 제70조.

37) 경찰공무원법 제28조.

파면의 경우에는 5년간 공직 재임용이 제한되며, 해임의 경우에는 공무원의 신분을 박탈하며 3년간 공직 재임용에 제한을 받는다.

제3편

경찰공무원의 권리와 의무, 그리고 책임

제6장

경찰공무원의 권리

제 1 절 경찰공무원의 신분상 권리

Ⅰ 신분유지권

경찰공무원은 형의 선고, 징계처분 또는 국가공무원법에서 정하는 사유에 따르지 아니하고는 본인의 의사에 반하여 휴직·강임 또는 면직을 당하지 아니한다. 다만, 1급 공무원과 개방형으로 임용된 고위공무원단에 속하는 공무원은 예외로 한다.[1)]

신분유지권은 직업공무원제도의 틀을 구성하는 공무원의 권리로서 경찰공무원은 일정한 법률적 사유가 아니고서는 그 의사에 반하여 신분상 불이익을 받지 아니한다. 이는 공무원은 정권교체 등의 정치적 환경변화에 상관없이 행정의 일관성을 유지하고 국민에게 서비스하기 위한 것이다.

Ⅱ 직무집행권

경찰공무원은 계급에 상응하는 일정한 직위를 부여받으며, 직위에 따른 직무를 집행할 권리와 의무를 갖는다.[2)] 따라서 경찰공무원은 그 직무를 정당하게 수행함에 있어 방해를 받지 아니할 권리가 있다. 경찰공무원의 직무를 방해한 때에는 공무집행방해 또는 위계에 의한 공무집행방해죄로 처벌된다.

---

1) 국가공무원법 제68조.
2) 허경미, 경찰학, 제13판, 박영사, 2025, p. 199; 국가공무원법 제32조의5.

형법 제136조(공무집행방해) ① 직무를 집행하는 공무원에 대하여 폭행 또는 협박한 자는 5년 이하의 징역 또는 1천만원 이하의 벌금에 처한다.
② 공무원에 대하여 그 직무상의 행위를 강요 또는 조직하거나 그 직을 사퇴하게 할 목적으로 폭행 또는 협박한 자도 전항의 형과 같다.

제137조(위계에 의한 공무집행방해) 위계로써 공무원의 직무집행을 방해한 자는 5년 이하의 징역 또는 1천만원 이하의 벌금에 처한다.

Ⅲ 소청권

1. 의 의

경찰공무원은 위법·부당하게 그 의사에 반한 징계처분 등 기타 불이익한 처분을 받은 경우, 당해 처분의 하자를 이유로 소청과 행정소송을 제기할 수 있는 권리가 있다.[3]

경찰공무원이 징계처분, 휴직처분, 면직처분, 그 밖에 의사에 반하는 불리한 처분에 대한 행정소송의 경우에는 경찰청장 또는 해양경찰청장을 피고로 한다. 다만, 임용권을 위임한 경우에는 그 위임을 받은 자를 피고로 한다.[4]

단, 행정소송은 소청심사위원회의 심사·결정을 거치지 아니하면 제기할 수 없다.[5] 소청결정에 불복할 경우 소청인은 결정서 수령일부터 90일 이내 관할 행정법원에 행정소송을 제기할 수 있다.

소청이란 경찰공무원이 징계처분 및 자신에게 불리한 처분이나 부작위에 대한 재심을 소청위원회에 요청하는 것으로 특별행정심판이라고 할 수 있다.[6]

소청제도는 사법보완적 기능을 통하여 직접적으로 공무원의 신분보장과 직업공무원제도를 확립하고, 간접적으로는 행정의 자기통제 효과를 가져오는 데 의의가 있다.[7] 즉, 부당한 인사처분을 시정하여 공무원의 권익을 보호하는 것이 소청

3) 국가공무원법 제9조, 제16조.
4) 경찰공무원법 제34조.
5) 국가공무원법 제16조.
6) 홍정선, 신행정법특강, 박영사, 2020, pp. 22~23.
7) 인사혁신처, 소청심사위원회, https://sochung.mpm.go.kr/home/page/index.do/

제도의 가장 큰 목적이지만, 동시에 인사권자(처분권자)의 자기규제와 자율통제를 촉구할 수 있다.[8)]

2. 청구대상

경찰공무원이 소청을 청구할 수 있는 경우 및 그 사유가 되지 않는 경우는 다음과 같다.

소청청구의 대상이 될 수 있는 경우

1. 징계처분: 파면, 해임, 강등, 정직, 감봉, 견책(징계부가금 포함)
2. 기타 의사에 반하는 불리한 처분: 강임, 휴직, 직위해제, 면직, 전보, (기각)계고, (불문)경고 등
3. 부작위: 복직 청구 등(당사자의 신청에 대하여 행정청이 상당한 기간내 일정한 처분을 하여야 할 법률적 의무가 있음에도 처분을 하지 않은 경우)

소청청구의 대상이 될 수 없는 경우

1. 공무원의 신분변동에 해당되지 않는 처분(예: 변상명령)
2. 일반적, 추상적 행정법령 개정요구
3. 행정청 내부적 의사결정 단계의 행위
4. 행정청의 알선, 권고, 견해표명 등과 같이 법적효과를 발생하지 않는 행위

3. 소청의 청구

당사자는 소청심사위원회에 처분사유설명서가 교부되는 징계처분 및 징계부가금, 직위해제 · 강임 · 휴직 · 면직처분 등은 처분사유 설명서를 받은 날로부터 30일 이내에 일정한 서식을 갖춰 소청을 청구하여야 한다.

또한 처분사유설명서가 교부되지 아니하는 불리한 처분(전보, 계고, 경고 등)은 처분이 있은 것을 안 날로부터 30일 이내에 일정한 서식을 갖춰 소청을 청구하여야 한다.

---

8) 하혜수 외, 인사행정, 윤성사, 2022, p. 239.

당사자는 변호사를 대리인으로 선임할 수 있다. 공무원은 소청심사청구를 이유로 불이익한 처분이나 대우를 받지 아니한다.

소청심사청구서 및 첨부서류는 2부를 작성하여 온라인 소청접수, E-mail 소청접수 또는 방문, 우편 또는 FAX 등의 방법으로 제출한다.

소청심사청구서

1. 사건명 : 청구
2. 소청인

성 명	(한자 :)
주민등록번호	- (세)
소 속	
직(계)급	
주 소	(우편번호 :)
전자우편(e-mail)	
전화번호	- 자택 또는 직장 : - 휴대전화 : ※ 휴대전화 문자메시지(SMS)수신 동의 여부 : 동의함( ), 동의안함( )
대리인(선임시 기재)	

3. 피소청인 :
4. 소청의 취지 :
5. 처분사유설명서 수령일 : 년 월 일
6. 희망 심사시기 : 빨리( ), 늦게*( ), 의견 없음( )
   * '늦게'로 표기한 경우 구체적인 희망시기와 사유 기재( )
7. 소청이유 : 별지로 작성
8. 입증자료 :

위와 같이 청구합니다.

년 월 일

위 청구인 (서명 또는 인)

인사혁신처 소청심사위원회 위원장 귀하

자료: 인사혁신처, 소청심사위원회, https://sochung.mpm.go.kr/home/user/board_list.do?PAGE_FLAG=RFORM&PAGE_MODE=DETAIL&IDX=3504115&PAGE_INT=1&PAGE_SIZE=10&searchField=4&searchWord=소청심사청구서

4. 소청심사위원회

1) 설치

소청심사위원회는 준사법적 합의제 의결기관으로 인사혁신처, 국회사무처, 법원행정처, 헌법재판소사무처 및 중앙선거관리위원회사무처에 설치하며, 각각 그 소속공무원의 소청에 관한 사항을 심사·결정한다.

경찰공무원에 대한 소청심사는 인사혁신처에 설치된 소청심사위원회에서 이루어진다.

위원장 1명을 포함한 5명 이상 7명 이내의 상임위원과 상임위원 수의 2분의 1 이상인 비상임위원으로 구성하되, 위원장은 정무직으로 보한다. 그 외 소청심사위원회는 위원장 1명을 포함한 위원 5명 이상 7명 이내의 비상임위원으로 구성한다.

2) 위원

인사혁신처 산하의 소청심사위원회의 위원장 및 위원은 인사혁신처장의 제청으로 국무총리를 거쳐 대통령이 임명한다. 위원은 금고 이상의 형벌이나 심신 쇠약으로 직무를 수행할 수 없게 된 경우 외에는 본인의 의사에 반하여 면직되지 아니한다.[9)]

1. 법관·검사 또는 변호사의 직에 5년 이상 근무한 자: 비상임위원
2. 대학에서 행정학·정치학 또는 법률학을 담당한 부교수 이상의 직에 5년 이상 근무한 자: 비상임위원
3. 3급 이상 공무원 또는 고위공무원단에 속하는 공무원으로 3년 이상 근무한 자: 상임위원

상임위원의 임기는 3년으로 하며, 한 번만 연임할 수 있으며, 다른 직무를 겸할 수 없다.

소청심사위원회의 비상임위원은 형법이나 그 밖의 법률에 따른 벌칙을 적용할 때 공무원으로 본다.

소청심사위원회의 결격사유는 다음과 같다. 소청심사위원회위원이 이 중 어느 하나에 해당하게 된 때에는 당연히 퇴직한다.

---

9) 국가공무원법 제10조.

결격사유

1. 국가공무원법상 공무원 임용의 결격 사유 중 어느 하나에 해당하는 자
2. 정당법에 따른 정당의 당원
3. 공직선거법에 따라 실시하는 선거에 후보자로 등록한 자

5. 소청심사위원회의 심사

1) 심사절차

소청심사위원회는 이 법에 따른 소청을 접수하면 지체 없이 심사하여야 한다. 심사를 할 때 필요하면 검증(檢證)·감정(鑑定), 그 밖의 사실조사를 하거나 증인을 소환하여 질문하거나 관계 서류를 제출하도록 명할 수 있으며, 소속직원에게 사실조사를 하게 하거나 특별한 학식·경험이 있는 자에게 검증이나 감정을 의뢰할 수 있다.

소청사건을 심사하기 위하여 징계요구기관이나 관계기관의 소속공무원을 증인으로 소환하면 해당 기관의 장은 이에 따라야 한다. 소청심사위원회가 증인을 소환하여 질문할 때에는 법령에 따라 일당과 여비를 지급하여야 한다.

2) 소청인의 진술권

소청심사위원회가 소청사건을 심사할 때에는 소청인 또는 그 대리인에게 진술 기회를 주어야 하며, 진술기회를 주지 아니한 결정은 무효로 한다.

3) 위원의 제척 및 기피

위원은 위원회에 계류(繫留)된 소청사건의 증인이 될 수 없으며, 다음의 경우 소청사건의 심사·결정에서 제척된다.

1. 위원 본인과 관계 있는 사항
2. 위원 본인과 친족 관계에 있거나 친족 관계에 있었던 자와 관계 있는 사항

그림 6-1 소청심사의 절차도

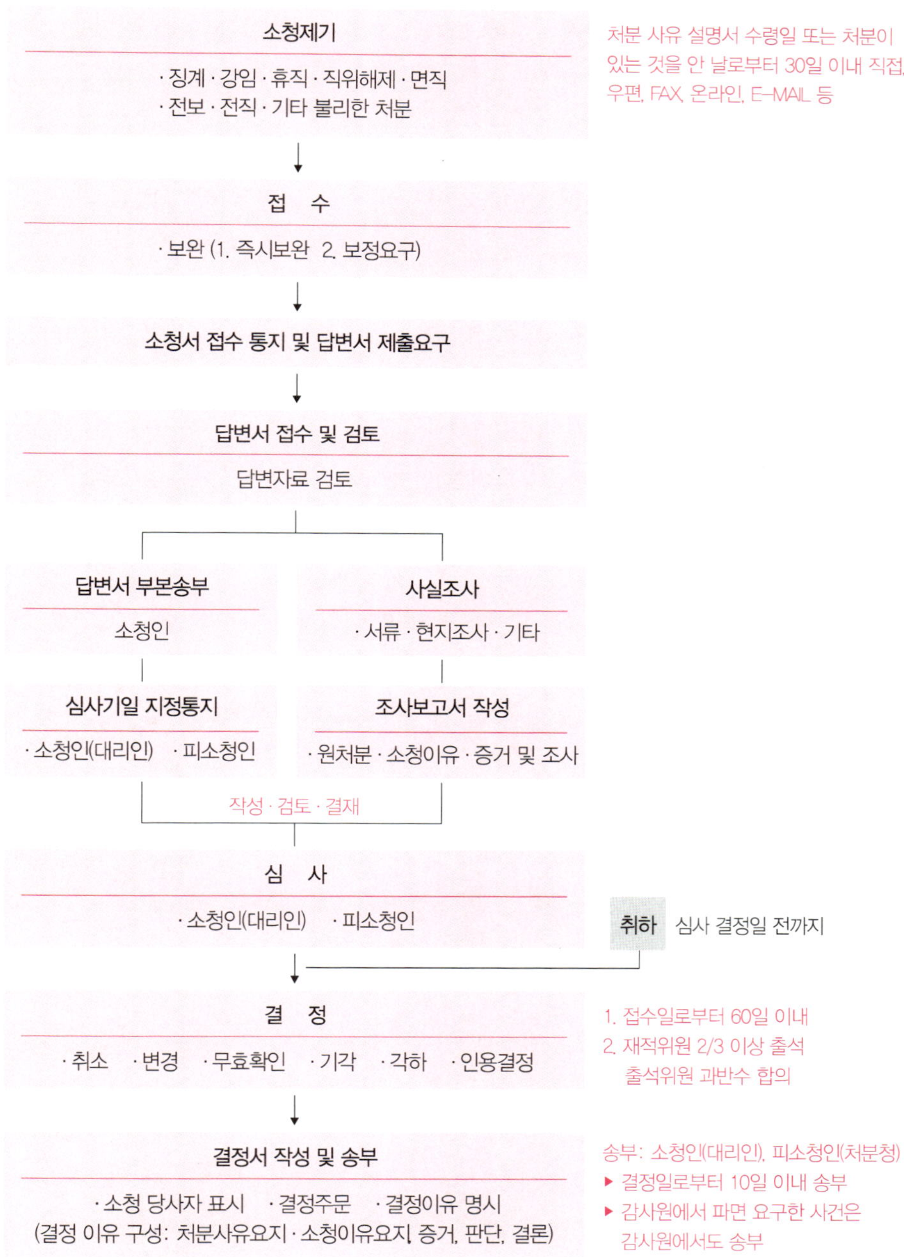

자료: 인사혁신처, 소청심사위원회, https://sochung.mpm.go.kr/home/page/sub1_4.do/

또한 당사자는 위원이 제척 또는 심사·결정의 공정을 기대하기 어려운 사정이 있는 경우 등은 그 사정을 구체적으로 밝혀 그 위원에 대한 기피를 신청할 수 있고, 위원회는 기피여부를 결정하여야 한다. 기피신청을 받은 위원은 기피여부에 대한 결정에 참여할 수 없다.

4) 결정

소청사건의 결정은 재적위원 3분의 2 이상의 출석과 출석위원 과반수의 합의에 따르되, 의견이 나뉠 경우에는 출석위원 과반수에 이를 때까지 소청인에게 가장 불리한 의견에 차례로 유리한 의견을 더하여 그 중 가장 유리한 의견을 합의된 의견으로 본다. 소청심사위원회의 결정은 그 이유를 구체적으로 밝힌 결정서로 하여야 한다.

징계처분 또는 징계부가금 부과처분에 대한 심사인 경우 원징계처분보다 무거운 결정을 하지 못한다. 소청심사위원회의 결정은 처분행정청을 기속(羈束)한다.

소청심사위원회의 결정은 다음과 같이 구분한다.

1. 각하(却下): 심사청구가 이 법이나 다른 법률에 적합하지 아니한 경우
2. 기각(棄却): 심사청구가 이유 없다고 인정되는 경우
3. 변경: 처분의 변경을 구하는 심사청구가 이유 있다고 인정되는 경우
4. 확인: 처분의 효력 유무 또는 존재여부에 대한 확인을 구하는 심사청구가 이유 있다고 인정되는 경우
5. 이행명령: 위법 또는 부당한 거부처분이나 부작위에 대하여 의무 이행을 구하는 심사청구가 이유 있다고 인정되는 경우
6. 취소: 처분의 취소를 구하는 심사청구가 이유 있다고 인정되는 경우

5) 소청심사위원회의 심판 현황

소청심사위원회가 2020년부터 2024년까지 5년간 결정한 현황 및 소청심사 청구 직급별 현황, 소청심사 청구 공무원 직렬별 현황, 그리고 소청심사 청구 공무원 처분 현황 등은 〈표 6-2〉 등과 같다.

2024년의 경우 처분건수 883건 중 인용된 경우는 228건(25.8%)이며, 기각, 각하등 불인용된 경우는 578건(74.2%)에 해당하여 불인용되는 경우가 현저하게 더 많은 것으로 나타났다.

표 6-1 연도별 소청처리 현황

구분	접수	처리건수(이월건수 포함)						인용률
		처리	취소	변경(무효포함)	기각	각하	취하 및 기타	
2020	790	765	41	178	459	27	60	28.6
2021	955	846	53	163	520	50	60	25.5
2022	850	821	40	149	503	42	87	23.0
2023	885	940	19	201	624	44	52	23.4
2024	966	883	32	196	544	34	77	25.8

주: 인용률 = 취소 + 변경(무효포함) / 처리건수 × 100
자료: 인사혁신처, 인사혁신통계연보, 2025, 70. 재구성.

표 6-2 소청처리 유형별 현황

비위유형 / 연도별	계	징계처분					기타 불이익 처분	징계 부가금
		소계	품위 유지의 의무 위반	청렴의 의무위반	성실 의무 위반	기타비위		
2020	765	537	240	38	181	78	178	50
2021	846	568	287	34	169	78	236	42
2022	821	609	312	27	202	68	175	37
2023	940	673	345	20	244	64	228	39
2024	883	644	256	16	362	10	194	45

자료: 인사혁신처, 인사혁신통계연보, 2025, 71. 재구성.

2024년도의 경우 처분 유형별로는 전체 883건 중 징계처분이 644건(73%), 불이익처분 194건(22%), 징계부가금 45건(5%) 정도의 비중으로 나타났다.

표 6-3 소청처리 처분 종류별 현황

연도	계	징계처분							불이익처분							징계 부가금
		소계	파면	해임	강등	정직	감봉	견책	소계	직권 면직	의원 면직	직위 해제	당연 퇴직	전보	기타	
2020	765	537	15	66	31	117	144	164	178	9	–	16	1	16	136	50
2021	846	568	29	81	40	131	126	161	236	10	–	25	1	25	175	42
2022	821	609	14	96	44	143	129	183	175	6	2	22	4	11	130	37
2023	940	673	25	83	54	142	174	195	228	7	2	28	3	13	175	39
2024	883	644	25	87	43	159	171	159	194	3	0	35	1	21	134	45

자료: 인사혁신처, 인사혁신통계연보, 2025, 72. 재구성.

2024년도의 경우 처분건수 883건 중 직급별로는 6급 이하 639명(72.3%), 5급 이상 244명(27.6%)으로 나타났다.

표 6-4 소청처리 직급별 현황

구분	계	5급이상	6급이하	기타
2020	765	175	563	27
2021	846	172	656	18
2022	821	190	617	14
2023	940	215	723	2
2024	883	244	639	0

자료: 인사혁신처, 인사혁신통계연보, 2025, 73, 재구성

소청심사를 청구하는 직렬은 경찰공무원의 비중이 가장 높은 것으로 나타났으며, 2024년의 경우 44.5%를 차지하고 있다.

표 6-5 직렬별 소청심사위원회 처리 현황

연도	계	일반공무원	교정공무원	세무공무원	소방공무원	경찰공무원
2020	765	385	33	17	76	254
2021	846	300	63	17	160	306
2022	821	373	30	13	100	305
2023	940	381	22	27	120	390
2024	883	363	24	18	85	393

자료: 인사혁신처, 인사혁신통계연보, 2025, 74, 재구성

Ⅳ 고충심사청구권

1. 의 의

경찰공무원은 누구나 인사·조직·처우 등 각종 직무조건과 그 밖에 신상문제에 대하여 인사상담이나 고충심사를 청구할 수 있으며, 이를 이유로 불이익한 처분이나 대우를 받지 아니한다.[10)]

고충심사제도는 공무원이 근무조건, 인사관리, 기타 신상문제에 대하여 불만이 있는 경우에 책임 있는 인사권자에게 고충심사를 청구하여 심사 및 인사상담을 거쳐 고충에 대한 적절한 해결책을 강구하여 주는 제도이다.[11)]

고충심사제도는 공무원의 권익을 보다 확실하게 보장하여 사기를 진작시키는

10) 국가공무원법 제76조의2. 경찰공무원법 제25조.

11) 국가공무원법 제76조의2.

데에 그 의의가 있다. 또한 이는 공무원의 직무능률의 향상을 가져온다.

한편 고충심사는 구체적인 불이익이 아닌 추상적인 불이익, 불만에 대해서도 청구를 할 수 있어 경찰공무원의 애로사항을 해결 또는 구제할 수 있다는 점에 제도적 의의가 있다.[12)]

고충심사 청구서

1. 청구인 성 명 : (한자) 전화번호 : (H · P)
소 속 : 직급 :
주 소 : (우편번호)
주민등록번호 : (연령 세)

2. 고충이유

3. 관련자료 목록

위와 같이 청구합니다.

년 월 일

위 청구인 **홍 길 동** (인)

인사혁신처 처장 귀하

자료: 인사혁신처, 고충심사위원회, https://sochung.mpm.go.kr/

2. 고충심사의 청구

공무원이 고충심사를 청구할 때에는 설치기관의 장에게 다음의 사항을 기재한 고충심사청구서를 제출하여야 하며, 재심을 청구하는 경우에는 당해 고충심사위원회의 고충심사결정서사본을 첨부하여야 한다.

12) 홍정선, 기본행정법, 제10판, 박영사, 2022, p. 576.

1. 주소·성명 및 생년월일
2. 소속기관명 및 직급 또는 직위
3. 고충심사청구의 취지 및 이유

고충심사의 청구를 받은 설치기관의 장은 이를 지체없이 소속 고충심사위원회에 부의하여 심사하게 하여야 한다.

3. 청구대상

고충심사의 대상은 경찰공무원의 근무조건, 인사관리, 신상문제 등이다.[13]

표 6-6 고충심사 청구 대상

구분	세부사항
근무조건	봉급·수당 등 보수에 관한 사항
	근무시간·휴식·휴가에 관한 사항
	업무량, 작업도구, 시설안전, 보건위생 등 근무환경에 관한 사항
	출산·육아·자녀교육, 질병치료, 주거·교통 및 식사편의 제공 등 후생복지에 관한 사항
인사관리	승진·전직·전보 등 임용에 관한 사항
	근무성적평정·경력평정·교육훈련·복무 등 인사운영에 관한 사항
	상훈·제안 등 업적성취에 관한 사항
상·하급자나 동료, 그밖에 업무 관련자 등의 부적절한 행위	「성폭력범죄의 처벌 등에 관한 특례법」 제2조에 따른 성폭력 범죄
	「양성평등기본법」 제3조 제2호의 성희롱
	위법·부당한 지시나 요구
	신체적·정신적 고통을 주거나 근무환경을 악화시키는 직장 내 괴롭힘
	성별·종교별·연령별 등에 의한 차별대우
기타	개인의 정신적·심리적·신체적 장애로 인하여 발생되는 직무수행과 관련된 고충

자료: 인사혁신처 소청심사위원회, https://sochung.mpm.go.kr/

고충심사의 제외 대상

다른 법령에 의하여 처리되는 사항

– 소청심사 대상, 연금급여심사 대상, 감사원의 처분에 대한 재심의 사항 등

국가 사무의 관리운영에 관한 사항

– 법률의 개폐, 예산조치의 요구 등 국회의 협력이 필요하거나 당해 행정기관으로는 곧 시정이 불가능한 사항 등

13) 공무원고충처리규정 제2조.

4. 위원회

1) 설치 및 관할

고충심사위원회는 보통고충심사위원회와 중앙고충심사위원회로 구분된다.

보통고충심사위원회는 경감 이하의 경찰공무원에 대한 고충심사를 담당하며, 경찰청, 지방경찰청 및 경찰청 부속기관, 경감 이상을 소속기관장으로 하는 경찰관서에 설치된다.[14)]

중앙고충심사위원회는 인사혁신처 소청심사위원회에서 관장하며, 경정 이상의 경찰공무원의 고충심사 및 보통고충심사위원회의 심사를 거친 불복사건의 재심청구에 대한 고충심사사건을 처리한다.

인사혁신처 중앙고충심사위원회는 위원장 1인을 포함한 상임위원 5인과 비상임위원(법조인) 2인으로 구성되어 있고, 위원회 사무를 처리하기 위하여 행정과를 두고 있다.

그림 6-2 고충심사위원회의 설치 및 관장

설치	관장
보통고충심사위원회 • 경찰청 및 그 부속기관, 지방청, 경감 이상의 장을 소속기관장으로 하는 경찰관서	경감 이하 경찰공무원 고충
중앙고충심사위원회 • 인사혁신처	경정 이상 경찰공무원 고충 보통고충심사위원회의 재심사항

2) 위원

경찰공무원 고충심사위원회는 위원장 1명을 포함하여 7명 이상 15명 이하의 공무원위원과 민간위원으로 구성한다. 이 경우 민간위원의 수는 위원장을 제외한 위원 수의 2분의 1 이상이어야 한다.

공무원고충처리규정 제3조의7에 경찰기관의 장은 소속 직원의 수, 조직 규모

14) 공무원고충처리규정 제3조의2.

및 관할 범위 등을 고려하여 필요한 경우 인사혁신처장과의 협의를 거쳐 위원장 1명을 포함하여 5명 이상 7명 이내의 공무원위원과 민간위원으로 위원회를 구성할 수 있다. 이 경우 위원장과 위원장이 회의마다 지정하는 3명 이상 5명 이내의 위원으로 성별을 고려하여 구성할 수 있다.[15)]

위원장은 설치기관 소속 공무원 중에서 인사 또는 감사 업무를 담당하는 과장 또는 이에 상당하는 직위를 가진 사람이 된다. 공무원위원은 청구인보다 상위 계급 또는 이에 상당하는 소속 공무원 중에서 설치기관의 장이 임명한다.

민간위원은 다음의 어느 하나에 해당하는 사람 중에서 설치기관의 장이 위촉한다. 이 경우 민간위원의 임기는 2년으로 하며, 한 번만 연임할 수 있다.

1. 경찰공무원으로 20년 이상 근무하고 퇴직한 사람
2. 대학에서 법학·행정학·심리학·정신건강의학 또는 경찰학을 담당하는 사람으로서 조교수 이상으로 재직 중인 사람
3. 변호사 또는 공인노무사로 5년 이상 근무한 사람
4. 「의료법」에 따른 의료인

고충심사위원회의 회의는 위원장과 위원장이 회의마다 지정하는 5명 이상 7명 이하의 위원으로 성별을 고려하여 구성한다. 이 경우 민간위원이 3분의 1 이상 포함되어야 한다.

5. 심 사

1) 절차

위원회가 청구서를 접수한 때에는 30일 이내에 고충심사에 대한 결정을 하여야 한다. 다만, 부득이하다고 인정되는 경우에는 고충심사위원회의 의결로 30일을 연기할 수 있다. 위원회는 고충심사에 필요하다고 인정할 때에는 다음의 방법으로 사실조사를 할 수 있다.[16)]

1. 청구인, 설치기관의 장, 청구인이 소속된 기관의 장 또는 그 대리인 및 관계인

15) 공무원고충처리규정 제3조의7.
16) 공무원고충처리규정 제7조.

을 출석하게 하여 진술하게 하는 방법
2. 관계 기관에 심사 자료의 제출을 요구하는 방법
3. 전문 분야에 관한 학식과 경험이 있는 사람에게 검정·감정 또는 자문을 의뢰하는 방법
4. 그 밖에 소속 공무원이 사실조사를 하는 방법

고충심사위원회는 고충심사의 당사자 또는 관계인의 진술을 청취하거나 구두로 문답하는 경우에는 그 청취서 또는 문답서를 작성하여야 한다.

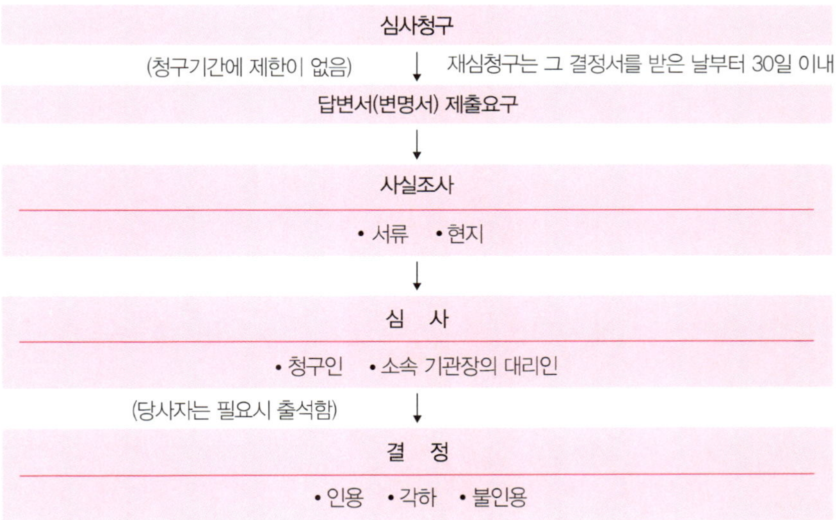

2) 청구인의 권리

고충심사당사자는 참고인의 소환·질문 또는 증거물, 기타 심사자료의 제출요구를 신청하거나 증거물, 기타 심사자료를 제출할 수 있다.

3) 위원의 회피 및 기피

고충심사위원회의 위원 중 청구인의 친족이거나 청구사유와 밀접한 관계가 있는 자는 그 고충심사를 회피할 수 있다.[17)]

17) 공무원고충처리규정 제6조.

청구인은 고충심사위원회의 위원에게 고충심사의 공정을 기대하기 어려운 사정이 있을 때에는 청구인은 그 위원의 기피를 신청할 수 있으며, 고충심사위원회는 의결로 그 위원의 기피여부를 결정하여야 한다.

4) 결정

보통고충심사위원회의 결정은 위원 5명 이상의 출석과 출석위원 과반수의 합의에 따른다. 중앙고충심사위원회의 결정은 위원 3분의 2 이상의 출석과 출석 위원 과반수의 합의에 따른다. 다만, 고충심사위원회 회의의 구성 위원의 수를 3명 이상 5명 이하 위원으로 성별을 고려하여 조정한 경우 고충심사위원회의 결정은 위원 전원의 출석과 출석위원 과반수의 합의에 따른다.

고충심사위원회의 결정은 다음 각 호와 같이 구분한다.[18]

1. 인용: 고충심사청구가 상당한 이유가 있다고 인정되어 처분청이나 관계 기관의 장에게 시정을 요청하는 결정
2. 권고, 의견표명: 시정을 요청할 정도에 이르지 아니하나, 제도나 정책 등의 개선이 필요하다고 인정되어 처분청이나 관계 기관의 장에게 이에 대한 합리적인 개선을 권고하거나 의견을 표명하는 결정
3. 기각: 고충심사청구가 이유 없다고 인정되는 경우
4. 각하:

- 고충심사청구가 적법하지 아니한 경우
- 사안이 종료된 경우, 같은 사안에 관하여 이미 소청 또는 고충심사 결정이 이루어진 경우 등 명백히 고충심사의 실익이 없는 경우

고충심사결정에 불복하여 법원에 행정소송을 제기할 수 없다. 고충심사결과는 법적 기속력이 없기 때문이다.[19]

6. 결과처리 및 재심청구

1) 결정서작성 및 송부

고충심사위원회가 고충심사청구에 대하여 결정을 한 때에는 결정서를 작성하

18) 공무원고충처리규정 제10조.

19) 홍정선, 기본행정법, 제10판, 박영사, 2022, p. 576; 대법원 1987. 12. 8. 87누657 · 658.

고, 위원장과 출석한 위원이 서명·날인하여야 한다. 결정서가 작성된 경우에는 지체없이 이를 설치기관의 장에게 송부하여야 한다.[20]

2) 고충심사의 결과 처리

결정서를 송부받은 설치기관의 장은 청구인, 처분청 또는 관계 기관의 장에게 심사결과를 통보하여야 한다.

심사결과 중 시정을 요청받은 처분청 또는 관계 기관의 장은 특별한 사유가 없으면 이를 이행하고, 시정 요청을 받은 날부터 30일 이내에 그 처리 결과를 설치기관의 장에게 알려야 한다. 다만, 특별한 사유로 이행할 수 없는 경우 그 사유를 설치기관의 장에게 문서로 통보하여야 한다.

심사결과 중 개선 권고를 받은 처분청 또는 관계 기관의 장은 이를 이행하도록 노력해야 한다.

인사혁신처장 또는 설치기관의 장은 이행 결과를 정기적으로 조사하여 인터넷 홈페이지에 공개할 수 있다. 다만, 설치기관의 장은 공개 내용에 다른 기관의 이행 결과가 포함되는 경우에는 해당 기관의 사전 동의를 받아야 한다.

3) 재심 청구

경찰공무원 보통고충심사위원회의 고충심사에 대하여 불복이 있어 중앙고충심사위원회에 재심을 청구하는 경우에는 그 심사결과를 통보받은 날로부터 30일 이내에 청구서를 제출하여야 한다.

V 경찰장비·경찰장구·분사기 등·무기의 사용권

1. 경찰장비의 사용 등

경찰관은 직무수행 중 경찰장비를 사용할 수 있다. 다만, 사람의 생명이나 신체에 위해를 끼칠 수 있는 경찰장비를 사용할 때에는 필요한 안전교육과 안전검사를 받은 후 사용하여야 한다.[21]

경찰장비란 무기, 경찰장구, 최루제와 그 발사장치, 살수차, 감식기구, 해안감시기구, 통신기기, 차량·선박·항공기 등 경찰이 직무를 수행할 때 필요한 장치

20) 공무원고충처리규정 제11조–제13조.

21) 경찰관 직무집행법 제10조.

와 기구를 말한다.

경찰관은 경찰장비를 함부로 개조하거나 경찰장비에 임의의 장비를 부착하여 일반적인 사용법과 달리 사용함으로써 다른 사람의 생명·신체에 위해를 끼쳐서는 아니 된다. 위해성 경찰장비는 필요한 최소한도에서 사용하여야 한다.

2. 경찰장구의 사용

경찰관은 다음의 직무를 수행하기 위하여 필요하다고 인정되는 상당한 이유가 있을 때에는 그 사태를 합리적으로 판단하여 필요한 한도에서 경찰장구를 사용할 수 있다.[22] 경찰장구란 경찰관이 휴대하여 범인 검거와 범죄 진압 등의 직무수행에 사용하는 수갑, 포승, 경찰봉, 방패 등을 말한다.

1. 현행범이나 사형·무기 또는 장기 3년 이상의 징역이나 금고에 해당하는 죄를 범한 범인의 체포 또는 도주 방지
2. 자신이나 다른 사람의 생명·신체의 방어 및 보호
3. 공무집행에 대한 항거 제지

3. 분사기 등의 사용

경찰관은 다음의 직무를 수행하기 위하여 부득이한 경우에는 현장책임자가 판단하여 필요한 최소한의 범위에서 분사기(「총포·도검·화약류 등의 안전관리에 관한 법률」에 따른 분사기를 말하며, 그에 사용하는 최루 등의 작용제를 포함) 또는 최루탄을 사용할 수 있다.[23]

1. 범인의 체포 또는 범인의 도주 방지
2. 불법집회·시위로 인한 자신이나 다른 사람의 생명·신체와 재산 및 공공시설 안전에 대한 현저한 위해의 발생 억제

22) 경찰관 직무집행법 제10조의2.

23) 경찰관 직무집행법 제10조의3.

4. 무기의 사용

경찰관은 범인의 체포, 범인의 도주 방지, 자신이나 다른 사람의 생명·신체의 방어 및 보호, 공무집행에 대한 항거의 제지를 위하여 필요하다고 인정되는 상당한 이유가 있을 때에는 그 사태를 합리적으로 판단하여 필요한 한도에서 무기를 사용할 수 있다.[24)]

무기란 사람의 생명이나 신체에 위해를 끼칠 수 있도록 제작된 권총·소총·도검 등을 말한다.

다만, 다음에 해당할 때를 제외하고는 사람에게 위해를 끼쳐서는 아니 된다.

1. 「형법」에 규정된 정당방위와 긴급피난에 해당할 때
2. 다음에 해당하는 때에 그 행위를 방지하거나 그 행위자를 체포하기 위하여 무기를 사용하지 아니하고는 다른 수단이 없다고 인정되는 상당한 이유가 있을 때
   - 사형·무기 또는 장기 3년 이상의 징역이나 금고에 해당하는 죄를 범하거나 범하였다고 의심할 만한 충분한 이유가 있는 사람이 경찰관의 직무집행에 항거하거나 도주하려고 할 때
   - 체포·구속영장과 압수·수색영장을 집행하는 과정에서 경찰관의 직무집행에 항거하거나 도주하려고 할 때
   - 제3자가 가목 또는 나목에 해당하는 사람을 도주시키려고 경찰관에게 항거할 때
   - 범인이나 소요를 일으킨 사람이 무기·흉기 등 위험한 물건을 지니고 경찰관으로부터 3회 이상 물건을 버리라는 명령이나 항복하라는 명령을 받고도 따르지 아니하면서 계속 항거할 때
3. 대간첩 작전 수행 과정에서 무장간첩이 항복하라는 경찰관의 명령을 받고도 따르지 아니할 때

대간첩·대테러 작전 등 국가안전에 관련되는 작전을 수행할 때에는 개인화기(個人火器) 외에 공용화기(共用火器)를 사용할 수 있다.

---

24) 경찰관 직무집행법 제10조의4.

VI 처분사유 설명서의 교부통지권

공무원이 징계처분, 강임 · 휴직 · 직위해제 또는 면직처분을 받은 경우 그 처분권자 또는 처분제청권자는 처분사유를 적은 설명서를 교부(交付)하여야 한다. 다만, 본인의 희망에 따른 강임 · 휴직 또는 면직처분은 그러하지 아니하다.

처분권자는 피해자가 요청하는 경우 「성폭력범죄의 처벌 등에 관한 특례법」 상 성폭력범죄 및 「양성평등기본법」 상 성희롱에 해당하는 사유로 처분사유 설명서를 교부할 때에는 그 징계처분결과를 피해자에게 함께 통보하여야 한다.[25]

제 2 절 경찰공무원의 실비변상 · 실물급대여 청구 권리

I 실비변상권

경찰공무원은 보수를 받는 외에 직무수행에 소요되는 실비변상을 받을 수 있다. 실비에는 국내여비규정이나 국외여비규정에 의한 운임, 일비, 숙박료, 식비 등이 포함된다.

경찰공무원은 각 계급에 따라 직급보조비를 지급받는다.[26]

표 6-7 경찰공무원 직급보조비

구분	치안총감	치안정감	치안감	경무관	총경	경정	경감, 경위	경사	경장, 순경
월지급액 (전용차량 지원시 감액)	95만원	75만원	65만원	50만원	40만원	25만원	18만5천원	18만원	17만 5천원

II 실물급대여 청구권

경찰공무원은 특수한 경찰직무수행을 위하여 급여품과 대여품을 지급받을 수 있다.[27] 급여품이란 경찰공무원에게 지급되는 물품 중 지급받은 경찰공무원이 사

25) 국가공무원법 제75조.

26) 공무원수당 등에 관한 규정 18조의6 [별표 15].

용기간 동안 사용한 후 처분할 수 있는 물품을 말한다. 대여품이란 경찰공무원에게 지급되는 물품 중 지급받은 경찰공무원이 사용기간 동안 사용한 후 다시 반납하여야 하는 물품을 말한다.[28)]

경찰공무원 지급품에 관한 규칙상 국가가 경찰공무원에게 지급하는 급여품은 경찰모, 경찰제복, 경찰화, 휘장류, 부속물 등이며, 대여품은 표지장, 장구류, 전투장구, 안전장구, 진압장구, 산악수상장구, 기타장구 등이다.

경찰공무원이 급여품 또는 대여품을 분실하거나 훼손하였을 때에는 대용품(代用品)을 지급한다. 급여품 또는 대여품의 분실이나 훼손이 경찰공무원의 고의 또는 중대한 과실로 인한 것일 때에는 그 대가를 변상하게 하여야 한다.

경찰공무원이 퇴직할 때에는 대여품을 반납하여야 한다. 경찰공무원의 고의 또는 중대한 과실로 대여품을 분실하거나 훼손하여 그 대여품을 반납할 수 없을 때에는 그 대가를 변상하게 하여야 한다.

경찰공무원의 복장

자료: 스마트 서울경찰 블로그, https://smartsmpa.tistory.com/3042

---

27) 국가공무원법 제48조, 경찰공무원 지급품에 관한 규칙 제1조. [시행 2022. 10. 24.] [행정안전부령 제354호, 2022. 10. 24., 일부개정].

28) 경찰공무원 지급품에 관한 규칙 제2조. 제3조－제7조.

제 3 절 경찰공무원의 보수청구 권리

I 보수청구권의 의의

경찰공무원은 국가에 대하여 보수를 청구할 권리를 가진다. 보수란 봉급과 기타 각종 수당을 합산한 금액을 말한다. 보수의 청구시효는 5년이며, 임의포기는 금지된다.[29)]

공무원의 보수는 국민의 세금에서 충당되므로 정치적 통제의 대상이 되며, 사회적 · 윤리적인 평가를 받게 된다. 또한 민간부문과 달리 행정서비스를 계량화하기 어려워 보수체계가 민간과 다르며, 보수수준 결정에 관한 공무원노조의 협상권이 인정되지 아니한다.

보수청구권은 생활보장적 성격을 가지므로 민사소송상의 압류에 있어 1/2을 넘는 액수는 그 압류가 제한된다.[30)] 보수는 일반의 표준생계비, 민간의 임금, 기타 사정을 고려하여 결정한다.

경찰공무원의 보수는 조직구성원과 그 가족의 생계유지 및 사회적 품위를 유지하는 조직관리상의 필수요소이며, 조직구성원의 근무의욕과 사기, 조직에 필요한 유능한 인재를 확보하는 중대한 역할을 한다.

II 봉급청구권

봉급이란 직무의 곤란성과 책임의 정도에 따라 직책별로 지급되는 기본급여 또는 직무의 곤란성과 책임의 정도 및 재직기간 등에 따라 계급별, 호봉별로 지급되는 기본급여를 말한다. 2023년도의 경찰공무원의 봉급표는 다음과 같다.[31)]

29) 국가공무원법 제46조, 공무원보수규정 제4조. [시행 2026. 1. 2.] [대통령령 제36013호, 2026. 1. 2., 개정].

30) 민사집행법 제246조 제1항 제4호.

31) 공무원보수규정 제5조.

2026년 경찰공무원 · 소방공무원 및 의무경찰 등의 봉급표[32]

(단위: 원)

계급 / 호봉	치안정감 소방정감	치 안 감 소 방 감	경 무 관 소방준감	총 경 소방정	경 정 소방령	경 감 소방경	경 위 소방위	경 사 소방장	경 장 소방교	순 경 소방사
1	4,905,100	4,563,500	4,167,700	3,619,000	3,126,100	2,698,600	2,507,700	2,472,100	2,215,300	2,133,000
2	5,068,300	4,719,000	4,307,600	3,751,300	3,243,100	2,814,700	2,567,700	2,493,100	2,245,500	2,155,600
3	5,235,600	4,876,600	4,451,700	3,885,800	3,364,700	2,933,000	2,640,000	2,539,000	2,290,400	2,187,500
4	5,406,700	5,035,600	4,596,800	4,023,500	3,491,000	3,054,900	2,758,200	2,610,800	2,350,700	2,229,200
5	5,582,000	5,197,000	4,744,300	4,163,000	3,620,600	3,178,700	2,879,500	2,710,600	2,427,500	2,281,100
6	5,759,400	5,358,400	4,893,200	4,304,000	3,752,700	3,305,500	3,001,800	2,826,000	2,522,200	2,343,900
7	5,939,400	5,522,100	5,044,000	4,446,100	3,887,000	3,435,100	3,125,400	2,942,100	2,628,900	2,418,400
8	6,120,900	5,685,500	5,195,000	4,588,900	4,022,900	3,565,700	3,249,000	3,059,100	2,731,700	2,505,600
9	6,305,100	5,850,100	5,347,400	4,732,300	4,159,300	3,697,600	3,373,300	3,170,300	2,829,500	2,595,100
10	6,490,300	6,014,400	5,499,600	4,875,500	4,296,500	3,820,800	3,490,700	3,276,600	2,922,200	2,680,900
11	6,675,000	6,179,600	5,652,200	5,019,900	4,425,000	3,937,600	3,600,800	3,376,800	3,012,000	2,762,900
12	6,866,100	6,350,500	5,810,200	5,155,900	4,548,700	4,051,200	3,709,400	3,475,200	3,099,500	2,844,100
13	7,058,200	6,522,400	5,957,200	5,282,900	4,666,100	4,158,400	3,812,400	3,568,600	3,183,800	2,922,200
14	7,250,800	6,678,100	6,093,600	5,401,600	4,775,600	4,261,000	3,909,100	3,657,900	3,264,300	2,998,100
15	7,419,100	6,821,500	6,219,400	5,513,300	4,879,100	4,357,000	4,002,700	3,743,200	3,341,600	3,070,500
16	7,568,600	6,952,900	6,336,500	5,618,700	4,976,500	4,449,500	4,090,100	3,823,900	3,416,300	3,140,600
17	7,701,100	7,073,900	6,445,400	5,716,500	5,068,100	4,535,400	4,173,700	3,901,400	3,486,000	3,209,100
18	7,819,100	7,184,600	6,546,700	5,807,900	5,154,500	4,618,100	4,252,700	3,975,500	3,553,600	3,273,000
19	7,924,800	7,286,800	6,640,300	5,893,300	5,236,000	4,695,400	4,327,900	4,045,300	3,618,500	3,335,700
20	8,019,600	7,380,000	6,728,100	5,973,100	5,312,400	4,768,800	4,399,300	4,111,700	3,680,400	3,395,400
21	8,106,800	7,465,300	6,809,300	6,047,600	5,384,200	4,837,900	4,467,200	4,175,200	3,739,400	3,451,600
22	8,184,600	7,543,500	6,884,500	6,117,500	5,451,700	4,904,700	4,531,200	4,235,000	3,796,100	3,506,000
23	8,250,400	7,615,000	6,953,800	6,183,200	5,515,300	4,965,900	4,592,000	4,293,000	3,850,000	3,557,600
24		7,673,600	7,018,800	6,245,100	5,574,900	5,025,200	4,650,300	4,347,900	3,902,200	3,607,200
25		7,729,500	7,071,800	6,301,600	5,631,200	5,081,100	4,705,700	4,399,900	3,951,600	3,654,200
26			7,122,700	6,349,600	5,684,200	5,134,000	4,756,500	4,449,900	3,999,600	3,697,100
27			7,169,800	6,393,700	5,728,100	5,183,300	4,800,000	4,492,000	4,039,500	3,733,900
28				6,436,100	5,770,400	5,225,600	4,841,900	4,531,300	4,078,000	3,769,300
29					5,809,200	5,264,800	4,881,500	4,569,300	4,114,300	3,803,400
30					5,846,900	5,303,200	4,918,600	4,605,800	4,149,600	3,836,800
31						5,338,600	4,954,300	4,639,900	4,183,800	3,869,200
32						5,372,500				

비고

1. 경찰대학생: 1학년 1,215,000원, 2학년 1,350,000원, 3학년 1,500,000원, 4학년 1,650,000원
2. 경위공개경쟁채용시험합격자 및 소방간부후보생: 임용예정 계급의 1호봉에 해당하는 봉급의 80퍼센트에 상당하는 금액
3. 의무소방원: 특방은 지원에 의하지 않고 임용된 하사 봉급 상당액, 수방은 병장 봉급 상당액, 상방은 상등병 봉급 상당액, 일방은 일등병 봉급 상당액, 이방은 이등병 봉급 상당액
4. 의무경찰: 특경은 지원에 의하지 않고 임용된 하사 봉급 상당액, 수경은 병장 봉급 상당액, 상경은 상등병 봉급상당액, 일경은 일등병 봉급 상당액, 이경은 이등병 봉급 상당액

32) 공무원보수규정 제5조, 별표 10.

다만, 성과급제가 적용되는 총경 이상의 경우 연봉한계액은 다음과 같다.[33]

표 6-8 경찰 및 소방 공무원 연봉한계액표(2025) (단위: 천원)

구분	상한액	하한액
치안정감 · 소방정감 공무원	133,504	88,993
치안감 · 소방감 공무원	123,385	82,217
경무관 · 소방준감 공무원	114,705	77,054
총경 · 소방정 공무원	104,933	63,274
경정 · 소방령 공무원	86,520	43,492

비고
1. 치안총감 및 소방총감의 연봉액은 150,467천 원으로 한다.
2. 기본연봉액에 성과연봉액을 합산한 총연봉액이 연봉상한액을 초과하더라도 해당 연도에는 인사혁신처장이 정하는 범위에서 성과연봉을 지급할 수 있으나, 다음 연도에 기본연봉에 산입하는 때에는 해당 연도의 연봉상한액을 초과하지 않는 금액만 산입한다.

공무원을 신규채용할 때에는 초임호봉을 획정한다.[34]

공무원의 초임호봉은 공무원의 초임호봉표에 따라 획정한다. 이 경우 그 공무원의 경력에 특별승급 또는 승급제한 등의 사유가 있을 때에는 이를 가감하여야 하고, 경력과 경력이 중복될 때에는 그 중 유리한 경력 하나에 대해서만 획정하여야 한다.

초임호봉의 획정에 반영되지 아니한 잔여기간이 있으면 그 기간은 다음 승급기간에 산입한다. 경찰공무원이 승진하는 경우에는 당해 계급보다 승진계급에서 한 단계 낮은 호봉으로 획정한다. 또한 강임되는 경우에는 강임된 계급에서의 호봉을 획정한다.

경찰공무원의 승급이란 일정한 재직기간의 경과나 그 밖에 법령의 규정에 따라 현재의 호봉보다 높은 호봉을 부여하는 것을 말한다. 호봉 획정 및 승급은 임용권자 또는 임용제청권자가 시행한다.

경찰공무원의 호봉간 승급기간은 1년으로 하며, 매달 1일자로 승급한다. 다만, 승급제한을 받고 있는 공무원은 승급제한 기간이 끝난 날의 다음 날에 승급한다.

다음의 경우에는 승급이 제한된다.

---

33) 공무원보수규정 제35조. 별표 33.

34) 공무원보수규정 제8조－제16조.

승급의 제한

1. 징계처분, 직위해제 또는 휴직(공무상 질병으로 인한 휴직은 제외한다)중인 사람
2. 징계처분의 집행이 끝난 날(강등의 경우에는 직무에 종사하지 못하는 3개월이 끝난 날)부터 ① 강등·정직: 18개월 ② 감봉: 12개월 ③ 영창, 근신 또는 견책: 6개월이 지나지 않은 경우 / 소극행정, 음주운전(음주측정에 응하지 않은 경우 포함), 성폭력, 성희롱 및 성매매로 인한 징계처분의 경우에는 위 징계 유형에 각각 6개월을 가산한 기간이 지나지 않은 경우
3. 근무성적 평정점이 최하등급에 해당되는 사람: 최초 정기승급 예정일부터 6개월
4. 승급심사에 합격하지 못한 국가정보원 전문관: 최초 정기승급 예정일부터 1년
5. 「군인보수법」에 따라 복무기간에 해당하는 호봉보다 다액의 호봉을 부여받고 그 호봉에 상응하는 복무기간에 미달된 사람

승급제한 기간 중에 있는 사람이 다시 징계처분이나 그 밖의 사유로 승급을 제한받는 경우 먼저 시작되는 승급제한 기간이 끝나는 날부터 다음 승급제한 기간을 기산한다.[35)]

경찰공무원이 징계처분을 받은 후 해당 계급에서 훈장, 포장, 국무총리 이상의 표창, 모범공무원 포상 또는 제안의 채택으로 포상을 받은 경우에는 최근에 받은 가장 중한 징계처분에 대해서만 승급제한 기간의 2분의 1을 단축할 수 있다.

경찰공무원이 업무실적이 탁월하여 행정발전에 크게 기여하거나, 제안의 채택·시행에 따른 인사상 특전으로서 특별승급이 확정된 경우 1호봉을 특별승급시킬 수 있다.[36)]

Ⅲ 수당청구권

경찰공무원은 공무원수당 등에 관한 규정에 따라 당연히 수당을 지급받거나 청구할 수 있다. 경찰공무원이 지급받는 수당에는 상여수당, 가계보전수당, 특수지근무수당, 특수근무수당, 초과근무수당 등이 있다.

35) 공무원보수규정 제14조.

36) 공무원보수규정 제16조.

1. 상여수당

1) 정근수당

공무원에게는 예산의 범위에서 근무연수에 따라 매년 1월과 7월의 보수지급일에 정근수당을 지급한다. 다만, 의무경찰·경찰대학생·경위공개경쟁채용시험합격자·소방간부후보생·사관생도·사관후보생, 입영훈련 중인 학생군사교육단 사관후보생, 부사관후보생, 지원하지 아니하고 임용된 하사 및 병인 군인에게는 정근수당을 지급하지 아니한다.

정근수당은 지급대상기간 중 징계처분(다른 공무원의 신분에서 받은 징계처분을 포함)을 받은 공무원에게는 지급하지 아니하며, 직위해제 처분기간은 실제 근무하지 아니한 기간으로 본다.[37)]

정근수당을 지급하는 공무원에게는 매월 보수지급일에 정근수당 가산금을 지급한다. 다만, 강등(직무에 종사하지 못하는 3개월에 한정)·정직·감봉·직위해제 및 휴직으로 봉급이 감액 지급되는 사람에게는 정근수당 가산금을 감액하여 지급한다.

표 6-9 정근수당 지급 구분

❶ 정근수당

근무연수	지급액	근무연수	지급액
2년 미만	월봉급액의 10% 해당 금액	8년 미만	월봉급액의 35% 해당 금액
5년 미만	월봉급액의 20% 해당 금액	9년 미만	월봉급액의 40% 해당 금액
6년 미만	월봉급액의 25% 해당 금액	10년 미만	월봉급액의 45% 해당 금액
7년 미만	월봉급액의 30% 해당 금액	10년 이상	월봉급액의 50% 해당 금액

❷ 정근수당 가산금

<table>
<tr><th rowspan="2">근무연수</th><th colspan="2">월지급액</th><th rowspan="2">비고</th></tr>
<tr><th>전 공무원(군인 제외)</th><th>군인(하사 이상)</th></tr>
<tr><td>20년 이상</td><td>100,000원</td><td>100,000원</td><td rowspan="3">(추가 가산금)
· 근무연수가 20년 이상 25년 미만인 사람에게는 월 10,000원을, 25년 이상인 사람에게는 월 30,000원을 가산하여 지급한다.</td></tr>
<tr><td>15년 이상
20년 미만</td><td>80,000원</td><td>80,000원</td></tr>
<tr><td>10년 이상
15년 미만</td><td>60,000원</td><td>60,000원</td></tr>
</table>

37) 공무원수당 등에 관한 규정, [시행 2026. 1. 2.] [대통령령 제36015호, 2026. 1. 2., 일부개정], 제7조 별표 2.

<table>
<tr><th rowspan="2">근무연수</th><th colspan="2">월지급액</th><th rowspan="2">비고</th></tr>
<tr><th>전 공무원(군인 제외)</th><th>군인(하사 이상)</th></tr>
<tr><td>7년 이상
10년 미만</td><td rowspan="2">50,000원</td><td>50,000원</td><td rowspan="3"></td></tr>
<tr><td>5년 이상
7년 미만</td><td>40,000원</td></tr>
<tr><td>5년 미만</td><td>30,000원</td><td>30,000원</td></tr>
</table>

2) 성과상여금

경감 이하의 경찰공무원 중 근무성적, 업무실적 등이 우수한 사람에게는 예산의 범위에서 성과상여금을 지급한다.[38)]

표 6-10 성과상여금 지급등급 및 지급액

지급등급		지급액
등급	지급인원	
S등급	평가 결과 상위 20% 이내에 해당	지급기준액의 172.5% 이상에 해당하는 금액
A등급	평가 결과 상위 20% 초과 60% 이내에 해당	지급기준액의 125%에 해당하는 금액
B등급	평가 결과 상위 60% 초과 90% 이내에 해당	지급기준액의 85%에 해당하는 금액
C등급	그 외	지급하지 않음

2. 가계보전수당

가계보전수당이란 경찰공무원의 생계유지비를 지원하는 성격의 수당을 말한다. 이에는 가족수당, 자녀학비보조수당, 육아휴직수당 등이 있다.[39)]

1) 가족수당

공무원으로서 부양가족이 있는 사람에게는 가족수당을 지급하되, 부양가족의 수는 4명 이내로 한다. 다만, 자녀의 경우에는 부양가족의 수가 4명을 초과하더라도 가족수당을 지급한다.

38) 공무원수당 등에 관한 규정 제7조의2 제3항 [별표 2의4].
39) 공무원수당 등에 관한 규정 제10조－제11조의3.
40) 공무원수당 등에 관한 규정 제10조 제3항

1. 배우자
2. 본인 및 배우자의 60세(여성인 경우에는 55세) 이상의 직계존속(계부 및 계모를 포함한다. 이하 이 호에서 같다)과 60세 미만의 직계존속 중 장애의 정도가 심한 사람[40]
3. 본인 및 배우자의 19세 미만의 직계비속(재외공무원인 경우에는 자녀로 한정한다. 이하 이 호에서 같다)과 19세 이상의 직계비속 중 장애의 정도가 심한 사람
4. 본인 및 배우자의 형제자매 중 장애의 정도가 심한 사람과 본인 및 배우자의 부모가 사망하거나 장애의 정도가 심한 사람인 경우 본인 및 배우자의 19세 미만의 형제자매

강등, 정직, 감봉, 직위해제 및 휴직으로 봉급이 감액 지급되는 사람에게는 가족수당을 감액하여 지급한다.

가족수당의 지급기준은 다음과 같다.[41]

표 6-11 가족수당

적용범위	부양가족		월 지급액
1. 국가공무원(재외공무원은 제외한다)	배우자		40,000원
	배우자 및 자녀를 제외한 부양가족 1명당		20,000원
	자녀	첫째자녀	30,000원
		둘째자녀	80,000원
		셋째 이후 자녀 1명당	120,000원

1. 「장애인복지법 시행령」 제2조에 따른 장애인
2. 「국가유공자 등 예우 및 지원에 관한 법률 시행령」 제14조에 따른 상이등급 제1급부터 제7급까지
3. 「산업재해보상보험법 시행령」 제53조에 따른 장해등급 제1급부터 제6급까지
4. 「공무원 재해보상법 시행령」 제40조 또는 「사립학교교직원 연금법 시행령」 제41조 및 별표 5와 별표 6에 따른 장애등급 제1급부터 제6급까지
5. 「군인연금법 시행령」 제47조에 따른 상이등급 제1급부터 제6급까지
6. 그 밖에 제1호부터 제5호까지의 규정에 따른 장애에 준하는 사람으로서 인사혁신처장이 정하는 사람

41) 공무원수당 등에 관한 규정 제10조 제1항 [별표 5].

각급 경찰기관의 장은 소속 공무원이 거짓으로 가족수당을 지급받은 경우에는 그 지급받은 수당에 해당하는 금액을 변상하도록 하고, 해당 공무원에게는 1년의 범위에서 가족수당의 지급을 정지한다.

2) 육아휴직수당

공무원이 8세 이하 또는 초등학교 2학년 이하의 자녀를 양육하기 위하여 필요하거나 여성공무원이 임신 또는 출산하게 된 때에는 육아휴직을 신청할 수 있다.[42] 누구든지 육아휴직을 받은 경우 휴직 기간 전체가 승진 경력(최대 3년)으로 인정된다.

표 6-12 육아휴직 수당 구분

구분	혜택
일반기준	신청 자격: 8세 또는 초등 2학년 이하, 임신 · 출산 여성. 지급액: 1~3개월(250만 원), 4~6개월(200만 원), 7개월~(160만 원). 기간: 최대 1년. 경력 인정: 자녀당 휴직 기간 전체(최대 3년) 인정.
부모 모두 휴직	먼저 한 사람(주로 아빠): 일반 기준 적용되어 1년간 수당 지급 나중에 한 사람(주로 엄마): 금액: 1~6개월 차 상한액이 매달 50만 원씩 인상(250만~450만 원). 7개월 이후: 일반 기준(상한 160만 원) 적용. 기간: 최대 18개월까지 연장.
한부모공무원	금액: 첫 3개월 상한 300만 원. 이후 구간: 4~6개월(200만 원), 7개월~(160만 원)로 일반 기준을 순차적으로 적용. 기간: 최대 18개월까지 연장.

육아휴직 대상자 및 9세~12세 또는 초등 3~6학년을 양육하기 위하여 시간선택제 전환 공무원으로 지정받을 수 있다.[43] 기간은 육아휴직 기간을 포함하여 최대 1년까지이다. 이 경우 주당 15시간 이상 35시간 이하의 범위에서 근무할 수 있고, 급여 및 단축수당을 지급받는다. 다만, 전일제로 일할 때 받던 월급보다 많아지면 그만큼 차감된다.

다음의 경우 시간선택제 전환 공무원 기간은 최대 18개월로 늘어난다.

42) 국가공무원법 제71조 제2항 4호.: 공무원수당 등에 관한 규정 제11조의3.

43) 공무원수당 등에 관한 규정 제11조의3 제5항.

부모 모두가 해당 자녀에 대해 **각각 3개월 이상** 육아휴직을 쓴 경우,
한부모 공무원
장애가 있는 자녀를 둔 공무원

거짓이나 부정한 방법으로 수당을 지급받은 경우 전액 징수한다.

3. 특수지근무수당

교통이 불편하고 문화·교육시설이 거의 없는 지역이나 근무환경이 특수한 기관에 근무하는 공무원에게는 특수지근무수당을 지급한다. 다만, 경찰대학생·경위공개경쟁채용시험합격자에게는 이를 지급하지 아니한다.[44)]

특수지근무수당의 지급대상지역에 관한 실태조사는 5년마다 행할 수 있으며, 필요한 경우 수시로 할 수 있다.

경찰의 특수지근무대상의 지급대상이 되는 특수기관은 다음과 같이 구분된다.[45)]

표 6-13 경찰공무원 특수지근무수당 지급 특수기관 및 등급

특수기관	등급
해발 800미터 이상에 위치한 기관	가
유치장(호송출장소를 포함한다)	나
산악구조대	나
검문소	라

공무원의 특수지근무수당 및 지급대상이 되는 근무지역은 다음과 같다.[46)]

44) 공무원수당 등에 관한 규정 제12조.

45) 경찰공무원 특수지근무수당 지급규칙 [시행 2025. 2. 17.] [행정안전부령 제548호, 2025. 2. 17., 일부개정] 제2조 별표 2.

46) 공무원수당 등에 관한 규정 제12조 제1항, 공무원 특수지근무수당 지급대상 지역 및 기관과 그 등급별 구분에 관한 규칙 제2조. 별표 1.

표 6-14 특수지근무수당(도서벽지수당)

<table>
<tr><th colspan="2">적용대상 / 급지별</th><th>가지역</th><th>나지역</th><th>다지역</th><th>라지역</th></tr>
<tr><td colspan="2" rowspan="2">1. 국가공무원(재외공무원 · 군인 · 군무원, 북한지역 근무공무원 제외)</td><td>60,000원</td><td>50,000원</td><td>40,000원</td><td>30,000원</td></tr>
<tr><td colspan="4">비고
1. 백령도 · 대청도 · 소청도 · 연평도 및 소연평도에서 근무하는 경찰공무원의 경우 30,000원을 가산하여 지급한다.</td></tr>
<tr><td>의무경찰</td><td>지원하지 않고 임용된 의무경찰</td><td colspan="4">갑지역: 25,000원 을지역: 20,000원
(가산금: 서해 5개도서 30,000원, 비무장지대 및 북방한계선 인접해역 4개 도서 15,000원, 비무장지대와 접한 초소 및 해안초소 근무자 5,000원)</td></tr>
<tr><td></td><td colspan="5">비고
1. 갑지역 대상자는 비무장지대, 울릉도 · 독도 및 그 해상에서 근무하는 사람과 서해 5개 도서(백령도 · 대청도 · 소청도 · 연평도 및 우도를 말한다) 및 접적해역에서 해상작전을 위하여 상주 근무하는 사람으로 하고, 을지역 대상자는 비무장지대와 접한 초소 또는 대간첩작전 및 해상경계임무를 수행하기 위하여 해안초소에서 상주 근무하는 사람, 해발 800미터 이상 고지대에서 근무하는 사람으로 한다.
2. 가산금은 갑지역 대상자 중 비무장지대와 서해 5개 도서 및 북방한계선 인접해역 4개 도서(볼음도, 주문도, 서검도, 말도를 말한다)에서 근무하는 사람과, 을지역 대상자 중 비무장지대와 접한 초소 또는 대간첩작전 및 해상경계임무를 수행하기 위하여 해안초소에 상주근무하는 사람에게 각각 지급한다.</td></tr>
</table>

표 6-15 경찰공무원 특수지근무수당 지급대상 지역

❶ 벽지지역

지역	위치	기관명	등급
대구	대구 군위군 삼국유사면 학성리	대구군위경찰서 삼국유사치안센터	라
인천	인천 중구 무의동	인천중부경찰서 대무의치안센터	다
경기	경기 화성시 서신면 제부리	화성서부경찰서 제부도치안센터	라
강원	강원 춘천시 사북면 신포리	춘천경찰서 사북파출소	라
강원	강원 춘천시 남면 발산리	춘천경찰서 남면치안센터	라
강원	강원 춘천시 북산면 추곡리	춘천경찰서 북산치안센터	다
강원	강원 태백시 장성동	태백경찰서	라
강원	강원 태백시 황지동	태백경찰서 황지지구대	라
강원	강원 태백시 황지동	태백경찰서 소도파출소	라
강원	강원 태백시 장성동	태백경찰서 장성파출소	라
강원	강원 태백시 철암동	태백경찰서 철암파출소	라
강원	강원 태백시 통동	태백경찰서 통리파출소	라
강원	강원 태백시 원동	태백경찰서 사조치안센터	다
강원	강원 삼척시 하장면 광동리	삼척경찰서 하장파출소	라
강원	강원 삼척시 가곡면 오저리	삼척경찰서 가곡치안센터	다
강원	강원 삼척시 노곡면 하월산리	삼척경찰서 노곡치안센터	다
강원	강원 영월군 김삿갓면 옥동리	영월경찰서 김삿갓파출소	라
강원	강원 영월군 산솔면 녹전리	영월경찰서 산솔파출소	라
강원	강원 영월군 무릉도원면 도원리	영월경찰서 무릉도원치안센터	라

지역	위치	기관명	등급
강원	강원 영월군 상동읍 구래리	영월경찰서 상동치안센터	라
강원	강원 정선군 정선읍 봉양리	정선경찰서	라
강원	강원 정선군 고한읍 고한리	정선경찰서 고한파출소	라
강원	강원 정선군 남면 문곡리	정선경찰서 남면파출소	라
강원	강원 정선군 사북읍 사북리	정선경찰서 사북파출소	라
강원	강원 정선군 신동읍 예미리	정선경찰서 신동파출소	라
강원	강원 정선군 여량면 여량리	정선경찰서 여량파출소	라
강원	강원 정선군 정선읍 봉양리	정선경찰서 정선파출소	라
강원	강원 정선군 화암면 화암리	정선경찰서 화암파출소	라
강원	강원 정선군 북평면 북평리	정선경찰서 북평치안센터	라
강원	강원 정선군 신동읍 조동리	정선경찰서 함백치안센터	라
강원	강원 홍천군 내면 창촌리	홍천경찰서 내면파출소	라
강원	강원 홍천군 서면 두미리	홍천경찰서 서면파출소	라
강원	강원 횡성군 서원면 창촌리	횡성경찰서 서원파출소	라
충남	충남 보령시 오천면 원산도리	보령경찰서 원산도치안센터	라
전북	전북 군산시 옥도면 선유도리	군산경찰서 선유도파출소	다
전북	전북 무주군 설천면 삼공리	무주경찰서 구천파출소	라
전남	전남 여수시 화정면 낭도리	여수경찰서 낭도치안센터	라
전남	전남 여수시 화정면 적금리	여수경찰서 적금치안센터	다
전남	전남 순천시 외서면 월암리	순천경찰서 외서치안센터	라
전남	전남 광양시 다압면 고사리	광양경찰서 다압치안센터	라
전남	전남 고흥군 도양읍 소록리	고흥경찰서 소록치안센터	라
전남	전남 화순군 백아면 이천리	화순경찰서 백아치안센터	라
전남	전남 화순군 이서면 야사리	화순경찰서 이서치안센터	라
전남	전남 신안군 안좌면 읍동리	신안경찰서 안좌파출소	라
전남	전남 신안군 증도면 증동리	신안경찰서 증도파출소	라
전남	전남 신안군 팔금면 읍리	신안경찰서 팔금파출소	라
전남	전남 신안군 안좌면 한운리	신안경찰서 사치도치안센터	나
전남	전남 신안군 안좌면 자라리	신안경찰서 자라도치안센터	다
경북	경북 포항시 북구 죽장면 상옥리	포항북부경찰서 상옥치안센터	다
경북	경북 김천시 부항면 사등리	김천경찰서 부항치안센터	라
경북	경북 김천시 증산면 유성리	김천경찰서 증산치안센터	라
경북	경북 영천시 자양면 성곡리	영천경찰서 자양치안센터	다
경북	경북 문경시 동로면 적성리	문경경찰서 동로치안센터	라
경북	경북 의성군 춘산면 옥정리	의성경찰서 춘산파출소	라
경북	경북 의성군 신평면 교안리	의성경찰서 신평치안센터	다
경북	경북 울진군 금강송면 삼근리	울진경찰서 금강송파출소	다
경북	경북 봉화군 석포면 석포리	봉화경찰서 석포파출소	라
경북	경북 봉화군 춘양면 서벽리	봉화경찰서 서벽치안센터	라
경북	경북 봉화군 재산면 현동리	봉화경찰서 재산치안센터	라

지역	위치	기관명	등급
경북	경북 청송군 주왕산면 주산지리	청송경찰서 주왕산파출소	라
경북	경북 영양군 수비면 발리리	영양경찰서 수비파출소	라
경남	경남 통영시 도산면 저산리	통영경찰서 통영경찰수련원	라

❷ 도서지역

지역	위치	기관명	등급
인천	인천 옹진군 덕적면 진리	인천중부경찰서 덕적파출소	다
인천	인천 옹진군 북도면 시도리	인천중부경찰서 북도파출소	다
인천	인천 옹진군 자월면 이작리	인천중부경찰서 대이작치안센터	나
인천	인천 옹진군 덕적면 문갑리	인천중부경찰서 문갑치안센터	나
인천	인천 옹진군 자월면 이작리	인천중부경찰서 소이작치안센터	나
인천	인천 옹진군 자월면 승봉리	인천중부경찰서 승봉치안센터	나
인천	인천 옹진군 덕적면 울도리	인천중부경찰서 울도치안센터	가
인천	인천 옹진군 자월면 자월리	인천중부경찰서 자월치안센터	다
인천	인천 옹진군 북도면 장봉리	인천중부경찰서 장봉치안센터	다
인천	인천 강화군 서도면 주문도리	인천강화경찰서 서도파출소	다
경기	경기 안산시 단원구 풍도동	안산단원경찰서 풍도치안센터	나
경기	경기 화성시 우정읍 국화리	화성서부경찰서 국화도치안센터	나
충남	충남 보령시 오천면 삽시도리	보령경찰서 고대도치안센터	나
충남	충남 보령시 오천면 녹도리	보령경찰서 녹도치안센터	나
충남	충남 보령시 오천면 삽시도리	보령경찰서 삽시도치안센터	다
충남	충남 보령시 오천면 외연도리	보령경찰서 외연도치안센터	나
충남	충남 보령시 오천면 삽시도리	보령경찰서 장고도치안센터	나
충남	충남 보령시 오천면 녹도리	보령경찰서 호도치안센터	나
충남	충남 당진시 석문면 난지도리	당진경찰서 대난지도치안센터	다
전북	전북 군산시 옥도면 개야도리	군산경찰서 개야도파출소	다
전북	전북 군산시 옥도면 어청도리	군산경찰서 어청도파출소	나
전북	전북 군산시 옥도면 관리도리	군산경찰서 관리도치안센터	나
전북	전북 군산시 옥도면 말도리	군산경찰서 말도치안센터	나
전북	전북 군산시 옥도면 말도리	군산경찰서 명도치안센터	나
전북	전북 군산시 옥도면 말도리	군산경찰서 방축도치안센터	나
전북	전북 군산시 옥도면 비안도리	군산경찰서 비안도치안센터	나
전북	전북 군산시 옥도면 연도리	군산경찰서 연도치안센터	나
전북	전북 부안군 위도면 진리	부안경찰서 위도파출소	다
전북	전북 부안군 위도면 식도리	부안경찰서 식도치안센터	다
전남	전남 목포시 달동	목포경찰서 달리도치안센터	나
전남	전남 목포시 율도동	목포경찰서 율도치안센터	나
전남	전남 여수시 남면 우학리	여수경찰서 남면파출소	다
전남	전남 여수시 삼산면 거문리	여수경찰서 삼산파출소	나
전남	전남 여수시 화정면 개도리	여수경찰서 개도치안센터	다

지역	위치	기관명	등급
전남	전남 여수시 경호동	여수경찰서 대경도치안센터	라
전남	전남 여수시 삼산면 손죽리	여수경찰서 손죽치안센터	가
전남	전남 여수시 화정면 여자리	여수경찰서 여자도치안센터	다
전남	전남 여수시 남면 연도리	여수경찰서 연도치안센터	다
전남	전남 여수시 화정면 월호리	여수경찰서 월호치안센터	다
전남	전남 여수시 삼산면 초도리	여수경찰서 초도치안센터	가
전남	전남 고흥읍 도양읍 시산리	고흥경찰서 시산치안센터	나
전남	전남 보성군 벌교읍 장도리	보성경찰서 장도치안센터	나
전남	전남 영광군 낙월면 상낙월리	영광경찰서 낙월파출소	나
전남	전남 영광군 낙월면 월촌리	영광경찰서 안마치안센터	나
전남	전남 완도군 금당면 차우리	완도경찰서 금당파출소	라
전남	전남 완도군 금일읍 화목리	완도경찰서 금일파출소	라
전남	전남 완도군 노화읍 이포리	완도경찰서 노화파출소	라
전남	전남 완도군 보길면 부황리	완도경찰서 보길파출소	라
전남	전남 완도군 소안면 비자리	완도경찰서 소안파출소	라
전남	전남 완도군 청산면 도청리	완도경찰서 청산파출소	라
전남	전남 완도군 노화읍 방서리	완도경찰서 넙도치안센터	다
전남	전남 완도군 청산면 모도리	완도경찰서 대모도치안센터	나
전남	전남 완도군 생일면 유서리	완도경찰서 생일도치안센터	라
전남	전남 진도군 조도면 창유리	진도경찰서 조도파출소	다
전남	전남 신안군 흑산면 가거도리	전남경찰청 가거경비대	나
전남	전남 신안군 흑산면 가거도리	신안경찰서 가거파출소	나
전남	전남 신안군 도초면 수항리	신안경찰서 도초파출소	다
전남	전남 신안군 비금면 덕산리	신안경찰서 비금파출소	다
전남	전남 신안군 신의면 상태동리	신안경찰서 신의파출소	다
전남	전남 신안군 장산면 도창리	신안경찰서 장산파출소	다
전남	전남 신안군 하의면 웅곡리	신안경찰서 하의파출소	다
전남	전남 신안군 흑산면 예리	신안경찰서 흑산파출소	나
전남	전남 신안군 압해읍 고이리	신안경찰서 고이도치안센터	다
전남	전남 신안군 흑산면 다물도리	신안경찰서 다물도치안센터	가
전남	전남 신안군 암태면 당사리	신안경찰서 당사도치안센터	나
전남	전남 신안군 흑산면 수리	신안경찰서 대둔도치안센터	가
전남	전남 신안군 장산면 마진리	신안경찰서 마진도치안센터	나
전남	전남 신안군 흑산면 만재도리	신안경찰서 만재도치안센터	가
전남	전남 신안군 압해읍 매화리	신안경찰서 매화도치안센터	다
전남	전남 신안군 증도면 병풍리	신안경찰서 병풍도치안센터	다
전남	전남 신안군 지도읍 선도리	신안경찰서 선도치안센터	다
전남	전남 신안군 비금면 수치리	신안경찰서 수치치안센터	나
전남	전남 신안군 지도읍 어의리	신안경찰서 어의도치안센터	나
전남	전남 신안군 흑산면 영산리	신안경찰서 영산도치안센터	나

지역	위치	기관명	등급
전남	전남 신안군 하의면 옥도리	신안경찰서 옥도치안센터	나
전남	전남 신안군 도초면 우이도리	신안경찰서 우이도치안센터	나
전남	전남 신안군 임자면 재원리	신안경찰서 재원도치안센터	나
전남	전남 신안군 흑산면 태도리	신안경찰서 하태도치안센터	가
전남	전남 신안군 흑산면 홍도리	신안경찰서 홍도치안센터	나
경북	경북 울릉군 울릉읍 사동리	경북경찰청 울릉경비대	나
경북	경북 울릉군 울릉읍 독도리	경북경찰청 독도경비대	가
경북	경북 울릉군 서면 남양리	경북경찰청 남양통합초소	가
경북	경북 울릉군 북면 현포리	경북경찰청 평리통합초소	가
경북	경북 울릉군 울릉읍 도동리	울릉경찰서	나
경북	경북 울릉군 울릉읍 도동리	울릉경찰서 도동파출소	나
경북	경북 울릉군 북면 천부리	울릉경찰서 북면파출소	가
경북	경북 울릉군 서면 남양리	울릉경찰서 서면파출소	가
경북	경북 울릉군 울릉읍 도동리	울릉경찰서 저동파출소	나
경남	경남 통영시 사량면 금평리	통영경찰서 사량파출소	다
경남	경남 통영시 욕지면 동항리	통영경찰서 욕지파출소	다
경남	경남 통영시 한산면 하소리	통영경찰서 한산파출소	다
제주	제주 제주시 우도면 연평리	제주동부경찰서 우도파출소	라
제주	제주 제주시 추자면 대서리	제주동부경찰서 추자파출소	다
제주	제주 제주시 한림읍 협재리	제주서부경찰서 비양도치안센터	다
제주	제주 서귀포시 대정읍 가파리	서귀포경찰서 가파치안센터	다
제주	제주 서귀포시 대정읍 가파리	서귀포경찰서 마라치안센터	나

❸ 접적지역

지역	위치	기관명	등급
인천	인천 옹진군 대청면 대청리	인천중부경찰서 대청파출소	가
인천	인천 옹진군 백령면 진촌리	인천중부경찰서 백령파출소	가
인천	인천 옹진군 연평면 연평리	인천중부경찰서 연평파출소	가
인천	인천 옹진군 연평면 연평리	인천중부경찰서 소연평치안센터	가
인천	인천 옹진군 대청면 소청리	인천중부경찰서 소청치안센터	가
인천	인천 강화군 교동면 대룡리	인천강화경찰서 교동파출소	나
인천	인천 강화군 내가면 고천리	인천강화경찰서 내가파출소	라
인천	인천 강화군 불은면 두운리	인천강화경찰서 불은파출소	라
인천	인천 강화군 송해면 하도리	인천강화경찰서 송해파출소	나
인천	인천 강화군 양사면 교산리	인천강화경찰서 양사파출소	나
인천	인천 강화군 하점면 신봉리	인천강화경찰서 하점파출소	나
인천	인천 강화군 서도면 볼음도리	인천강화경찰서 볼음치안센터	나
인천	인천 강화군 삼산면 서검리	인천강화경찰서 서검치안센터	나
경기	경기 파주시 적성면 마지리	파주경찰서 적성파출소	다
경기	경기 파주시 탄현면 축현리	파주경찰서 탄현파출소	나

지역	위치	기관명	등급
경기	경기 파주시 파평면 금파리	파주경찰서 파평파출소	다
경기	경기 연천군 군남면 삼거리	연천경찰서 군남파출소	나
경기	경기 연천군 백학면 두일리	연천경찰서 백학파출소	나
경기	경기 연천군 신서면 도신리	연천경찰서 신서파출소	다
경기	경기 연천군 왕징면 무등리	연천경찰서 왕징파출소	다
강원	강원 철원군 서면 와수리	철원경찰서 김화파출소	다
강원	강원 양구군 동면 임당리	양구경찰서 동면파출소	라
강원	강원 양구군 방산면 장평리	양구경찰서 방산파출소	라
강원	강원 양구군 해안면 현리	양구경찰서 해안파출소	가

4. 특수근무수당

1) 위험근무수당

공무원으로서 위험한 직무에 종사하는 사람에게는 위험근무수당을 지급한다.[47]

경찰공무원 중 위험근무로 지정된 경우는 폭발물안전관리업무를 주된 임무로 하거나 경찰무기창에서 무기의 정비·수리에 종사하는 경찰공무원 수사외근, 교통외근, 집회·시위 등 현장에서 정보 채증업무에 종사하거나 의무경찰대·기동대·방범순찰대·파출소·검문소 소속의 경찰공무원 및 경찰기마대 소속 경찰 공무원과 말을 관리하는 일반직공무원 등을 말하며, 모두 갑종으로 지정되어 있다.[48]

표 6-16 경찰공무원 위험근무수당 지급 구분

등급	월지급액
갑종	60,000원
을종	50,000원
병종	40,000원

2) 특수업무수당

경찰공무원으로서 특수한 업무에 종사하는 사람에게는 특수업무수당을 지급한다.[49]

47) 공무원수당 등에 관한 규정 제13조 [별표 8].
48) 공무원수당 등에 관한 규정 제13조 [별표 9].
49) 공무원수당 등에 관한 규정 제14조 [별표 11] 재구성.

표 6-17 경찰공무원의 특수업무수당

수당명	지급 대상 (경찰 관련 요건)	지급액 및 지급방법
기술정보 수당	「경찰공무원 임용령」에 따른 정보통신경과 및 「해양경찰청 소속 경찰공무원 임용에 관한 규정」에 따른 해양 · 정보통신 · 특임경과의 경찰공무원과 함정 정비 종사자 +2	* 경정 이상: 월 50,000원 이하 +2* 경감 · 경위: 월 30,000원 이하 +2* 경사 이하: 월 20,000원 이하 +2* 가산금: 기술사(5만원), 기사(3만원) 등 자격증 소지 시 추가 지급 +2
연구업무 수당	경찰대학 등 공무원 교육훈련기관에서 직접 강의를 담당하는 공무원(교수 등 제외)	* 경정 이상: 월 60,000원 * 경감 이하: 월 40,000원
선박 및 함정근무 수당	서울특별시 한강순찰대 소속 경찰공무원으로서 월 10일 이상 선박 근무자	* 경감: 월 32,000원 이하 * 경위: 월 25,000원 이하 * 경사 이하: 월 20,000원 이하
함정수당	해양경찰청 소속 함정 근무 경찰공무원	* 경정 이상: (경비) 172,000원 / (특수) 123,000원 +1* 경감: (경비) 141,000원 / (특수) 101,000원 +1* 경위: (경비) 133,000원 / (특수) 95,100원 +1* 의무경찰: 월 20,000원 +1
항공수당	항공기 조종사 및 정비사인 경찰공무원 +1	* 조종사(경정): 631,700원 +2* 정비사(경정): 313,400원 +2* 조종사(순경): 205,900원 +3* 정비사(순경): 174,200원 +3
특수전술 업무수당	경찰특공대, 간첩 침투 봉쇄 작전, 집회 · 시위 관리, 112 신고 출동, 재난관리 업무 종사자	* 경찰특공대: 월 80,000원 이하 +2* 간첩작전: 월 20,000원 이하 +2* 집회관리/재난관리: 월 80,000원 이하 * 112 출동: 출동 건당 4,000원(1일 4만원 한도) +2
범죄수사 업무수당	수사경찰공무원(고소 · 고발 민원 전담), 과학수사업무 종사자	* 민원사건 전담: 월 40,000원 이하 +3* 과학수사업무: 월 60,000원 이하 +3
의료업무 수당	경찰병원에서 진료 업무에 직접 종사하는 의무직공무원	* 가산금: 치안 상황에 따른 진료 시 월 200,000원 가산
기타 특수업무	해상 인명구조 및 구급업무(해양경찰), 검시 업무 담당 일반직공무원	* 해상 인명구조: 월 60,000원 이하 * 검시 업무: 월 240,000원 이하

3) 업무대행수당

업무대행수당은 병가, 출산휴가, 유산휴가, 사산휴가 또는 육아휴직 중인 공무원(병가, 유산휴가 및 사산휴가의 경우에는 30일 이상 병가 또는 휴가를 사용하는 공무원으로 한정)의 업무를 대행하는 공무원에게 지급되는 수당을 말한다. 월 20만원의 업무대행수당을 지급한다. 다만, 같은 업무를 대행하는 공무원이 여러 명인 경우

업무대행수당은 다음 계산식에 따라 지급한다.[50)]

$$\text{월 지급금액} = \text{20만원} \times \frac{1}{\text{업무대행 지정 인원 수}}$$

시간선택제전환공무원 또는 시간제근무공무원의 근무시간 외의 업무를 대행하는 공무원에게는 예산의 범위에서 근무시간 및 업무대행 지정 인원 수를 고려하여 다음 계산식에 따라 업무대행수당을 지급한다.

$$\text{월 지급금액} = \text{20만원} \times \frac{\text{업무대행자의 실제 주당 근무 시간}}{\text{40시간}} \times \frac{1}{\text{업무대행 지정 인원 수}}$$

5. 초과근무수당

1) 시간외근무수당

경정 이하의 경찰공무원이 근무명령에 따라 규정된 근무시간 외에 근무한 사람에게는 시간외근무수당을 지급한다.[51)] 시간외근무수당이 지급되는 근무명령 시간은 1일에 4시간, 1개월에 57시간을 초과할 수 없다. 시간당 지급액은 각 계급별 10호봉을 기준으로 한다.

다만, 치안 유지 및 긴급 출동이 잦은 경찰 업무의 특성상 예산 범위 내에서 월 57시간을 초과하여 수당 지급이 가능하다.

시간외근무시간의 계산은 공휴일 및 토요일은 해당 일의 시간외근무시간을, 평일의 경우에는 당일의 시간외근무시간에서 1시간을 뺀 시간으로 계산한다.

---

50) 공무원수당등에 관한 규정 제14조의2.

51) 공무원수당등에 관한 규정 제15조. [별표 12].

표 6-18 2026년 시간외 근무수당 지급기준

계급 (경찰/소방)	평시 초과근무 (150%)	야간 가산분 (50%)	야간 초과근무 합계 (200%)	휴일근무 (시간당)
경정 / 소방령	14,292원	4,764원	19,056원	14,292원
경감 / 소방경	13,560원	4,520원	18,080원	13,560원
경위 / 소방위	12,825원	4,275원	17,100원	12,825원
경사 / 소방장	14,110원	4,703원	18,813원	14,110원
경장 / 소방교	12,584원	4,195원	16,779원	12,584원
순경 / 소방사	11,545원	3,848원	15,393원	11,545원

**주간 초과근무: 시간외수당(150%)만 지급
***야간 초과근무: 시간외수당(150%) + 야간수당(50%) = 총 200% 지급

경찰관서의 장은 소속 공무원이 시간외근무수당을 지급받았을 때에는 부당 수령액의 5배에 해당하는 금액을 가산하여 징수하고, 1년의 범위에서 위반행위의 적발 횟수에 따라 시간외 근무명령을 하지 아니한다. 또한 위반행위를 3회 이상 적발하였을 때에는 관할 징계위원회에 징계의결을 요구하여야 한다.

2) 관리업무수당

총경 이상의 경찰공무원에게는 월봉급액의 9%에 해당하는 관리업무수당을 지급한다. 관리업무수당을 지급받는 사람에게는 시간외근무수당, 야간근무수당 및 휴일근무수당을 지급하지 아니한다.[52]

강등 · 정직 · 직위해제 또는 휴직(공무상 질병 또는 부상으로 인한 휴직은 제외) 중에 있는 사람, 직제와 정원의 개폐나 예산의 감소 등에 따른 폐직 · 과원 등의 사유로 보직을 받지 못한 사람(소속 기관장으로부터 특정한 업무를 부여받은 사람은 제외)에게는 이를 지급하지 아니한다.

관리업무수당을 지급받는 사람에게는 시간외근무수당, 야간근무수당 및 휴일근무수당을 지급하지 아니한다.

IV 보수지급의 원칙

1. 현금 및 직접지급의 원칙

보수는 다른 법령에 특별한 규정이 있는 경우를 제외하고는 현금 또는 요구불

52) 공무원수당 등에 관한 규정 제17조의2. [별표 13].

예금으로 지급한다. 보수는 본인에게 직접 지급하되, 출장, 항해, 그 밖의 부득이한 사유로 본인에게 직접 지급할 수 없을 때에는 본인이 지정하는 자에게 지급할 수 있다.[53)]

2. 원천징수 등의 금지

보수지급기관은 다음의 어느 하나에 해당하는 경우를 제외하고는 봉급에서 일정 금액을 정기적으로 원천징수, 특별징수 또는 공제할 수 없다.

1. 법령에 따라 원천징수등을 하여야 하는 경우
2. 고용보험료에 대하여 원천징수등을 하는 경우
3. 법률에 따라 설립된 공제회의 부담금 등에 대하여 원천징수등을 하는 경우
4. 법원의 재판에 따라 원천징수등을 하여야 하는 경우
5. 본인이 선택한 기간의 범위에서 서면 제출 또는 전자인사관리시스템을 통하여 지출관에게 동의한 사항에 대하여 원천징수등을 하는 경우

3. 보수지급일

경찰공무원의 보수의 지급일은 매월 20일로 한다. 보수지급일이 토요일이거나 공휴일이면 그 전날 지급한다. 면직 또는 보수가 지급되지 않는 휴직의 경우에는 면직일 또는 휴직일에 보수를 지급할 수 있다.

4. 보수지급기관

보수는 해당 공무원의 소속기관에서 지급하되, 보수의 지급기간 중에 전보 등의 사유로 소속기관이 변동되었을 때에는 보수지급일 현재의 소속기관에서 지급한다. 다만, 전 소속기관에서 이미 지급한 보수액은 그러하지 아니하다.

법령의 규정에 따라 파견된 공무원에게는 원 소속기관에서 파견기간 중의 보수를 지급한다. 다만, 다른 법령에 특별한 규정이 있거나 원 소속기관과 파견 받을 기관이 협의하여 따로 정한 경우에는 그러하지 아니하다.

겸임수당은 겸임기관에서 지급하며, 공무원이 본직 외의 다른 직에 겸임되거

53) 공무원보수규정 제19조–제30조. [시행 2026. 1. 2.] [대통령령 제36013호, 2026. 1. 2., 일부개정].

나 공공기관 및 그 밖에 행정안전부장관이 인정하는 기관 등의 임직원이 공무원으로 겸임되는 경우의 본직의 보수는 본직기관에서 지급한다.

5. 봉급계산

경찰공무원의 보수는 법령에 특별한 규정이 있는 경우를 제외하고는 신규채용, 승진, 전직, 전보, 승급, 감봉, 그 밖의 모든 임용에서 발령일을 기준으로 그 월액을 일할계산하여 지급한다.

법령의 규정에 따라 감액된 봉급을 지급받는 사람의 봉급을 다시 감액하려는 경우에는 중복되는 감액기간에 대해서만 이미 감액된 봉급을 기준으로 계산한다.

1) 징계처분시

징계처분에 따른 보수의 감액은 강등의 경우 1계급 아래로 직급을 내리고 공무원신분은 보유하나 3개월간 직무에 종사하지 못하며 그 기간 중 보수는 전액을 지급하지 않는다.[54]

정직은 1개월 이상 3개월 이하의 기간으로 하고, 정직 처분을 받은 자는 그 기간중 공무원의 신분은 보유하나 직무에 종사하지 못하며 보수는 전액을 지급하지 않는다. 감봉은 1개월 이상 3개월 이하의 기간 동안 보수의 3분의 1을 감경한다.

징계처분 기간중에 있는 사람이 징계에 관하여 다른 법령을 적용받게 된 경우에는 징계처분 당시의 법령에 따라 보수를 감액 지급한다.

2) 결근과 휴직

결근한 사람으로서 그 결근일수가 해당 공무원의 연가일수를 초과한 경우에는 연가일수를 초과한 결근일수에 해당하는 봉급일액을 지급하지 아니한다. 무급휴가를 사용하는 경우에는 그 일수만큼 봉급일액을 빼고 지급한다.

휴직의 경우에는 봉급을 지급하지 아니하는 것이 원칙이다. 다만, 신체상·정신상의 장애로 장기요양을 위하여 휴직한 경찰공무원에게는 다음에 따라 봉급의 일부를 지급한다. 다만, 공무상 질병 또는 부상으로 휴직한 경우에는 그 기간 중 봉급 전액을 지급한다.[55]

---

54) 국가공무원법 제80조.

55) 공무원보수규정 제28조.

1. 휴직기간이 1년 이하인 경우: 봉급의 70%
2. 휴직기간이 1년 초과 2년 이하인 경우: 봉급의 50%

외국유학 또는 1년 이상의 국외연수차 휴직한 경찰공무원에게는 그 기간 중 봉급의 50%를 지급할 수 있다.

경찰공무원이 휴직 목적과 달리 휴직을 사용한 경우에는 받은 봉급에 해당하는 금액을 징수하여야 한다.

3) 직위해제기간 중의 봉급감액

직위해제된 경우에는 다음과 같이 봉급을 감하여 지급한다.

직위해제사유	봉급기준
직무수행 능력이 부족하거나 근무성적이 극히 나쁜 자	봉급의 80% 지급
고위공무원단에 속하는 일반직공무원으로서 제70조의2 제1항 제2호부터 제5호까지의[56] 사유로 적격심사를 요구받은 자	봉급의 70%. 다만, 직위해제일부터 3개월이 지나도 직위를 부여받지 못한 경우에는 그 3개월이 지난 후의 기간 중에는 봉급의 40%를 지급
파면 · 해임 · 강등 또는 정직에 해당하는 징계 의결이 요구 중인 자, 형사 사건으로 기소된 자(약식명령이 청구된 자는 제외), 금품비위, 성범죄 등 대통령령으로 정하는 비위행위로 인하여 감사원 및 검찰 · 경찰 등 수사기관에서 조사나 수사 중인 자로서 비위의 정도가 중대하고 이로 인하여 정상적인 업무수행을 기대하기 현저히 어려운 자	봉급의 50%. 다만, 직위해제일부터 3개월이 지나도 직위를 부여받지 못한 경우에는 그 3개월이 지난 후의 기간 중에는 봉급의 30%를 지급한다.

56) 국가공무원법 제70조의2(적격심사) ① 고위공무원단에 속하는 일반직공무원은 다음 각 호의 어느 하나에 해당하면 고위공무원으로서 적격한지 여부에 대한 심사(이하 "적격심사"라 한다)를 받아야 한다.
   1. 삭제 <2014. 1. 7.>
   2. 근무성적평정에서 최하위 등급의 평정을 총 2년 이상 받은 때. 이 경우 고위공무원단에 속하는 일반직공무원으로 임용되기 전에 고위공무원단에 속하는 별정직공무원으로 재직한 경우에는 그 재직기간 중에 받은 최하위등급의 평정을 포함한다.
   3. 대통령령으로 정하는 정당한 사유 없이 직위를 부여받지 못한 기간이 총 1년에 이른 때
   4. 다음 각 목의 경우에 모두 해당할 때
      가. 근무성적평정에서 최하위 등급을 1년 이상 받은 사실이 있는 경우. 이 경우 고위공무원단에 속하는 일반직공무원으로 임용되기 전에 고위공무원단에 속하는 별정직공무원으로 재직한 경우에는 그 재직기간 중에 받은 최하위 등급을 포함한다.
      나. 대통령령으로 정하는 정당한 사유 없이 6개월 이상 직위를 부여받지 못한 사실이 있는 경우

4) 면직 또는 징계처분 등이 취소된 공무원의 보수 지급

징계처분, 면직처분 또는 직위해제처분(징계의결 요구에 따른 직위해제처분은 제외)이 무효·취소 또는 변경된 경우에는 복귀일 또는 발령일에 원래의 정기승급일을 기준으로 한 당시의 보수 전액 또는 차액을 소급하여 지급한다. 이 경우 재징계절차에 따라 징계처분하였을 경우에는 재징계처분에 따라 보수를 지급하되, 재징계처분 전의 징계처분기간에 대해서는 보수의 전액 또는 차액을 소급하여 지급한다.[57)]

공무원의 직위해제처분기간이 승급기간에 산입되는 경우에는 원래의 정기승급일을 기준으로 한 보수와 그 직위해제처분기간 중에 지급한 보수와의 차액을 소급하여 지급한다.

제 4 절 휴가 권리

I 휴가권의 의의

경찰공무원은 근무 중 일정기간 휴가를 청구하여 보낼 수 있다. 공무원의 휴가는 연가(年暇), 병가, 공가(公暇) 및 특별휴가로 구분한다.[58)]

휴가기간 중의 토요일 또는 공휴일은 그 휴가일수에 산입하지 아니한다. 다만, 휴가일수가 30일 이상 계속되는 경우에는 그 휴가일수에 토요일 또는 공휴일을 산입한다. 국가공무원복무규정에서 정한 휴가일수를 초과한 휴가는 결근으로 본다.

공무원은 휴가기간의 범위에서 공무 외의 목적으로 국외여행을 할 수 있다.

---

5. 제3항 단서에 따른 조건부 적격자가 교육훈련을 이수하지 아니하거나 연구과제를 수행하지 아니한 때

57) 공무원보수규정 제30조.

58) 국가공무원 복무규정 제14조–제24조; [시행 2025. 12. 4.] [대통령령 제35893호, 2025. 12. 4., 일부개정]

Ⅱ 연 가

1. 연가일수

연가란 경찰공무원이 개인적인 사정 및 휴식 등을 위하여 활용할 수 있는 법정휴가로서 경찰공무원의 재직기간별 연가의 산출기준은 다음과 같다.

표 6-19 경찰공무원의 연가 산출기준

재직기간	연가일수
1개월 이상 1년 미만	11
1년 이상 3년 미만	15
3년 이상 4년 미만	15
4년 이상 5년 미만	17
5년 이상 6년 미만	20
6년 이상	21

재직기간에는 휴직기간, 정직기간, 직위해제기간 및 강등처분에 따라 직무에 종사하지 못하는 기간은 산입(算入)하지 아니한다. 다만, 다음의 휴직기간은 재직기간에 산입한다.

1. 육아휴직(자녀 1명에 대한 총 휴직기간이 1년을 넘는 경우에는 최초의 1년으로 하며, 둘째 자녀부터는 총 휴직기간이 1년을 넘는 경우에도 그 휴직기간 전부로 한다)
2. 법령에 따른 의무수행으로 인한 휴직
3. 공무상 질병 또는 부상으로 인한 휴직

근무기간 연도 중 결근·휴직·정직·강등 및 직위해제된 사실이 없는 공무원으로서 다음에 해당하는 공무원에 대해서는 다음 해에만 재직기간별 연가일수에 각각 1일을 더한다.

1. 병가를 받지 아니한 공무원
2. 연가보상비를 받지 못한 연가일수가 남아 있는 공무원

결근일수, 정직일수, 직위해제일수 및 강등처분에 따라 직무에 종사하지 못하는 일수는 연가일수에서 뺀다.

2. 연가의 운영

1) 연가계획 및 승인

경찰관서장은 연가계획을 수립하여 경찰공무원이 자유롭게 연가를 사용하여 심신을 새롭게 하고 공·사(公·私) 생활의 만족도를 높여 직무 생산성을 높일 수 있도록 특정한 계절에 치우치지 아니하게 연가계획을 수립하여 실시하여야 한다. 연가 신청시 공무 수행에 특별한 지장이 없으면 승인하여야 한다.[59)]

2) 반일 연가제

연가는 오전 또는 오후의 반일(半日) 단위로 승인할 수 있으며, 반일 연가 2회는 연가 1일로 계산한다.

3) 연가보상비 지급

해당 공무원이 연가를 활용하지 아니한 경우에는 예산의 범위에서 연가일수에 해당하는 연가보상비를 지급할 수 있지만, 보상일수는 20일을 초과할 수 없다.

4) 연가의 미리사용 승인

경찰공무원이 연가일수가 없거나 재직기간별 연가일수를 초과하는 휴가사유가 발생한 경우 그 다음 재직기간의 연가일수를 다음에 따라 미리 사용하게 할 수 있다.

표 6-20 경찰공무원의 연가 미리사용 승인

재직기간	미리 사용하게 할 수 있는 최대 연가일수
1년 미만	5
1년 이상 2년 미만	6
2년 이상 3년 미만	7
3년 이상 4년 미만	8
4년 이상	다음 해 연가 일수의 1/2 범위

59) 국가공무원 복무규정 제14조-제17조.

5) 연가사용의 권장 및 연가보상비 미지급

경찰관서장은 매년 3월 31일까지 소속경찰공무원이 당해연도에 최소한으로 사용하여야 할 권장 연가일수를 정하여 공지하여야 하며, 권장 연가일수 중 미사용 연가일수에 대한 연가보상비를 지급하지 아니할 수 있다.

6) 연가의 저축

경찰공무원은 사용하지 아니하고 남은 연가 일수를 그 해의 마지막 날을 기준으로 이월·저축하여 사용할 수 있다. 이월·저축한 연가 일수는 이월·저축한 다음 연도부터 10년 이내에 사용하지 아니하면 소멸된다. 소멸된 저축연가에 대해서는 인사혁신처장이 정하는 사유를 제외하고는 연가보상비를 지급하지 아니한다.

7) 연가일수에서의 공제

결근일수, 정직일수, 직위해제일수 및 강등처분에 따라 직무에 종사하지 못하는 일수는 연가일수에서 뺀다. 휴직의 경우에도 일정한 계산식에 따라 산출된 일수를 뺀다. 질병이나 부상 외의 사유로 인한 지각·조퇴 및 외출은 누계 8시간을 연가 1일로 계산한다.

병가 중 연간 6일을 초과하는 병가일수는 연가일수에서 뺀다. 다만, 의사의 진단서가 첨부된 병가일수는 연가일수에서 빼지 아니한다.

Ⅲ 병 가

병가는 일반병가와 공무상 병가로 구분된다. 공무상 병가는 공무상 질병이나 부상으로 인한 경우이며, 일반병가는 그 외 사유에 해당하는 질병 등을 치료할 목적으로 사용하는 휴가를 말한다. 병가일수가 6일 이상일 경우에는 의사의 진단서를 첨부하여야 한다.[60]

질병이나 부상으로 인한 지각·조퇴 및 외출은 누계 8시간을 병가 1일로 계산한다.

경찰공무원은 연 60일의 범위에서 일반병가를 활용할 수 있다. 일반병가의 사유는 다음과 같다.

---

60) 국가공무원 복무규정 제18조.

1. 질병 또는 부상으로 인하여 직무를 수행할 수 없을 때
2. 감염병에 걸려 그 공무원의 출근이 다른 공무원의 건강에 영향을 미칠 우려가 있을 때

경찰공무원이 공무상 질병 또는 부상으로 직무를 수행할 수 없거나 요양이 필요할 경우에는 연 180일의 범위에서 병가를 활용할 수 있다.

IV 공 가

경찰공무원은 다음과 같은 사유에 해당하는 경우에는 공가를 신청할 수 있으며, 경찰관서장은 소속 경찰공무원이 다음에 해당하는 경우에는 이에 직접 필요한 기간을 공가로 허가하여야 한다.

1. 「병역법」이나 그 밖의 다른 법령에 따른 징병검사·소집·검열점호 등에 응하거나 동원 또는 훈련에 참가할 때
2. 공무와 관련하여 국회, 법원, 검찰 또는 그 밖의 국가기관에 소환되었을 때
3. 법률에 따라 투표에 참가할 때
4. 승진시험·전직시험에 응시할 때
5. 원격지(遠隔地)로 전보(轉補) 발령을 받고 부임할 때
6. 소속 기관의 소재지가 이전되어 거주지를 변경할 때
7. 건강검진 또는 결핵검진등을 받을 때
8. 「혈액관리법」에 따라 헌혈에 참가할 때
9. 「공무원 인재개발법 시행령」에 따른 외국어능력에 관한 시험에 응시할 때
10. 올림픽, 전국체전 등 국가적인 행사에 참가할 때
11. 천재지변, 교통 차단 또는 그 밖의 사유로 출근이 불가능할 때
12. 「공무원의 노동조합 설립 및 운영 등에 관한 법률」 제9조에 따른 교섭위원으로 선임(選任)되어 단체교섭 및 단체협약 체결에 참석할 때
13. 공무국외출장 등을 위하여 검역감염병의 예방접종을 할 때
14. 「감염병의 예방 및 관리에 관한 법률」에 따른 제1급감염병에 대하여 필수예방접종 또는 임시예방접종을 받거나 감염 여부 검사를 받을 때

V 특별 휴가

1. 경조사휴가

1) 경조사 휴가

경찰공무원은 결혼하거나 그 밖의 경조사가 있는 경우에는 해당 공무원의 신청에 따라 별표 2의 기준에 따른 경조사휴가를 받을 수 있다.[61]

경찰공무원은 본인이 결혼하거나 그 밖의 경조사가 있을 경우에는 경조사휴가를 받을 수 있다.[62]

표 6-21 경조사별 휴가일수

구분	대상	일수
결혼	본인	5
	자녀	1
출산	배우자	20 (쌍둥이 이상 출산시 25일)
입양	본인	20
사망	배우자, 본인 및 배우자의 부모	5
	본인 및 배우자의 조부모 · 외조부모	3
	자녀와 그 자녀의 배우자	3
	본인 및 배우자의 형제자매	3

2) 여성보건휴가

여성공무원은 생리기간 중 휴식을 위하여 매월 1일의 여성보건휴가를 사용할 수 있다. 이 경우 여성보건휴가는 무급으로 한다.[63]

3) 임신 관련 휴가

① 임신검진휴가

여성공무원은 임신기간 중 검진을 위해 10일의 범위에서 임신검진휴가를 사

61) 국가공무원 복무규정 제20조 제1항.

62) 국가공무원 복무규정 제20조. 제16항, 제26항.

63) 국가공무원 복무규정 제20조 제3항.

용할 수 있다.[64)]

② 출산 휴가

임신 중인 공무원은 출산 전과 출산 후를 통하여 90일(미숙아 출산: 100일, 둘 이상의 태아 임신시: 120일)의 출산휴가를 사용할 수 있되, 출산 후의 휴가기간이 45일(둘 이상의 태아 임신시 60일) 이상이 되도록 해야 한다. 다만, 임신 중인 공무원은 다음에 해당하여 출산휴가를 신청하는 경우에는 출산 전 어느 때라도 최장 44일(둘 이상 태아 임신시에는 59일)의 범위에서 출산휴가를 나누어 사용할 수 있다.[65)]

1. 임신 중인 공무원이 유산(모자보건법상 허용되는 경우에 한하는 낙태 포함)이나 사산의 경험이 있는 경우
2. 임신 중인 공무원이 출산휴가를 신청할 당시 연령이 40세 이상인 경우
3. 임신 중인 공무원이 유산·사산 또는 조산의 위험이 있다는 의료기관의 진단서를 제출한 경우

임신 중인 여성공무원은 1일 2시간의 범위에서 휴식이나 병원 진료 등을 위한 모성보호시간을 사용할 수 있다. 행정기관의 장은 임신 후 12주 이내 또는 32주 이후에 있는 여성공무원이 모성보호시간의 사용을 신청하면 이를 승인해야 한다.[66)]

③ 유산(사산휴가)

유산하거나 사산한 여성공무원은 유산휴가 또는 사산휴가를 사용할 수 있다.[67)]

1. 임신기간이 15주 이내인 경우: 유산하거나 사산한 날부터 10일까지
2. 임신기간이 16주 이상 21주 이내인 경우: 유산하거나 사산한 날부터 30일까지
3. 임신기간이 22주 이상 27주 이내인 경우: 유산하거나 사산한 날부터 60일까지
4. 임신기간이 28주 이상인 경우: 유산하거나 사산한 날부터 90일까지

남성공무원은 배우자가 유산하거나 사산한 경우 위의 구분에 따른 기간 중 3

64) 국가공무원 복무규정 제20조 제16항.
65) 국가공무원 복무규정 제20조 제2항.
66) 국가공무원 복무규정 제20조 제4항.
67) 국가공무원 복무규정 제20조 제10항.

일의 유산휴가 또는 사산휴가를 사용할 수 있다.

④ 인공수정 휴가

인공수정 또는 체외수정 등 난임치료 시술을 받는 여성공무원은 난임치료시술휴가를 사용할 수 있다.68)

1. 인공수정 등 시술을 받는 경우: 총 2일
2. 동결 보존된 배아를 이식하는 체외수정 시술을 받는 경우: 총 3일
3. 난자 채취를 하여 체외수정 시술을 받는 경우: 총 4일

남성공무원은 정자 채취일에 1일을 받을 수 있다.

4) 돌봄휴가

① 자녀돌봄휴가

8세 이하 또는 초등학교 2학년 이하의 자녀가 있는 공무원은 자녀를 돌보기 위하여 36개월의 범위에서 1일 최대 2시간의 육아시간을 사용할 수 있다.69)

② 가족돌봄휴가

공무원은 연간 10일의 범위에서 가족돌봄휴가를 사용할 수 있다.70)

1. 어린이집등의 휴업·휴원·휴교, 그 밖에 이에 준하는 사유로 자녀 또는 손자녀를 돌봐야 하는 경우
2. 자녀 또는 손자녀가 다니는 어린이집등의 공식 행사 또는 교사와의 상담에 참여하는 경우
3. 미성년자 또는 장애인인 자녀·손자녀의 병원 진료 또는 예방접종에 동행하는 경우
4. 질병, 사고, 노령 등의 사유로 조부모, 외조부모, 부모(배우자의 부모를 포함), 배우자, 자녀 또는 손자녀를 돌봐야 하는 경우

68) 국가공무원 복무규정 제20조 제12항.

69) 국가공무원 복무규정 제20조 제5항.

70) 국가공무원 복무규정 제20조 제14항.

자녀 돌봄 휴가는 자녀 수+1'까지 유급이며, 장애 자녀나 한부모는 1일 더 추가된다. 그 외는 무급이다.[71]

5) 한국방송통신대학교 수업휴가

한국방송통신대학교에 재학 중인 공무원은 출석수업에 참석하기 위하여 연가일수를 초과하는 출석수업 기간에 대한 수업휴가를 받을 수 있다.

6) 재해복구휴가

풍해·수해·화재 등 재해로 인하여 피해를 입은 공무원과 재해지역에서 자원봉사활동을 하려는 공무원은 5일 이내(대규모 재난으로 피해를 입은 공무원으로서 장기간 피해 수습이 필요하다고 소속 행정기관의 장이 인정하는 경우에는 10일 이내)의 재해구호휴가를 받을 수 있다.

7) 포상휴가

경찰기관의 장은 근무성적이 탁월하거나 다른 경찰공무원의 모범이 될 공적이 있는 경찰공무원에 대하여 1회 10일 이내의 포상휴가를 허가할 수 있다. 이 경우의 포상휴가기간은 연가일수에 산입하지 아니한다.[72]

71) 국가공무원 복무규정 제20조 제15항.

72) 경찰공무원 복무규정 제18조. [시행 2021. 1. 5.] [대통령령 제31380호, 2021. 1. 5., 타법개정].

제7장

경찰공무원의 의무

경찰공무원은 국민전체에 대한 봉사자로서 성실하게 그 직무를 수행할 의무를 부담하는 한편 특별권력관계의 상대방으로서 일정한 신분상 의무를 부담한다. 경찰공무원은 국가공무원법 및 경찰공무원법상의 이중적 의무부담을 가진다. 특별권력관계란 특별한 행정목적을 위하여 성립되는 관계로서 특별권력 주체에게 그 객체에 대한 포괄적인 지배권이 부여되고, 그 객체는 이에 복종할 의무를 갖는 것을 말한다.[1)]

다만, 국가는 특별권력관계의 상대방으로서 경찰공무원의 권리를 제한할 때도 반드시 법률에 근거를 두어야 하며, 필요한 최소한도에서만 허용된다. 즉 특별권력관계의 내부질서를 유지하려는 목적과 이를 위한 경찰공무원의 기본권 제한 간에는 일정한 비례관계가 형성되어야 한다.[2)]

경찰공무원의 의무에는 공무원 및 경찰공무원의 공직자라는 신분상 부담하는 의무와 직무집행과 관련한 의무가 있다.

제 1 절 신분상 의무

I 선서의 의무

경찰공무원은 취임시 소속기관장 앞에서 국가와 국민에게 성실하게 근무할

1) 홍정선, 기본행정법, 제10판, 박영사, 2022, p. 580, p. 609.
2) 허경미, 경찰학, 제13판, 박영사, 2025, p. 208.

것을 맹세하는 선서를 할 의무를 지고 있다. 불가피한 경우에는 취임 후에 선서를 할 수 있다.[3)]

<table>
<tr><th>선 서 문</th></tr>
<tr><td>선 서</td></tr>
<tr><td>나는 대한민국 공무원으로서 헌법과 법령을 준수하고, 국가를 수호하며, 국민에 대한 봉사자로서의 임무를 성실히 수행할 것을 엄숙히 선서합니다.</td></tr>
</table>

Ⅱ 제복착용의 의무

경찰공무원은 경찰공무원의 복식을 착용하여야 하며, 의무경찰은 의무경찰 복식을 착용하여야 한다. 경찰공무원 및 의무경찰은 복장과 용모를 단정히 하고, 항상 품위를 유지하여야 한다.[4)]

Ⅲ 비밀엄수의 의무

경찰공무원은 재직중은 물론 퇴직 후에도 업무상 지득한 비밀을 엄수해야 한다.[5)] 비밀의 범주에 대하여 학설과 판례의 입장이 다르다. 학설은 법령상 비밀사항이거나 관계기관이 비밀사항으로 분류해 놓은 모든 것을 비밀이라고 본다.[6)] 그러나 법원은 "국가공무원법상 직무상 비밀이라 함은 국가 공무의 민주적, 능률적 운영을 확보하여야 한다는 이념에 비추어 볼 때 당해 사실이 일반에 알려질 경우 그러한 행정의 목적을 해할 우려가 있는지 여부를 기준으로 판단하여야 하며, 구체적으로는 행정기관이 비밀이라고 형식적으로 정한 것에 따를 것이 아니라 실질적으로 비밀로서 보호할 가치가 있는지, 즉 그것이 통상의 지식과 경험을 가진 다

3) 국가공무원법 제55조.
4) 경찰공무원법 제26조; 경찰복제에 관한 규칙 제2조. 행정안전부령 제298호, 2021. 12. 31. 타법개정, 2021. 12. 31. 시행.
5) 국가공무원법 제60조.
6) 하명호, 행정법, 박영사, 2024, p. 884.

수인에게 알려지지 아니한 비밀성을 가졌는지, 또한 정부나 국민의 이익 또는 행정목적 달성을 위하여 비밀로서 보호할 필요성이 있는지 등이 객관적으로 검토되어야 한다"고 보고 있다.[7)]

경찰공무원의 비밀엄수의무는 국민의 알권리, 즉 행정정보공개요구권에 의하여 제한될 수 있다. 국회에서의 증언·감정 등에 관한 법률 제4조는 "국회로부터 공무원 또는 공무원이었던 자가 증언의 요구를 받거나, 국가기관이 서류제출을 요구받은 경우에 증언할 사실이나 제출할 서류의 내용이 직무상 비밀에 속한다는 이유로 증언이나 서류제출을 거부할 수 없다"고 규정하였다.

다만 예외적으로 군사·외교·대북관계의 국가기밀에 관한 사항으로서 그 발표로 말미암아 국가안위에 중대한 영향을 미친다는 주무부장관의 소명이 증언 등의 요구를 받은 날로부터 5일 이내에 있는 경우에는 그러하지 아니한다.

국회가 위 소명을 수락하지 아니할 경우에는 본회의 의결로, 폐회중에는 해당 위원회 의결로 국회가 요구한 증언 또는 서류의 제출이 국가의 중대한 이익을 해친다는 취지의 국무총리 성명을 요구할 수 있다. 국무총리가 성명의 요구를 받은 날로부터 7일 이내에 그 성명을 발표하지 아니하는 경우에는 증언이나 서류제출을 거부할 수 없다.

비밀엄수의 의무를 위반한 때에는 징계사유가 되며, 형사상 피의사실 공표죄(형법 제126조)나 공무상 비밀누설죄(형법 제127조)의 처벌 대상이 된다.

공무상 비밀의 성격

형법 제127조는 공무원 또는 공무원이었던 자가 법령에 의한 직무상 비밀을 누설하는 것을 구성요건으로 하고, 같은 조에서 '법령에 의한 직무상 비밀'이란 반드시 법령에 의하여 비밀로 규정되었거나 비밀로 분류 명시된 사항에 한하지 아니하고, 정치, 군사, 외교, 경제, 사회적 필요에 따라 비밀로 된 사항은 물론 정부나 공무소 또는 국민이 객관적, 일반적인 입장에서 외부에 알려지지 않는 것에 상당한 이익이 있는 사항도 포함하나, 실질적으로 그것을 비밀로서 보호할 가치가 있다고 인정할 수 있는 것이어야 하고, 본죄는 비밀 그 자체를 보호하는 것이 아니라 공무원의 비밀엄수의무의 침해에 의하여 위험하게 되는 이익, 즉 비밀 누설에 의하여 위협받는 국가의 기능을 보호하기 위한 것이다(대법원 2012. 3. 15. 선고 2010도14734 판결).

---

7) 대법원 1996. 10. 11. 선고 94누7171.

IV 청렴의 의무

1. 사례·증여·향응의 금지

경찰공무원은 직무와 관련하여 직접 또는 간접을 불문하고 사례·증여, 향응을 수수할 수 없다. 또한 직무상 관계여하를 불문하고 그 소속상관에게 증여하거나 소속공무원으로부터 증여를 받아서는 아니 된다.[8]

한편 부정청탁 및 금품등 수수의 금지에 관한 법률(약칭: 청탁금지법)이 2016년에 제정되었다. 이 법은 공직자 등에 대한 부정청탁 및 공직자 등의 금품 등의 수수(收受)를 금지함으로써 공직자 등의 공정한 직무수행을 보장하고 공공기관에 대한 국민의 신뢰를 확보하는 것을 목적으로 하고 있다. 일명 김영란법이라고도 칭한다. 이 법 제4조는 공직자등은 사적 이해관계에 영향을 받지 아니하고 직무를 공정하고 청렴하게 수행하여야 하며(제1항), 공평무사하게 처신하고 직무관련자를 우대하거나 차별해서는 아니 된다(제2항)고 규정하고 있다.[9]

사례나 증여, 향응의 한계에 대해서는 다음의 판례를 참고할 필요가 있다.

성적 향응도 뇌물

뇌물죄에서 뇌물의 내용인 이익이라 함은 금전, 물품 기타의 재산적 이익뿐만 아니라 사람의 수요·욕망을 충족시키기에 족한 일체의 유형·무형의 이익을 포함하며, 제공된 것이 성적 욕구의 충족인 경우도 뇌물에 해당한다.
또한 뇌물죄는 공무원의 직무집행의 공정과 이에 대한 사회의 신뢰 및 직무행위의 불가매수성을 그 보호법익으로 하고 있고, 직무에 관한 청탁이나 부정한 행위를 필요로 하는 것은 아니어서 수수된 금품의 뇌물성을 인정하는 데 특별한 청탁이 있어야만 하는 것은 아니다.
또한 금품이 직무에 관하여 수수된 것으로 족하고 개개의 직무행위와 대가적 관계에 있을 필요는 없고, 공무원이 그 직무의 대상이 되는 사람으로부터 금품 기타 이익을 받은 때에는 사회상규에 비추어 볼 때에 의례상의 대가에 불과한 것이라고 여겨지거나 개인적인 친분관계가 있어서 교분상의 필요에 의한 것이라고 명백하게

---

8) 국가공무원법 제61조.

9) 부정청탁 및 금품등 수수의 금지에 관한 법률 제4조. [시행 2025. 1. 21.] [법률 제20712호, 2025. 1. 21., 타법개정]

인정할 수 있는 경우 등 특별한 사정이 없는 한 직무와의 관련성이 있다고 볼 수 있으며, 공무원이 직무와 관련하여 금품을 수수하였다면 비록 사교적 의례의 형식을 빌어 금품을 주고 받았다 하더라도 그 수수한 금품은 뇌물이 된다(대법원 2014. 1. 29. 선고 2013도13937 판결; 대법원 2018. 5. 15. 선고 2017도19499, 판결).

동료에게 떡 한 상자는 청탁의 대가, 부정청탁및금품등수수의금지에관한법률위반

…중략… 경찰서에 고소장을 제출한 甲이 경찰서에 출석하여 조사받기 하루 전에 직원을 통하여 담당 경찰관 乙에게 45,000원 상당의 떡 1상자를 제공하였는데 경찰관 乙이 이를 반환한 다음 소속기관장에게 신고한 사안에서, 甲의 행위를 직무관련성 있는 공직자등에게 수수 금지 금품등을 제공한 행위로 인정하고 甲이 제공한 금품등이 원활한 직무수행, 사교·의례 또는 부조의 목적으로 제공되거나 사회상규에 따라 허용되는 것으로 볼 수 없다고 판단한 후, 제공된 금품등 가액의 2배에 해당하는 과태료를 부과한 사례(춘천지법 2016. 12. 6. 선고 2016과20 판결(확정)).

청탁금지법상 상급 공직자등의 의미

부정청탁 및 금품등 수수의 금지에 관한 법률 제8조 제3항 제1호에서 정한 '상급 공직자등'의 의미 및 금품등 제공자와 그 상대방이 직무상 명령·복종이나 지휘·감독관계에 있어야만 이에 해당하는지 여부(소극)(대법원 2018. 10. 25. 선고 2018도7041 판결).

2. 재산등록·공개 등의 의무

공직자윤리법은 각 공무원의 청렴의 의무를 제도적으로 강화하기 위하여 공직자의 재산등록·공개, 선물신고·퇴직공직자의 취업제한 등을 규정하고 있다.[10)]

공직자윤리법령상 경찰공무원의 경우 총경 이상의 경찰공무원은 재산등록의 대상이며, 치안감 이상의 경찰공무원 및 특별시·광역시·특별자치시·도·특별자치도의 경찰청장은 재산공개의 대상이 된다.[11)] 또한 국가경찰공무원 중 경정, 경

10) 공직자윤리법 제1조. [시행 2026. 1. 1.] [법률 제21027호, 2025. 8. 14., 일부개정].

11) 공직자윤리법 제3조 및 제10조.

감, 경위, 경사와 자치경찰공무원 중 자치경정, 자치경감, 자치경위, 자치경사도 재산등록 의무가 있다.[12] 시·도 자치경찰위원회장과 상임위원은 등록 및 공개대상이다.

재산등록 기간은 등록대상 공무원이 된 이후 기본적으로 2개월 이내이며, 전년도의 재산변동 등록은 매년 2월 말일까지 한다.

재산등록 등의 범위는 본인·배우자 및 직계존비속이 보유한 재산(부동산·동산 등)이며, 독립생계가 가능하여 본인의 부양을 받지 않는 직계존비속은 고지를 거부할 수 있다.

공직자의 재산등록 및 공개 그리고 퇴임 후 재취업 등에 관한 사무는 인사혁신처의 정부공직자윤리위원회가 담당하며, 재산등록 및 공개는 관보 및 인터넷 사이트를 통하여 이루어진다.[13]

이행하지 않는 경우 징계책임(공직자윤리법 제22조), 재산등록거부의 죄(동법 제24조), 거짓자료제출등의 죄(동법 제25조), 출석거부죄(동법 제26조), 취업제한위반죄(동법 제29조)의 징역 또는 벌금의 형사책임을 진다.

3. 퇴직 후 취업제한의무

재산등록의무자는 정부의 공직자윤리위원회의 승인을 받지 않고서는 퇴직일부터 3년간에는 퇴직 전 5년 동안 소속하였던 부서 또는 기관의 업무와 밀접한 관련성이 있는 취업제한기관에 취업할 수 없다. 경찰은 경사 이상이 이에 해당한다.[14]

12) 공직자윤리법 법 제3조 제1항 제13호, 공직자윤리법 시행령 제3조 제6항 제6호. [시행 2026. 1. 1.] [대통령령 제35902호, 2025. 12. 12., 일부개정].

13) 공직윤리시스템, https://www.peti.go.kr/index_ssl.html/

14) 공직자윤리법 제17조에 의해 공직자윤리위원회는 퇴직 전 5년간 소속부서와 업무관련성이 없다고 판단되면 취업을 인정하지만 그렇지 않을 경우 취업을 금지시킨다. 위반할 경우 최고 1,000만원의 과태료가 부과될 수 있다.
공무원의 대표적인 취업제한 기관은 법무·세무·회계 법인, 유관기관인 도로교통공단 및 총포화약안전기술협회, 시장형공기업인 한국공항공사, 한국수자원공사 등이며 사립대학과 종합병원, 100억원 이상 사회복지법인 등도 포함된다.

인사혁신처 **보도자료** APEC 2025 KOREA

보도일시 2025. 11. 6.(목) 12:00

2025년 10월 퇴직공직자 취업심사 결과 공개

2025년 10월 퇴직공직자 취업심사 결과가 공개됐다.

정부공직자윤리위원회(이하 '윤리위')는 지난달 31일 퇴직공직자가 취업심사를 요청한 45건에 대해 취업 심사를 실시하고, 그 결과를 공직윤리시스템 누리집(www.peti.go.kr)에 공개한다고 6일 밝혔다. 윤리위는 퇴직 전 5년 동안 소속했던 부서 또는 기관 업무와 취업 예정 기관 간 밀접한 업무 관련성이 인정된 3건을 '취업 제한' 결정했다.

한편, 취업 심사 대상임에도 윤리위의 사전 취업 심사를 거치지 않고 임의로 취업한 5건에 대해서는 관할 법원에 과태료 부과를 요청했다. ...중략...

붙임 1 2025년 10월 퇴직공직자 취업심사 결과 내역

연번	퇴직 당시			취업(예정)		심사 결과	결정사유
	소속	직위(직급)	퇴직일	기관(직위)	일자		
1	검찰청	검사	2025년 2월	신영증권㈜ (법무팀장)	2025년 6월	취업가능	법 제17조제2항의 밀접한 업무관련성 없음
2	경상남도	지방정무직	2024년 5월	한국제강㈜ (사외이사)	2025년 4월	취업가능	법 제17조제2항의 밀접한 업무관련성 없음
3	경찰청	경감	2024년 5월	법무법인 화우 (신입변호사)	2026년 3월	취업제한	법 제17조제2항 제8호 해당
4	경찰청	경감	2024년 6월	학교법인 수덕학원 (이사)	2025년 11월	취업가능	법 제17조제2항의 밀접한 업무관련성 없음

연번	퇴직 당시			취업(예정)		심사 결과	결정사유
	소속	직위(직급)	퇴직일	기관(직위)	일자		
5	경찰청	경감	2024년 12월	삼성화재해상보험㈜ (보험설계사)	2025년 11월	취업가능	법 제17조제2항의 밀접한 업무관련성 없음
6	경찰청	경감	2025년 6월	이화여자대학교 (의료원 준법지원관)	2025년 10월 (심사 후)	취업가능	법 제17조제2항의 밀접한 업무관련성 없음
7	경찰청	경감	2025년 8월	㈜부영주택 (촉탁이사)	2025년 10월 (심사 후)	취업가능	법 제17조제2항의 밀접한 업무관련성 없음
8	경찰청	경사	2025년 9월	삼성카드㈜ (CL3)	2025년 11월	취업가능	법 제17조제2항의 밀접한 업무관련성 없음
9	고용노동부	별정직 고위공무원	2024년 8월	잡코리아 유한책임회사 (고문)	2025년 11월	취업승인	영 제34조제3항 제8호 인정

자료: 인사혁신처, 2025.11.6.보도자료, 2025년 10월 퇴직공직자 취업심사 결과 공개, https://www.korea.kr/briefing/pressReleaseView.do?newsId=156725463/

V 영예 등의 금지

1. 영예 등 신고의무

경찰공무원이 외국정부로부터 영예 또는 증여를 받을 경우에는 대통령의 허가를 얻어야 한다.15)

2. 선물 등 신고의무

공무원 또는 공직유관단체의 임직원은 외국으로부터 선물(대가 없이 제공되는 물품 및 그 밖에 이에 준하는 것을 말하되, 현금은 제외)을 받거나 그 직무와 관련하여 외국인(외국단체를 포함)에게 선물을 받으면 지체 없이 소속 기관·단체의 장에게

15) 국가공무원법 제62조.

신고하고 그 선물을 인도하여야 한다. 이들의 가족이 외국으로부터 선물을 받거나 그 공무원이나 공직유관단체 임직원의 직무와 관련하여 외국인에게 선물을 받은 경우에도 또한 같다. 신고된 선물은 신고 즉시 국가 또는 지방자치단체에 귀속된다.[16)]

선물의 가액은 그 선물 수령 당시 증정한 국가 또는 외국인이 속한 국가의 시가로 미국화폐 100달러 이상이거나 국내 시가로 10만원 이상인 선물로 한다.[17)]

VI 품위유지의 의무

경찰공무원은 직무의 내외를 불문하고 품위를 손상하는 행위를 하여서는 안 된다.[18)] 품위란 공적 업무처리 및 사적 생활에서 주권자인 국민의 수임자로서의 직책을 맡아 수행해 나가기에 손색이 없는 인품을 말한다.[19)] 즉 국가의 권위·위신·체면에 해가 되는 공무원의 공적 또는 사적인 행위라고 할 수 있다.

VII 정치관여의 금지

공무원의 정치적 중립성을 보장하기 위하여 공무원에게는 일정한 내용의 정치운동이 금지된다(헌법 제7조 제2항). 경찰공무원은 정당 기타 정치단체의 결성에 관여하거나 이에 가입할 수 없다.[20)]

정치활동에 관여하는 행위란 다음의 행위를 말한다.

1. 정당이나 정치단체의 결성 또는 가입을 지원하거나 방해하는 행위
2. 그 직위를 이용하여 특정 정당이나 특정 정치인에 대하여 지지 또는 반대 의견을 유포하거나, 그러한 여론을 조성할 목적으로 특정 정당이나 특정 정치인에 대하여 찬양하거나 비방하는 내용의 의견 또는 사실을 유포하는 행위

16) 공직자윤리법 제15조－제16조.
17) 공직윤리법 시행령 제28조 제1항.
18) 국가공무원법 제63조, 제78조, 경찰공무원 복무규정 제7조
19) 대법원 1998. 2. 27. 선고 97누18172 판결.
20) 경찰공무원법 제23조.

3. 특정 정당이나 특정 정치인을 위하여 기부금 모집을 지원하거나 방해하는 행위 또는 국가·지방자치단체 및 「공공기관의 운영에 관한 법률」에 따른 공공기관의 자금을 이용하거나 이용하게 하는 행위
4. 특정 정당이나 특정인의 선거운동을 하거나 선거 관련 대책회의에 관여하는 행위
5. 정보통신망을 이용한 위 제1호부터 제4호까지의 규정에 해당하는 행위
6. 소속 직원이나 다른 공무원에 대하여 제1호부터 제5호까지의 행위를 하도록 요구하거나 그 행위와 관련한 보상 또는 보복으로서 이익 또는 불이익을 주거나 이를 약속 또는 고지하는 행위

다만, 경찰공무원이 공직선거 등의 예비후보자·후보자의 배우자이거나 후보자의 직계존비속인 경우에는 선거운동기간 동안 선거운동을 할 수 있다. 선거운동이란 특정인이 당선되거나 되게 하거나 되지 못하게 하기 위한 행위를 말한다.[21]

Ⅷ 집단행위의 금지

1. 노동조합 결성권 등 배제

경찰공무원은 노동운동 기타 공무 이외의 일을 위한 집단적 행위를 하여서는 아니 된다.[22]

공무원의 노동조합 설립 및 운영 등에 관한 법률 제6조는 노동조합에 가입할 수 있는 국가공무원의 범주를 규정하고 있다. 노동조합과 그 조합원은 정치활동을 하여서는 아니 된다.[23] 공무원은 임용권자의 동의를 받아 노동조합의 업무에만 종사할 수 있다.[24]

노동조합에 가입할 수 있는 공무원의 범위는 다음과 같다.[25]

---

21) 공직선거법 제58조－제60조.

22) 국가공무원법 제66조.

23) 공무원의 노동조합 설립 및 운영 등에 관한 법률 제4조. [2023. 12. 11. 시행], [법률 제18922호, 2022. 6. 10., 일부개정].

24) 공무원의 노동조합 설립 및 운영 등에 관한 법률 제7조.

25) 공무원의 노동조합 설립 및 운영 등에 관한 법률 제6조 제1항.

1. 일반직공무원
2. 특정직공무원 중 외무영사직렬 · 외교정보기술직렬 외무공무원, 소방공무원 및 교육공무원(다만, 교원은 제외)
3. 별정직공무원
4. 제1호부터 제3호까지의 어느 하나에 해당하는 공무원이었던 사람으로서 노동조합 규약으로 정하는 사람

그러나 위에도 불구하고 다음에 해당하는 공무원은 노동조합에 가입할 수 없다.[26)]

1. 업무의 주된 내용이 다른 공무원에 대하여 지휘 · 감독권을 행사하거나 다른 공무원의 업무를 총괄하는 업무에 종사하는 공무원
2. 업무의 주된 내용이 인사 · 보수에 관한 업무를 수행하는 공무원 등 노동조합과의 관계에서 행정기관의 입장에서 업무를 수행하는 공무원
3. 교정 · 수사 또는 그 밖에 이와 유사한 업무에 종사하는 공무원

2. 공무원 직장협의회 설립

공무원직장협의회의 설립 · 운영에 관한 법률(공무원직협법)은 공무원의 근무환경 개선, 업무능률 향상 및 고충처리 등을 위한 직장협의회의 설립과 운영을 규정하였다.[27)]

협의회는 기관 단위로 설립하되, 하나의 기관에는 하나의 협의회만을 설립할 수 있다. 경찰 각 기관의 협의회는 연합협의회를 결성할 수 있다. 이에 따라 경찰공무원도 소속 경찰관서의 경찰공무원직장협의회에 가입할 수 있다. 다만 다음의 경우에는 직장협의회에 가입할 수 없다.[28)]

---

26) 공무원의 노동조합 설립 및 운영 등에 관한 법률 제6조 제2항.

27) 공무원직장협의회의 설립 · 운영에 관한 법률, 제1조－제3조. [2022. 10. 27. 시행], [법률 제18844호, 2022. 4. 26., 일부개정].

28) 공무원직장협의회의 설립 · 운영에 관한 법률 시행령 제3조, [시행 2022. 10. 27.] [대통령령 제32958호, 2022. 10. 25., 일부개정].

1. 지휘·감독권을 행사하거나 다른 공무원의 업무를 총괄하는 업무에 종사하는 공무원: 법·행정규칙 또는 사무분장에 따라 주된 업무의 내용이 다른 공무원에 대해 지휘·감독권을 행사하거나 다른 공무원의 업무를 총괄하는 모든 직책에 종사하는 공무원(직무대리자를 포함)
2. 인사 업무에 종사하는 공무원: 공무원의 임용 업무를 주된 업무로 수행하는 공무원(자료 정리 및 문서 편집 등 단순 업무를 보조하는 사람은 제외)
3. 예산·경리·물품출납 업무에 종사하는 공무원(자료 정리 및 문서 편집 등 단순 업무를 보조하는 사람은 제외)
4. 비서 업무에 종사하는 공무원: 비서 업무를 주된 업무로 수행하는 공무원
5. 기밀 업무에 종사하는 공무원: 외교·군사·감사·조사·수사·검찰사무·출입국 관리·유선교환 등 기밀 업무를 주된 업무로 수행하는 공무원
6. 보안·경비 업무에 종사하는 공무원: 청사관리를 관장하는 기관이나 부서, 교정시설 또는 보호시설 등에서 공공안전의 목적을 위해 특정인이나 특정시설에 대한 보안·경비 업무를 주된 업무로 수행하는 공무원
7. 그 밖에 제2호부터 제6호까지의 업무와 유사한 업무에 종사하는 공무원: 협의회에 관한 업무를 주된 업무로 수행하는 공무원

협의회 및 연합협의회와 기관장 등은 다음의 사항을 협의한다. 기관장 등은 협의에 성실히 응하고, 최대한 이행하려고 노력하여야 한다.[29)]

1. 해당 기관 고유의 근무환경 개선에 관한 사항
2. 업무능률 향상에 관한 사항
3. 소속 공무원의 공무와 관련된 일반적 고충에 관한 사항
4. 소속 공무원의 모성보호 및 일과 가정생활의 양립을 지원하기 위한 사항
5. 기관 내 성희롱, 괴롭힘 예방 등에 관한 사항
6. 그 밖에 기관의 발전에 관한 사항

29) 공무원직장협의회의 설립·운영에 관한 법률 제5조－제6조.

IX 민사분쟁에의 부당개입금지 의무

경찰공무원은 직위 또는 직권을 이용하여 부당하게 타인의 민사분쟁에 개입하여서는 아니 된다.[30)]

X 여행의 제한 의무

경찰공무원은 휴무일 또는 근무시간 외에 2시간 이내에 직무에 복귀하기 어려운 지역으로 여행을 하고자 할 때에는 소속경찰기관의 장에게 신고를 하여야 한다. 다만, 치안상 특별한 사정이 있어 경찰청장 또는 경찰기관의 장이 지정하는 기간중에는 소속경찰기관의 장의 허가를 받아야 한다.[31)]

XI 상관에 대한 신고 의무

경찰공무원은 신규채용·승진·전보·파견·출장·연가·교육훈련기관에의 입교, 기타 신분관계 또는 근무관계 또는 근무관계의 변동이 있는 때에는 소속상관에게 신고를 하여야 한다.[32)]

제 2 절 직무상 의무

I 성실의 의무

모든 공무원은 성실히 직무를 수행할 의무를 진다.[33)] 성실의무는 공무원의 기본적 의무로 최대한 공공의 이익을 도모하고 그 불이익을 방지해야 한다는 점에서 사인간의 단순한 고용관계에서의 근로의무와 구별된다.

---

30) 경찰공무원 복무규정 제10조.
31) 경찰공무원 복무규정 제13조.
32) 경찰공무원 복무규정 제11조.
33) 국가공무원법 제56조.

Ⅱ 법령준수의 의무

경찰공무원은 법령을 준수해야 한다.[34] 이는 법치행정의 원칙에 의해 요구되는 의무라고 할 수 있으며, 법령에는 입법부가 제정한 법률 및 행정입법도 포함된다.

Ⅲ 복종의무

1. 의 의

경찰공무원은 직무를 수행함에 있어서 소속상관의 직무명령에 복종하여야 한다.[35]

2. 소속상관

소속상관이란 당해 공무원의 직무에 관하여 지휘감독권을 가진 자를 말한다. 관청인 상관과 보조기관인 상관을 모두 포함한다.

3. 직무명령

상관이 하관의 직무범위 내에 속하는 사항에 대하여 발하는 명령으로 특별한 규정이 없는 한 문서나 구술 등 형식에 제한을 받지 않는다.

4. 직무명령과 행정명령과의 구별

직무명령은 상관이 하관에게 발하는 명령(자연인과 자연인)이라는 점에서 상급기관이 하급기관에 발하는 명령(기관과 기관)인 행정명령과 구분된다. 그리고 직무명령은 상관이 변동하면 그 효력을 상실하나, 행정명령은 그러하지 아니하다. 또한 행정명령은 직무명령의 성질을 가지나, 직무명령은 행정명령의 성질을 가지지 못한다.

---

34) 국가공무원법 제56조.

35) 국가공무원법 제57조.

인권옹호직무명령불준수 · 직무유기

… 중략 … [2] 검사가 구속영장 청구 전 대면조사를 위하여 사법경찰관리에게 긴급체포된 피의자의 인치를 명하는 것이 적법한 수사지휘에 해당하는지 여부(한정 적극)
… 중략 … [4] 검사가 긴급체포 등 강제처분의 적법성에 의문을 갖고 대면조사를 위한 피의자 인치를 2회에 걸쳐 명하였으나 이를 이행하지 않은 사법경찰관에게 인권옹호직무명령불준수죄와 직무유기죄를 모두 인정하고 두 죄를 상상적 경합관계로 처리한 원심판단을 수긍한 사례(대법원 2010. 10. 28. 선고 2008도11999 판결)

직무명령의 형식적 요건은 ① 권한 있는 상관이 발한 것, ② 하관의 직무범위 내의 사항일 것, ③ 하관의 직무상 독립이 보장된 것이 아닐 것, ④ 법정의 형식이나 절차가 있으면 이를 갖출 것 등이다.

실질적 요건은 그 내용이 ① 법령과 공익에 적합할 것, ② 실현가능성이 있을 것 등이다.[36)]

5. 복종의 한계

직무명령이 형식적 요건을 결했을 때에는 하관은 복종을 거부할 수 있으나 실질적 요건을 결한 경우에 대하여는 의견이 다양하다. 그러나 위법성이 중대하고 명백한 경우나 그 명령이 범죄를 구성하는 경우 등은 복종할 의무가 없으며, 명령을 거부하는 것이 경찰공무원의 법령준수의무나 성실의 의무에 합치한다고 볼 것이다.

이러한 내용의 직무명령에 복종한 경우에는 민·형사상 책임 및 징계책임을 지게 된다. 그러나 직무명령 내용상의 하자 정도가 법령해석상의 견해차이에 불과하거나 부당하다고 인정되는 데 그치는 정도인 경우에는 복종을 거부할 수 없으며, 단지 상관에게 자신의 의견을 진술할 수 있다.[37)]

36) 홍정선, 기본행정법, 제10판, 박영사, 2022, pp. 583~584.
37) 하명호, 행정법, 2024, 박영사, p. 884.

고문수사명령은 복종대상 될 수 없어

특정범죄가중처벌등에관한법률위반공무원이 그 직무를 수행함에 있어 상관은 하관에 대하여 범죄행위 등 위법한 행위를 하도록 명령할 직권이 없는 것이고 하관은 소속상관의 적법한 명령에 복종할 의무는 있으나 그 명령이 참고인으로 소환된 사람에게 가혹행위를 가하라는 등과 같이 명백한 위법 내지 불법한 명령인 때에는 이는 벌써 직무상의 지시명령이라 할 수 없으므로 이에 따라야 할 의무는 없다(대법원 1988.2.23. 선고 87도2358 판결).

6. 명령의 경합

둘 이상의 상관으로부터 모순된 직무명령을 받았을 때는 계층제의 원리 및 업무의 관련성에 비추어 직속상관의 직무명령에 복종하여야 한다.

7. 의무위반

직무명령이 형식적 및 실질적 요건을 모두 갖춘 경우 이를 위반한 하관은 위법은 아니나 징계사유가 된다. 그러나 요건을 갖추지 못한 직무명령에 대한 복종은 그 결과에 대하여 징계책임 및 민·형사상 책임의 대상이 될 수 있다.

Ⅳ 직무전념의 의무

경찰공무원은 전력을 다하여 직무를 성실히 수행해야 하며, 이는 직장이탈금지 및 영리업무금지의 의무를 포함한다. 경찰공무원이 직무전념의 의무를 위반한 경우 징계책임 외에도 형법상 직무유기죄가 성립될 수 있다.[38)]

1. 직장이탈금지의 의무

경찰공무원은 소속상관의 허가 또는 정당한 이유없이 직장을 이탈하지 못한다. 그리고 경찰공무원은 상사의 허가를 받거나 그 명령에 의한 경우를 제외하고는 직무와 관계없는 장소에서 직무수행을 하여서는 아니 된다.[39)]

---

38) 국가공무원 복무규정 제25조–제26조.

39) 국가공무원법 제58조.

기관장의 승인 없는 사직원, 연가는 무단이탈

공무원이 사직원을 제출하였더라도 사직원이 수리되어 면직되기 전에 무단결근한 경우와 법정연가일수의 범위 내에서 연가신청을 하였더라도 행정기관장의 허가가 있기 전에 근무지를 이탈하는 경우도 직장 이탈 금지 의무에 위반되는 행위로 징계사유가 된다(대법원 1971. 3. 23. 선고 71누7 판결; 대법원 1985. 6. 25. 선고 85누52 판결).

몰래 검찰 자진출두는 무단이탈

수사회피 목적으로 공무원이 직장을 이탈한 후 검찰에 자진 출두하여 무혐의 결정을 받았더라도 이는 직장 이탈 금지 의무의 위반으로 징계사유가 된다(대법원 1990. 10. 12. 선고 90누3737 판결).

직위해제 처분 대상자의 출근의무

직위해제 처분을 받은 공무원은 단순히 그 보직이 해제된 것에 불과하고, 공무원관계가 종료된 것은 아니어서 출근의무가 당연히 면제된다고 볼 수 없음. 다만, 직위해제 사유와 목적 등을 종합적으로 고려하여 필요한 경우 임용권자는 자택대기를 명할 수도 있을 것이다(대법원 2003. 5. 16. 선고 2002두8138 판결; 대법원 2003. 10. 10. 선고 2003두5945 판결; 대법원 2014. 10. 30. 선고 2012두25552 판결).

2. 영리업무금지의 의무

경찰공무원은 공무 이외에 영리를 목적으로 하는 업무에 종사하지 못한다.[40] 즉, 공무원은 다음에 해당하는 업무에 종사함으로써 공무원의 직무 능률을 떨어뜨리거나, 공무에 대하여 부당한 영향을 끼치거나, 국가의 이익과 상반되는 이익을 취득하거나, 정부에 불명예스러운 영향을 끼칠 우려가 있는 경우에는 그 업무에 종사할 수 없다.[41]

---

40) 국가공무원법 제64조.

41) 국가공무원 복무규정 제25조.

1. 공무원이 상업, 공업, 금융업 또는 그 밖의 영리적인 업무를 스스로 경영하여 영리를 추구함이 뚜렷한 업무
2. 공무원이 상업, 공업, 금융업 또는 그 밖에 영리를 목적으로 하는 사기업체(私企業體)의 이사·감사 업무를 집행하는 무한책임사원·지배인·발기인 또는 그 밖의 임원이 되는 것
3. 공무원 본인의 직무와 관련 있는 타인의 기업에 대한 투자
4. 그 밖에 계속적으로 재산상 이득을 목적으로 하는 업무

V 친절·공정의 의무

경찰공무원은 국민전체의 봉사자로서 공사를 분별하고 인권을 존중하며 친절·공정하고 신속·정확하게 업무를 처리하여야 한다. 친절·공정의 의무는 법적 의무로서, 위반시 징계사유가 된다.[42]

VI 종교중립의 의무

공무원은 종교에 따른 차별없이 직무를 수행해야 하며, 소속상관이 이 의무를 위반한 직무명령을 한 경우에는 따르지 아니할 수 있다.[43]

VII 거짓 보고 등의 금지

경찰공무원은 직무에 관해 허위의 보고나 통보를 하여서는 안 되며, 직무를 게을리 하거나 유기하여서는 안 된다.[44]

42) 국가공무원법 제59조, 국가공무원 복무규정 제4조.
43) 국가공무원법 제59조의2.
44) 경찰공무원법 제24조.

군대의 허위보고

군인 사이에 구타로 인하여 상해가 발생하였음에도 불구하고 그 상해의 원인이 물건에 부딪혀 일어난 것이라고 허위로 보고한 것은 병력에 결원이 발생한 원인을 허위로 보고하고 군인 사이에 발생한 구타사고를 은폐함으로써 지휘관의 징계권 및 군사법권의 행사를 비롯하여 구타 사고에 대한 재발방지를 위한 조치 등 병력에 대한 관리 작용에 해당하는 군행정절차를 방해하는 결과를 초래한 것으로서 군 본연의 임무수행에 중대한 장애가 초래되거나 이를 예견할 수 있는 사안에 관한 것이므로, 군형법 제38조의 '군사에 관한' 허위의 보고에 해당한다(대법원 2006. 8. 25. 선고 2006도620 판결).

Ⅷ 지휘권 남용 등의 금지

전시·사변 기타 이에 준하는 비상사태에 처하거나, 작전수행중인 경우 또는 많은 인명손상이나 국가재산손실의 우려가 있는 위급한 사태가 발생한 경우에 경찰공무원을 지휘·감독하는 자는 정당한 사유 없이 그 직무수행을 거부 또는 유기하거나, 경찰공무원을 지정된 근무지에서 진출·퇴각 또는 이탈하게 하여서는 아니 된다.[45]

45) 경찰공무원법 제25조.

제8장

경찰공무원의 책임

제 1 절 징계책임

I 징계책임의 의의

징계책임이란 경찰공무원이 그 의무를 위반한 경우에 특별권력관계의 질서유지를 위하여 신분상 불이익 처분을 부담하는 것을 말한다. 경찰공무원의 징계에는 법률의 수권을 필요로 하며 징계사유가 발생하는 한 징계권자는 반드시 징계를 요구해야 하는 기속행위이며 그 양정은 재량성이 인정된다.1)

II 징계벌과 형벌의 구별

첫째, 징계벌은 직접적으로 공무원관계에 입각한 특별권력에 근거를 두지만, 형벌은 국가의 일반통치권에 의하여 과해진다. 둘째, 징계벌은 공무원관계 내부의 질서유지를 목적으로 하나 형벌은 일반사회의 질서유지를 목적으로 한다. 셋째, 징계벌은 공무원의 신분상 불이익을 내용으로 하나 형벌은 신체적 자유와 재산상 불이익을 내용으로 한다.

넷째, 징계벌은 국가공무원법상의 의무위반을 대상으로, 형벌은 형사범을 대상으로 한다. 징계벌의 경우는 형벌의 경우보다 고의·과실의 유무와 같은 주관적 요인이 완화된다. 다섯째, 징계벌과 형벌은 대상·목적 등을 달리하기 때문에 동일한 행위에 대하여 양자를 병과할 수 있으며, 병과하더라도 일사부재리의 원칙에

1) 박균성·김재광, 경찰행정법, 박영사, 2024, p. 204.

저촉되지 아니한다.

Ⅲ 징계사유

징계사유는 국가공무원법 및 동법에 의한 명령위반, 직무상 의무위반, 품위, 위신 손상행위 등이다. 이와 같은 징계원인은 과실이 있음으로 충분하고 행위자뿐만 아니라 감독자도 감독의무 태만의 책임을 부담한다.

사건번호 2024-94 중앙소청 심사위원회 결과 요약: 청구 기각

소청인들의 징계 사유가 모두 인정되며, 징계 처분이 사회통념상 타당성을 잃지 않았다고 판단하여 **청구를 모두 기각함**: 감독태만, 업무처리소홀(A: 정직3월, B, C: 정직 1월, D, E: 감봉1월)

주요 징계 및 기각 사유

1. **소청인** A·B·C (**실무 및 상호 감독 책임**)

- 사건 개요: 약 1년 이상에 걸쳐 약 **3억 3천만 원** 규모의 영치금 횡령이 발생함.
- 과실 인정: 담당 직무를 성실히 수행해야 할 의무가 있음에도, 서로 지휘·감독에 주의를 기울이지 않아 사건을 방지하지 못함.
- 인과 관계: 이들의 업무상 과실과 횡령 발생 사이에 상당한 인과관계가 인정됨.
- 공익 침해: 교정기관의 공무집행에 대한 국민의 신뢰를 크게 훼손하여 경각심 제고가 필요함.

2. **소청인** D (**검사관의 주의 의무 태만**)

- 역할: 3회에 걸친 영치금 검사관 업무 수행.
- 과실 인정: 영치금 일계표를 조금만 주의 깊게 봤다면 불일치를 파악할 수 있었으나 이를 소홀히 함.
- 평가: 공무원 평균 수준의 업무 처리를 하지 못했으며, 이러한 소홀함이 횡령과 무관하지 않음.

3. **소청인** E (**관리자의 관리·감독 소홀**)

- 역할: '영치금 검사 결과보고'의 최종 결재권자.
- 과실 인정: 3회에 걸친 검사 조사에도 미비점을 발견하지 못함.
- 평가: 선량한 관리자로서의 주의 의무를 다하지 못했고, 회계 관계 공무원에 대한

관리·감독을 소홀히 하여 비위 행위가 장기간 지속되는 결과를 초래함.

자료: 인사혁신처 소청심사위원회, https://buly.kr/A46hFsS/

IV 징계의 종류 및 효력

징계의 종류는 파면, 해임, 강등, 정직, 감봉, 견책 등이 있다. 파면과 해임, 강등, 정직은 중징계이며, 감봉, 견책 등은 경징계에 해당한다.[2)]

파면·해임은 공무원신분을 완전히 해제함을 내용으로 하는 배제징계이고, 강등·정직·감봉·견책은 공무원의 신분을 보유하면서 신분상·보수상 이익의 일부를 제한함을 내용으로 하는 교정징계이다. 다만, 징계양정은 견책에 해당되나 감경대상 공적이 있거나 혐의자의 비위행위가 성실·능동적 업무처리과정에서 발생한 과실에 해당하여 감경한 경우 불문경고에 처할 수 있다. 불문경고는 법률상의 징계처분은 아니나, 1년동안 인사기록카드에 등재됨으로써 그 기간 동안 표창 대상자에서 제외되는 등 사실상 징계에 준하는 불이익이 따르는 행정처분이다.[3)] 또한 금품 관련 비위에 대해 보다 실효성 있는 처벌을 위해 징계처분 외에 금품수수금액 등의 5배 범위 내에서 징계부가금이 부과될 수 있다.[4)]

표 8-1 징계의 효력

구분	효력
파면	▸공무원관계로부터 배제, 5년간 공직재임용 제한 ▸퇴직급여액 1/4(재직기간 5년 미만)~1/2(재직기간 5년 이상) 감액 ▸퇴직수당 1/2 감액
해임	▸공무원관계로부터 배제, 3년간 공직재임용 제한 *금품 및 향응수수, 공금의 횡령·유용으로 징계 해임된 경우 • 퇴직급여액 1/8(재직기간 5년 미만)~1/4(재직기간 5년 이상) 감액 • 퇴직수당 1/4 감액

2) 국가공무원법 제79조부터 제80조; 경찰공무원 징계령 제2조. [2022. 3. 15. 시행], [대통령령 제32534호, 2022. 3. 15. 타법개정]; 공무원연금법 제65조, 동법 시행령 제61조.

3) 국가공무원법 제79조-제80조.

4) 공무원 징계령 시행규칙, 제4조, [시행 2025. 12. 30.] [총리령 제2080호, 2025. 12. 30., 일부개정]; 인사혁신처, 국가공무원 복무·징계 관련 예규, [시행 2026. 1. 1.] [인사혁신처예규 제203호, 2025. 12. 31., 일부개정], 280.

강등	▸1계급 아래로 직급을 내림 ▸공무원 신분은 보유하나, 3개월간 직무에 종사하지 못함(3개월간 보수 및 수당 비지급) ▸승진소요연수: 처분기간(3개월)+18개월간 제한, 승진임용, 특별승진임용 제한 * 금품 · 향응수수, 공금 횡령 · 유용(징계부가금 5배 이내 부과), 성폭력, 성희롱 및 성매매, 소극행정, 음주운전(음주측정거부), 갑질, 채용비리 징계처분건은 6개월 가산
정직 (1~3월)	승급제한, 각종수당 감액 ▸보수: 처분 기간 중 보수 비지급 ▸승진소요연수: 처분기간+18개월간 제한, 승진임용, 특별승진임용 제한 * 금품 · 향응수수, 공금 횡령 · 유용(징계부가금 5배 이내 부과), 성폭력, 성희롱 및 성매매, 소극행정, 음주운전(음주측정거부), 갑질, 채용비리 징계처분건은 6개월 가산
감봉 (1~3월)	▸보수: 처분 기간 중 1/3 감액 ▸승진소요연수: 처분기간 + 12개월간 제한, 승진임용, 특별승진임용 제한 * 금품 · 향응수수, 공금 횡령 · 유용(징계부가금 5배 이내 부과), 성폭력, 성희롱 및 성매매, 소극행정, 음주운전(음주측정거부), 갑질, 채용비리 징계처분건은 6개월 가산
견책	▸승진소요연수: 6개월간 제한, 승진임용, 특별승진임용 제한 * 금품 · 향응수수, 공금 횡령 · 유용(징계부가금 5배 이내 부과), 성폭력, 성희롱 및 성매매 소극행정, 음주운전(음주측정거부), 갑질, 채용비리 징계처분건은 6개월 가산 승급제한, 수당 감액

자료: 국가공무원법 제80조, 공무원연금법 제65조, 동 시행령 제61조, 공무원보수규정 제14조.

V 징계권자

징계권은 원칙적으로 임용권자가 가지나 특정 법률에서 징계권을 임용권에서 분리하는 경우도 있다. 경찰공무원의 징계권은 징계위원회의 의결을 거쳐 징계위원회가 설치된 소속기관의 장이 행사한다.

VI 징계위원회

1. 종류

경찰공무원 징계위원회는 경찰공무원 중앙징계위원회(중앙징계위원회)와 경찰공무원 보통징계위원회(보통징계위원회)로 구분한다.[5)]

중앙징계위원회는 국무총리실 및 경찰청에 두고, 보통징계위원회는 경찰청, 시도경찰청, 경찰대학, 경찰인재개발원, 중앙경찰학교, 경찰수사연수원, 경찰병원, 경찰서, 경찰기동대, 전투경찰대 및 경찰청장이 지정하는 경감 이상의 경찰공무원

5) 경찰공무원 징계령 제3조-제8조.

을 장으로 하는 경찰기관에 설치한다.[6)]

'형제 살인사건'을 단순 변사로… 부실수사 형사과장(경정) 중징계

… 중략 …

경찰청은 최근 징계위원회를 열어 충북 청주 청원경찰서 전 형사과장 A경정에 대해 정직 2개월 처분을 내린 것으로 22일 전해졌다.

경찰청은 당시 피해자가 살해당한 정황이 있는데도 A경정이 전담 수사팀 설치 등 별도 조치를 하지 않아 부실 수사를 방치했다고 판단한 것으로 알려졌다. …

2022년 6월에 청주에서 발생한 '형제 살인사건'은 60대 형이 술을 마시고 들어와 남동생을 폭행해 숨지게 한 사건이다.

당시 A경정의 수사팀은 탐문수사 등 증거확보 노력을 다하지 않은 채 "평소 정신질환을 앓던 동생이 1층 창틀에서 뛰어내리곤 했다"는 취지의 형 진술을 토대로 동생이 자해 끝에 숨진 것으로 보고 사건을 불송치했다.

그러나 검찰의 재수사 지시로 지난해 5월 교체된 수사팀이 바로 옆집에 거주하던 사건 목격자를 찾으면서 형은 상해치사 혐의로 구속 기소됐고 1심 재판에서 징역 6년을 선고받았다.

충북경찰청은 초기 수사를 맡은 B경장과 C경감에 대해 각각 정직 2개월, 감봉 3개월의 징계 처분을 내렸다. 또 B경장이 검찰의 재수사 요청을 이행하지 않았는데도 마치 조사한 것처럼 수사보고서를 꾸민 정황을 확인, 허위 공문서 작성 혐의로 불구속 송치했다.

자료: 경향신문, 2025년 1월 22일자, https://buly.kr/AwgUBze/

2. 관할

1) 관할의 구분

징계위원회의 관할은 다음과 같다.[7)]

6) 국가공무원법 제81조, 공무원징계령 제3조, 경찰공무원법 제26조.

7) 경찰공무원법 제32조; 경찰공무원 징계령 제4조.

표 8-2 징계위원회의 관할

국무총리소속 징계위원회	경찰청 중앙징계위원회	보통징계위원회
• 경무관 이상	• 총경 • 경정	• 경정 이상 장의 경찰관서: 경위 이하 • 경감 이상 장의 경찰관서: 경사 이하 • 경찰청, 부속기관, 시 · 도경찰청: 경감 이하

2) 관련 사건의 병합 등

① 상급기관(상위계급) + 하급기관(하위계급) → 상급기관 징계위원회

*징계사유가 상급자의 감독책임인 경우 → 각각 소속기관 징계위원회에서 처리

② 소속이 다른 2명 이상의 사건 → 공동 상급기관 징계위원회

*분리심의 · 의결타당 → 각각 소속기관 징계위원회

③ 전시사변, 기타 비상사태에 거짓보고 등의 금지의무, 지휘권남용 등의 금지의무, 경찰청 · 시 · 도경찰청의 보통징계위원회[8)]

3. 징계위원회의 구성

1) 위원

모든 징계위원회는 위원장 1명을 포함하여 각각 11명 이상 51명 이하의 공무원위원과 민간위원으로 구성한다.

징계위원회의 위원장은 위원 중 최상위 계급에 있거나 최상위 계급에 먼저 승진임용된 경찰공무원이 된다.

① 내부위원

공무원 위원은 징계등 심의 대상자보다 상위 계급인 경위 이상의 소속 경찰공무원 또는 상위 직급에 있는 6급 이상의 소속 공무원 중에서 해당 경찰기관의 장이 임명한다. 보통징계위원회의 경우 심의 대상자보다 상위 계급인 경위 이상의 소속 경찰공무원 또는 상위 직급에 있는 6급 이상의 소속 공무원의 수가 민간위

8) 경찰공무원 징계령 제5조.

원을 제외한 위원 수에 미달되는 등의 사유로 위원회를 구성하는 것이 곤란한 경우에는 심의 대상자보다 상위 계급인 경사 이하의 소속 경찰공무원 또는 상위 직급에 있는 7급 이하의 소속 공무원 중에서 임명할 수 있으며, 이 경우에는 3개월 이하의 감봉 또는 견책에 해당하는 징계등 사건만을 심의·의결한다.[9]

② 외부위원

경찰기관의 장은 위원수의 2분의 1 이상을 외부민간위원으로 위촉한다. 이때 성별을 고려하여야 한다.[10] 민간위원의 임기는 2년으로 하며, 한 차례만 연임할 수 있다.

⑴ 중앙징계위원회의 민간위원 자격

1. 법관·검사 또는 변호사로 10년 이상 근무한 사람
2. 대학에서 경찰 관련 학문을 담당하는 정교수 이상으로 재직 중인 사람
3. 총경 또는 4급 이상의 공무원으로 근무하고 퇴직한 사람[퇴직 전 5년부터 퇴직할 때까지 근무했던 적이 있는 경찰기관(해당 경찰기관이 소속된 중앙행정기관 및 그 중앙행정기관의 다른 소속기관에서 근무했던 경우를 포함)의 경우에는 퇴직일부터 3년이 경과한 사람]
4. 민간부문에서 인사·감사 업무를 담당하는 임원급 또는 이에 상응하는 직위에 근무한 경력이 있는 사람

⑵ 보통징계위원회의 민간위원 자격

1. 법관·검사 또는 변호사로 5년 이상 근무한 사람
2. 대학에서 경찰 관련 학문을 담당하는 부교수 이상으로 재직 중인 사람
3. 공무원으로 20년 이상 근속하고 퇴직한 사람[퇴직 전 5년부터 퇴직할 때까지 근무했던 적이 있는 경찰기관(해당 경찰기관이 소속된 중앙행정기관 및 그 중앙행정기관의 다른 소속기관에서 근무했던 경우를 포함한다)의 경우에는 퇴직일부터 3년이 경과한 사람]
4. 민간부문에서 인사·감사 업무를 담당하는 임원급 또는 이에 상응하는 직위에

9) 경찰공무원 징계령 제7조.
10) 경찰공무원 징계령 제6조.

근무한 경력이 있는 사람

2) 회의

징계위원회의 회의는 위원장과 징계위원회가 설치된 경찰기관의 장이 회의마다 지정하는 4명 이상 6명 이하의 위원으로 성별을 고려하여 구성하되, 민간위원의 수는 위원장을 포함한 위원 수의 2분의 1 이상이어야 한다.[11]

다만, 징계사유가 다음에 해당하는 경우에는 피해자와 같은 성별의 위원이 위원장을 제외한 위원 수의 3분의 1 이상 포함되어야 한다.

위원장은 표결권을 가지며, 위원회의 사무를 총괄하고 위원회를 대표한다. 징계위원회의 회의는 위원장이 소집한다. 위원장이 부득이한 사유로 직무를 수행할 수 없거나 위원장이 필요하다고 인정하는 경우에는 출석한 위원 중 최상위 계급 또는 이에 상응하는 직급에 있거나, 이상 계급에 먼저 승진임용된 공무원이 위원장이 된다.

1. 「성폭력범죄의 처벌 등에 관한 특례법」에 따른 성폭력범죄
2. 「양성평등기본법」에 따른 성희롱

3) 간사

간사는 감찰사무를 담당하는 소속 경찰공무원 중에서 해당 경찰기관의 장이 임명한다. 간사는 위원장의 명을 받아 징계등 사건에 관한 기록과 그 밖의 서류를 작성하고 보관한다.[12]

11) 경찰공무원 징계령 제7조.
12) 경찰공무원 징계령 제8조.

Ⅶ 징계절차

1. 징계의결의 요구

경찰기관장은 소속 경찰공무원이 징계사유에 해당하거나, 하급 경찰기관장으로부터 소속직원에 대한 징계의결을 요구받은 경우 지체없이 징계위원회를 구성하여 징계의결을 요구한다.[13] 징계등 의결 요구 또는 그 신청은 중징계 또는 경징계로 구분하여 서면으로 요구하거나 신청하여야 한다. 이때 징계등 의결 요구서 사본을 대상자에게 보내야 하며, 수령을 거부하는 경우에는 그러하지 아니한다.

감사원의 조사사건인 경우 징계절차를 진행하지 못한다. 수사기관의 조사사건은 징계 절차를 진행하지 않을 수 있다. 감사원과 수사기관은 조사나 수사개시 및 종료 후 10일 이내에 소속기관에 통보해야 한다.

징계시효란 징계처분를 행할 수 있는 기간을 말한다. 징계시효는 징계 사유가 발생한 날로부터 해당 기간(10년, 5년, 3년)이 지나면 징계 의결을 요구할 수 없다. 다만, 수사기관 등의 수사나 조사로 인해 징계를 못 하거나, 절차상 하자로 징계가 취소된 경우 징계권을 보호하기 위해 시효를 연장할 수 있다.[14]

표 8-3 징계시효

구분	적용 대상 및 상황	기간 / 만료 기준
징계 시효 (원칙)	**① 성 비위** – 성매매, 성폭력, 아동 · 청소년 대상 성범죄, 성희롱	사유 발생일부터 **10년**
	② 금품 비위 등 – 금품 · 향응 수수, 공금 횡령 · 유용	사유 발생일부터 **5년**
	③ 기타 사유 – 위 ①, ②를 제외한 일반적인 징계 사유	사유 발생일부터 **3년**
시효 특례 (예외/연장)	**① 수사 · 조사로 인한 절차 정지 시** – 수사 · 조사 진행 중 시효가 만료되거나 남은 기간이 **1개월 미만**인 경우	수사 · 조사 **종료 통보를 받은 날**부터 **1개월**이 지난 날에 만료
	② 결정 · 판결에 따른 재징계 시 – 징계처분 무효 · 취소 결정/판결 확정 당시 시효가 만료되거나 남은 기간이 **3개월 미만**인 경우	결정 또는 판결이 **확정된 날**부터 **3개월** 내 재징계 의결 요구 가능

13) 경찰공무원 징계령 제9조.

14) 국가공무원법 제83조의2.

2. 출석통지

징계위원회는 징계등 심의 대상자에게 출석통지서로 출석을 요구해야 한다. 징계위원회 개최일 5일 전까지 서면으로 하여야 한다. 대상자는 출석을 원하지 않을 경우 출석진술권 포기서를 제출하며, 서면심사로 징계등 의결을 할 수 있다.

2회 이상 출석통지에도 대상자가 정당한 사유없이 출석하지 아니하였을 때에는 서면심사로 징계등 의결을 할 수 있다.[15] 또한 대상자가 도피하였거나 출석통지서의 수령을 거부하여 직접 출석통지서를 전달하는 것이 곤란하다고 인정될 때에는 징계등 심의 대상자가 소속된 기관의 장에게 출석통지서를 보내 전달하게 하고, 전달이 불가능하거나 수령을 거부할 때에는 그 사실을 증명하는 서류를 첨부하여 보고하게 한 후 기록에 분명히 적고 서면심사로 징계등 의결을 할 수 있다.

대상자가 국외 체류 또는 국외 여행중이거나 그 밖의 부득이한 사유로 징계등의결요구서를 받은 날부터 상당한 기간 내에 출석할 수 없다고 인정될 때에는 적당한 기간을 정하여 서면으로 진술하게 하여 징계등 의결을 할 수 있다. 이 경우 그 기간 내에 서면으로 진술하지 아니할 때에는 그 진술 없이 징계등 의결을 할 수 있다.

15) 경찰공무원 징계령 제9조－제15조.

경찰공무원 징계위원회 출석통지

■ 경찰공무원 징계령 제12조 [별지 제2호서식]

출석 통지서

1. 인적사항	성명		소속
			직위(직급)
	주소		
2. 출석 이유			
3. 출석 일시	년 월 일 시 분		
4. 출석 장소			

유 의 사 항

1. 출석하여 진술하기를 원하지 않을 때에는 아래의 진술권 포기서를 즉시 제출하시기 바랍니다.
2. 사정이 있어 서면진술을 원할 때에는 징계위원회 개최일 전날까지 도착하도록 진술서를 제출하시기 바랍니다.
3. 정당한 사유서를 제출하지 않고 지정된 일시에 출석하지 않거나 서면진술서를 제출하지 않으면 진술할 의사가 없는 것으로 보아 「경찰공무원 징계령」 제12조제3항에 따라 서면심사로 진행합니다.
4. 성실하고 능동적인 업무처리 과정에서 과실로 인하여 징계 의결 또는 징계부가금 부과 의결이 요구된 경우에는 징계위원회에서 징계감면을 받을 수 있으니, 이에 해당한다고 판단하는 경우 적극행정에 대한 증빙자료를 제출하시기 바랍니다.

「경찰공무원 징계령」 제12조에 따라 위와 같이 귀하의 출석을 통지합니다.

년 월 일

귀하

자르는 선

진술권 포기서

인적사항	성명		소속
			직위(직급)
	주소		

본인은 귀 징계위원회에 출석하여 진술하는 것을 포기합니다.

년 월 일

징계위원회 청인

성명 (서명 또는 인)

징계위원회 귀중

210mm×297mm[백상지 80g/m²]

3. 의결 및 심문

징계위원회는 그 요구서를 받은 날부터 30일 이내에 의결을 하여야 하나, 부득이한 사유가 있을 때에는 의결을 요구한 경찰기관의 장의 승인을 받아 30일 이내의 범위에서 그 기간을 연장할 수 있다. 징계등 사건을 의결할 때에는 징계등 심의 대상자의 평소 행실, 근무성적, 공적(功績), 뉘우치는 정도와 징계등 의결을 요구한 자의 의견을 고려하여야 한다. 위원회의 회의에 참석한 사람은 직무상 알게 된 비밀을 누설해서는 아니 된다.

징계위원회는 대상자를 심문하고, 필요하다고 인정될 때에는 관계인을 출석하게 하여 심문할 수 있다. 위원회는 대상자에게 진술할 수 있는 기회를 충분히 주어야 하며, 대상자는 서면 또는 구두로 자기에게 이익이 되는 사실을 진술하거나 증거를 제출할 수 있으며 증인의 심문을 신청할 수 있다.

징계등 심의 대상자는 징계위원회의 위원장 또는 위원이 다음의 어느 하나에 해당하는 경우에는 징계위원회에 그 사실을 서면으로 밝히고 해당 위원장 또는 위원의 기피를 신청할 수 있다.

1. 징계등 심의 대상자의 친족 또는 직근 상급자(징계 사유가 발생한 기간 동안 직근 상급자였던 사람을 포함)인 경우
2. 그 징계 사유와 관계가 있는 경우
3. 징계양정 및 징계부가금이 과다(過多)를 이유로 다시 징계등 사건의 심의·의결을 할 때 해당 징계등 사건의 조사나 심의·의결에 관여한 경우
4. 불공정한 의결을 할 우려가 있다고 의심할 만한 타당한 사유가 있는 경우

징계위원회는 기피 신청을 받은 때에는 해당 징계등 사건을 심의하기 전에 의결로써 해당 위원장 또는 위원의 기피 여부를 결정해야 한다. 이 경우 기피 신청을 받은 위원장 또는 위원은 그 의결에 참여하지 못한다.

징계위원회의 위원장 또는 징계위원회는 해당 위원의 기피 여부를 결정하여야 한다. 위원장 또는 위원은 기피사유나 대상자와 친족관계, 혹은 징계사유와 관계가 있는 경우 스스로 해당 징계등 사건의 심의·의결을 회피할 수 있다.

4. 의결통지와 집행

징계의결을 요구한 자는 위원회로부터 경징계 의결을 통지받았을 때에는 통지받은 날부터 15일 이내에 징계등을 집행하여야 하며, 징계등처분사유설명서를 첨부하여 대상자에게 보내야 한다.[16]

징계의결을 요구한 자는 위원회로부터 중징계의 징계등 의결을 통지받았을 때에는 지체없이 징계등처분대상자의 임용권자에게 의결서 정본을 보내어 해당 징계등 처분을 제청하여야 한다.

다만, 경무관 이상의 강등 및 정직, 경정 이상의 파면 및 해임 처분의 제청, 총경 및 경정의 강등 및 정직의 집행은 경찰청장이 한다.
중징계 처분의 제청을 받은 임용권자는 15일 이내에 의결서 사본에 징계등 처분 사유설명서를 첨부하여 대상자에게 보내야 한다.

---

16) 경찰공무원 징계령 제17조–제19조.

경찰공무원 징계 등 처분 결과 통보

■ 경찰공무원 징계령 제17조 [별지 제3호서식] <개정 2022. 3. 15>

징계 또는 징계부가금 의결서

1. 징계등 심의 대상자 인적사항	소속	직위(직급)	성명
2. 의결 주문	징계 종류, 징계부가금 대상금액 및 부과 배수 등을 기재		
3. 이유	징계등의 원인이 된 사실, 증거에 대한 판단, 관계 법령 및 징계등 면제 사유 해당 여부, 징계부가금 조정(감면) 사유 등을 기재		

「경찰공무원 징계령」 제14조에 따라 위와 같이 의결합니다.

년 월 일

징계위원회 청인

210mm×297mm[백상지 80g/㎡]

자료: 경찰공무원 징계령 제14조 별지 제3호.

Ⅷ 징계에 대한 구제

징계처분사유서를 교부받은 날로부터 30일 이내에 소청심사위원회에 소청심사를 청구할 수 있으며, 그 결과에 불복하는 경우 법원에 행정소송을 제기할 수 있다. 행정소송은 행정심판전치주의를 적용한다.

징계처분이나 휴직·면직처분 기타 의사에 반한 불리한 처분에 대한 행정소송에 있어서는 경찰청장을 피고로 한다. 다만, 임용권을 위임한 경우에는 그 위임을 받은 자를 피고로 한다.[17)]

제 2 절 배상책임

배상책임이란 경찰공무원이 국가에 대하여 재산상 손해를 발생케 한 경우에 국가에 대하여 지는 책임을 말한다. 여기에는 국가배상법에 의한 배상책임과 「회계관계직원 등의 책임에 관한 법률」에 의한 배상책임이 있다. 이를 변상책임이라고도 한다.

Ⅰ 국가배상법상 배상책임

1. 고의 또는 중대한 과실인 경우

국가 또는 지방자치단체는 공무원이 그 직무를 집행함에 있어 고의 또는 과실로 법령에 위반하여 타인에게 손해를 가하거나 자동차손해배상보장법의 규정에 의하여 손해배상의 책임이 있는 때에는 이 법에 의하여 그 손해를 배상하여야 한다. 다만, 군인·군무원·경찰공무원 또는 향토예비군대원이 전투·훈련 등 직무집행과 관련하여 전사·순직 또는 공상을 입은 경우에 본인 또는 그 유족이 다른 법령의 규정에 의하여 재해보상금·유족연금·상이연금 등의 보상을 지급받을 수 있을 때에는 이 법 및 민법의 규정에 의한 손해배상을 청구할 수 없다.[18)]

이 경우 공무원이 고의 또는 중대한 과실이 있는 때에는 국가 또는 지방자치

17) 경찰공무원법 제28조.
18) 국가배상법 제2조. [시행 2025. 1. 7.] [법률 제20635호, 2025. 1. 7., 일부개정]

단체는 그 공무원에게 구상할 수 있으며, 해당 경찰공무원은 변상할 책임, 즉 민사상 책임을 부담한다.

손해배상(기)

[대법원 2022. 3. 31. 선고 2017다218475 판결]

【판시사항】

[1] 국가배상책임을 인정하기 위한 요건으로서 '법령 위반'에 공무원의 행위가 객관적인 정당성을 잃은 경우가 포함되는지 여부(적극) / 경찰관 직무집행법 제6조에 따른 경찰관의 제지 조치가 적법한 직무집행으로 평가되기 위한 요건

[2] 甲 단체 소속 집회참가자들이 집회에서 사용할 조형물을 차량에 싣고 와 집회 장소 인근 도로에 정차한 후 내려놓으려고 하자 경찰관들이 도로교통법 위반을 이유로 조형물이 실린 채로 차량을 견인하였고, 이에 항의하는 乙을 공무집행방해죄 현행범으로 체포한 사안에서, 경찰관들의 객관적인 정당성을 잃은 위법한 직무집행으로 甲 단체의 집회의 자유와 乙의 신체의 자유가 침해되었다는 이유로, 국가배상책임을 인정한 원심판단이 정당하다고 한 사례

【참조조문】

[1] 국가배상법 제2조 제1항, 경찰관 직무집행법 제6조

[2] 헌법 제12조 제1항, 제21조 제1항, 국가배상법 제2조 제1항, 경찰관 직무집행법 제6조, 외교관계에 관한 비엔나 협약 제22조 제2호

【참조판례】

[1] 대법원 2002. 5. 17. 선고 2000다22607 판결,대법원 2015. 8. 27. 선고 2012다204587 판결(공2015하, 1377), 대법원 2021. 11. 11. 선고 2018다288631 판결(공2022상, 22)

【전문】

【원고, 피상고인】

원고 1 외 1인 (소송대리인 법무법인 이공 담당변호사 양홍석)

【피고, 상고인】

대한민국

경찰의 피의자신문조서 작성시 직무상 의무 위반, 국가배상책임 인정

판결요지 [1] 국가배상책임에 있어 공무원의 가해행위는 법령을 위반한 것이어야 하고, 법령을 위반하였다 함은 엄격한 의미의 법령 위반뿐 아니라 인권존중, 권력남용금지, 신의성실과 같이 공무원으로서 마땅히 지켜야 할 준칙이나 규범을 지키지 않고 위반한 경우를 포함하여 널리 그 행위가 객관적인 정당성을 결여하고 있음을 뜻하는 것이므로, 수사기관이 범죄수사를 하면서 지켜야 할 법규상 또는 조리상의 한계를 위반하였다면 이는 법령을 위반한 경우에 해당한다.
[2] 수사기관은 수사 등 직무를 수행할 때에 헌법과 법률에 따라 국민의 인권을 존중하고 공정하게 하여야 하며 실체적 진실을 발견하기 위하여 노력하여야 할 법규상 또는 조리상의 의무가 있고, 특히 피의자가 소년 등 사회적 약자인 경우에는 수사과정에서 방어권 행사에 불이익이 발생하지 않도록 더욱 세심하게 배려할 직무상 의무가 있다. 따라서 경찰관은 피의자의 진술을 조서화하는 과정에서 조서의 객관성을 유지하여야 하고, 고의 또는 과실로 위 직무상 의무를 위반하여 피의자신문조서를 작성함으로써 피의자의 방어권이 실질적으로 침해되었다고 인정된다면, 국가는 그로 인하여 피의자가 입은 손해를 배상하여야 한다(대법원 2020.4.29. 선고 2015다224797 판결).

2. 공공의 영조물의 설치 및 관리상 하자의 경우

국가 또는 지방자치단체는 도로·하천 기타 공공의 영조물의 설치 또는 관리에 하자가 있기 때문에 타인에게 손해를 발생하게 하였을 때에는 그 손해를 배상하여야 한다. 이 경우 손해의 원인에 대하여 책임을 질 자가 따로 있을 때에는 국가 또는 지방자치단체는 그 자에 대하여 구상할 수 있다.[19)]

도로시설물로 인한 시각장애인의 보행방해사고, 자치단체 배상책임

1급 시각장애인 甲이 지하철역 출구 부근 인도에서 남동생 乙의 안내를 받으며 보행하던 중 지방자치단체가 설치·관리하는 '자동차 진입억제용 말뚝'에 걸려 넘어지는 사고로 상해를 입은 사안에서, 위 말뚝은 교통약자의 이동편의 증진법 및 그

19) 국가배상법 제5조.

시행규칙의 규정을 위반하여 설치되는 등 그 설치 및 관리에 하자가 존재하므로 지방자치단체는 국가배상법 제5조 제1항에 따라 위 사고로 甲이 입은 손해를 배상할 책임이 있다고 판단한 다음, 사고 발생에 전방을 잘 살피지 않고 甲을 제대로 도와주지 못한 乙의 잘못도 상당 부분 기여한 점 등을 고려하여 위 책임을 60%로 제한한 사례(대구고법 2019.3.21. 선고 2018나23163 판결)

Ⅱ 회계관계직원 등의 책임에 관한 법률상 배상책임

회계관계직원은 고의 또는 중대한 과실로 법령 그 밖의 관계규정과 예산에 정하여진 바에 위반하여 국가·지방자치단체 그 밖에 감사원의 감사를 받는 단체 등의 재산에 대하여 손해를 끼친 때에는 배상책임이 있다.

현금 또는 물품을 출납·보관하는 회계직원은 선량한 관리자로서의 주의를 게을리하여 그가 보관하는 현금 또는 물품이 망실되거나 훼손된 때에는 변상의 책임이 있다. 이 경우 회계관계직원은 스스로 사무를 집행하지 아니한 것을 이유로 그 책임을 면할 수 없다.

재산에 대한 손해가 2인 이상의 회계관계직원의 행위로 인하여 발생한 때에는 각자의 행위가 손해발생에 미친 정도에 따라 각각 변상의 책임을 진다. 이 경우 손해발생에 미친 정도가 분명하지 아니한 때에는 그 정도가 동일한 것으로 본다.[20]

회계공무원의 중대한 책임, 국가배상책임

…중략… 계약담당공무원이 회계예규를 준수하지 아니하고 표준품셈이 정한 기준에서 예측 가능한 합리적 조정의 범위를 벗어난 방식으로 기초예비가격을 산정하였음에도 그 사정을 입찰공고에 전혀 표시하지 아니하였고, 낙찰자가 그러한 사정을 알았더라면 입찰에 참가할지를 결정하는 데 중요하게 고려하였을 것임이 경험칙상 명백한 경우에는, 국가는 신의성실의 원칙상 입찰공고 등을 통하여 입찰참가자들에게 미리 그와 같은 사정을 고지할 의무가 있다.

그럼에도 국가가 그러한 고지의무를 위반한 채로 계약조건을 제시하여 이를 통상

20) 회계관계직원 등의 책임에 관한 법률 제4조. [2016. 11. 30. 시행], [법률 제14197호, 2016. 5. 29. 타법개정].

의 경우와 다르지 않을 것으로 오인한 나머지 제시 조건대로 공사계약을 체결한 낙찰자가 불가피하게 계약금액을 초과하는 공사비를 지출하는 등으로 손해를 입었다면, 계약상대방이 그러한 사정을 인식하고 그 위험을 인수하여 계약을 체결하였다는 등의 특별한 사정이 없는 한, 국가는 고지의무 위반과 상당인과관계 있는 손해를 배상할 책임이 있다(대법원 2016.11.10. 선고 2013다23617 판결). …중략…

제 3 절 형사상 책임

형사상 책임이란 공무원의 행위가 개인의 법익 등을 침해하는 경우 형사상 불이익을 받아야 하는 것을 말한다. 형법상 공무원관련 범죄는 직무범(職務犯)과 준직무범(準職務犯)으로 구분할 수 있다.

직무범은 직무유기죄, 타인의 권리행사방해죄, 불법체포감금죄, 폭행가혹행위죄 등 형법상 공무원의 직무에 관한 죄라고 규정된 것을 위반한 경우에 받게 되는 책임을 말한다.

준직무범은 수뢰죄, 일선수뢰죄, 제3자뇌물제공죄 등과 같이 신분범이거나 공무원의 직무와 관련이 있어 형사상 범죄를 구성하는 경우에 부담하는 책임을 말한다.[21)]

이 밖에 성폭력범죄의 처벌 등에 관한 특례법 및 아동·청소년의 성보호에 관한 법률 등의 특별법에서 경찰공무원의 업무상 주의의무를 위반한 경우 별도의 처벌을 규정하고 있는 경우 당해 법률에 따라 책임을 부담해야 한다. 예를 들어 성폭력범죄의 처벌 등에 관한 특례법 제24조는 성폭력범죄의 수사 또는 재판을 담당하거나 이에 관여하는 공무원은 피해자의 주소, 성명, 나이, 직업, 용모, 그 밖에 피해자를 특정하여 파악할 수 있게 하는 인적사항과 사진 등을 공개하거나 다른 사람에게 누설하여서는 아니 된다고 규정하고 있다. 이어 동법 제50조는 이를 위반한 경우 2년 이하의 징역 또는 500만원 이하의 벌금에 처한다고 규정하고 있다.

21) 허경미, 경찰학, 제11판, 박영사, 2023, p. 224.; 홍정선, 행정법특강, 박영사, 2015, p. 1087.

제 4 절 민사상 책임

민사상 책임이란 경찰공무원이 직무상 불법행위로 인해 개인에게 손해를 입힌 경우 경찰공무원이 직접 피해자에게 배상책임을 부담하는 것을 말한다.

판례는 공무원이 직무수행중 불법행위로 타인에게 손해를 입힌 경우에 국가 등이 국가배상책임을 부담하는 외에 공무원 개인도 고의 또는 중과실이 있는 경우에는 불법행위로 인한 손해배상책임을 진다고 할 것이지만, 공무원에게 경과실뿐인 경우에는 공무원 개인은 손해배상책임을 부담하지 아니한다고 해석하는 것이 헌법 제29조 제1항 본문과 단서 및 국가배상법 제2조의 입법취지에 부합된다. 이러한 관점이 법원 및 다수설의 입장이다.[22)]

경찰관 "'미란다 원칙' 고지 안 해 위법"
국가배상책임 인정, 경찰관 개인 배상은 불인정

… 중략 … 서울중앙지법 민사83단독 김진환 판사는 경기 부천에서 음식점을 운영하는 A씨가 경찰관 3명과 국가를 상대로 낸 손해배상 청구 소송에서 "국가가 380만원을 지급하라"고 원고 일부승소로 판결했다고 5일 밝혔다.

A씨는 2014년 10월 18일 오후 10시께 자신의 음식점에서 술에 취한 손님들이 자신의 뺨을 때리고 얼굴을 밀치는 등 폭행하자 경찰에 신고했다.

근처 지구대 소속 경찰관 3명이 현장에 출동해 A씨와 손님들을 중재하려 했지만 시비가 계속됐고, 이 와중에 A씨와 경찰관 B씨 사이에 언쟁이 벌어졌다.

감정이 상한 A씨가 휴대전화로 경찰관들의 모습을 촬영하려 하자 B씨가 제지하는 과정에서 두 사람이 함께 넘어졌다. 지켜보던 다른 경찰관들은 A씨의 손목에 수갑을 채우고 공무집행방해 현행범으로 체포했다. 이후 A씨는 경찰관을 폭행해 공무를 방해한 혐의로 재판에 넘겨졌지만 무죄 판결을 받았다. … 중략 …

민사소송에서도 법원은 경찰의 위법한 공무집행에 따른 국가의 배상 책임을 인정했다. 법원은 "경찰관들이 이른바 '미란다 원칙'도 제대로 고지하지 않은 채 A씨를 체포해 위법한 공무집행을 한 것으로 보인다"며 "국가가 380만원을 지급하라"고 원고 일부승소로 판결했다.

22) 대법원 1996.2.15. 선고 95다38677 판결.

다만, 부실 수사나 거짓 증언으로 인한 배상 책임은 인정하지 않았다. 당시 상황을 고려할 때 A씨를 기소한 수사기관의 결정이 현저히 합리성을 잃지는 않았고, 경찰관들이 법정에서 거짓 증언을 하지는 않았다는 이유에서다.

또 개별 경찰관의 배상까지 인정되지는 않았다. 재판부는 "B씨 등이 흥분되고 혼란스러운 상황에서 잘못된 판단 때문에 현행범 체포 요건이 충족됐다고 섣불리 단정했을 가능성이 크지만, 경과실에 그쳐 불법행위 책임이 있다고 보기 어렵다"고 설명했다.

자료: 연합뉴스, 2016년 10월 5일자 보도.

경찰무기사용이 형사상 범죄가 아니어도 민사상 불법행위 책임 부과 가능

불법행위에 따른 형사책임은 사회의 법질서를 위반한 행위에 대한 책임을 묻는 것으로서 행위자에 대한 공적인 제재(형벌)를 그 내용으로 함에 비하여, 민사책임은 타인의 법익을 침해한 데 대하여 행위자의 개인적 책임을 묻는 것으로서 피해자에게 발생한 손해의 전보를 그 내용으로 하는 것이고, 손해배상제도는 손해의 공평·타당한 부담을 그 지도원리로 하는 것이므로, 형사상 범죄를 구성하지 아니하는 침해행위라고 하더라도 그것이 민사상 불법행위를 구성하는지 여부는 형사책임과 별개의 관점에서 검토하여야 한다.

경찰관이 범인을 제압하는 과정에서 총기를 사용하여 범인을 사망에 이르게 한 사안에서, 경찰관이 총기사용에 이르게 된 동기나 목적, 경위 등을 고려하여 형사사건에서 무죄판결이 확정되었더라도 당해 경찰관의 과실의 내용과 그로 인하여 발생한 결과의 중대함에 비추어 민사상 불법행위책임을 인정한 사례(대법원 2008. 2. 1. 선고 2006다6713 판결)

제4편

경찰공무원의 역량개발

제9장

경찰공무원의 동기부여

제1절 동기부여

I 동기부여의 의의

동기부여(Motivation)란 개인의 목표와 가치가 성취되면서 개인이 느끼는 만족감과 함께 사회적인 성취감을 느끼고 이것이 개인의 조직에의 몰입도를 강화시키는 일련의 심리상태를 말한다.

공무원의 동기부여에 대한 기존의 연구는 사기(Morale)와 연계되어 논의되는데, 즉 개인의 사기가 높다면 이는 개인의 직무몰입을 촉진하게 되고, 성취감이 높아지며, 결과적으로 삶의 질을 향상시킨다는 가정을 전제로 한다. 따라서 공무원의 직무동기에 영향을 주는 요인은 사기에도 영향을 주며, 이는 다시 개인의 삶의 질에도 영향을 준다고 인식할 수 있다.[1)]

대체로 선행연구들은 공무원의 직무에의 동기부여에 영향을 미치는 요인으로 경제적 보상(보수, 후생복지 등), 근무여건(법, 제도, 작업환경, 직업적 자긍심 등), 자기개발(승진, 전보, 교육훈련, 퇴직관리 등), 개인적 권리(단체활동, 신분보장, 소청, 고충심사 등) 등을 든다. 공무원들이 이러한 네 가지 영역들에 대하여 만족을 느끼고, 삶에 대하여 긍정적인 생각을 가질 경우 사기가 높아지고, 나아가 동기부여가 강화된다고 이해하는 것이다.[2)]

---

1) 임도빈, 행정학 제3판, 박영사, 2025, p. 346.

2) 허경미, 경찰공무원의 삶의 질에 관한 연구, 한국공안행정학회보, 제24호, 2006, 12–46; 김다은, & 김서용. (2020). 공무원 행복의 결정요인 분석: 복지요인과 직무요인을 중심으로. 한국정책연구, 20(4), 183–210; 임혜경, 하태수, & 박은순. (2019). 일선 경찰공무원의 행복 영향

그리고 이러한 연구들은 경찰공무원의 직무만족도연구나 직무몰입감 등과도 연계되었다. 대부분의 연구는 직무만족도가 높을 경우 행복감이나 자아존중감, 조직몰입감 등이 높은 것으로 나타나도 있다.[3)]

보도 일시	2022. 12. 19.(월) 10:00

경찰 조직과 인사제도 개선으로 치안역량과 책임성 강화한다

– 경찰청 복수직급제 도입, 기본급 조정, 승진 소요연수 단축 등 도입 –

□ 행정안전부(장관 이상민)와 경찰청(청장 윤희근)은 12월 19일(월), 경찰 치안역량과 책임성 강화를 위한 '경찰 조직 및 인사제도 개선방안'을 발표했다.

○ 이번 방안은 윤석열 대통령이 공약과 국정과제로 국민과 경찰공무원에게 공표한 약속을 지키고, 이태원 참사에 대한 뼈아픈 성찰과 경찰이 보다 책임감 있게 국민의 안전에 헌신하는 조직으로 거듭나도록 하기 위해 마련됐다.

□ 개선방안은 ▲복수직급제 도입, ▲미래치안에 대비한 과학기술 중심의 치안시스템 전환, ▲승진소요 최저근무연수 단축, ▲경찰공무원 기본급 조정 등 경찰 조직 및 인사제도 개선이 주요 내용이다.

○ 경찰청 직제, 공무원보수규정 등 관련 규정은 연내 개정하여 2023년부터 본격 시행할 예정이다.

【 복수직급제 도입 】

□ 먼저, 경찰의 정책역량을 강화하고 치안상황 관리체계를 개선하기 위하여 복수직급제를 도입한다. 경찰 복수직급제는 총경급이 대상이며, △정책역량 향상을 위한 본청과 시·도경찰청 주요부서, △본청과 서울부산경기남부청을 총경급 전담 상황관리 체계로 개선하기 위한 상황팀장 직위, 그리고 △유능한 경찰 인재 양성

요인 연구: S 시 근무 경찰공무원을 중심으로. 국정관리연구, 14(3), 177–209.

3) 손영진. (2018). 경찰공무원의 적극적 스트레스 대처방식이 직무성과에 미치는 영향에 관한 탐색적 연구. 한국공안행정학회보, 27(3), 215–242; 이준호. (2023). 경찰공무원의 직무특성과 공공봉사동기가 직무성과에 미치는 영향: 직무만족· 조직몰입의 매개효과를 중심으로. 한국치안행정논집, 20(2), 231–254.

을 위하여 경찰대학 등 4개 소속기관의 주요 직위에 도입할 계획이다.

【 승진소요 최저근무연수 단축 등 인사제도 개선 】

ㅁ 경찰 지휘부의 인적 구성을 다원화하고 젊고 유능한 인재 등용을 위해 승진소요 최저근무연수 단축 등 인사제도를 개선한다.

현재 순경에서 경무관까지의 승진소요 최저근무연수는 16년이나, 전체 계급의 최저연수를 최대한 줄여 총 5년을 단축해 최저근무연수가 11년이 되도록 개선한다.

〈승진소요 최저근무연수 개선안〉

최저연수(단위: 년)	(순경→)경장	(경장→)경사	(경사→)경위	(경위→)경감	(경감→)경정	(경정→)총경	(총경→)경무관
현 행	1	1	2	2	3	3	4
개선안	1	1	1(−1)	1(−1)	2(−1)	2(−1)	3(−1)

○ 또한, 치안현장에서 우수한 공적을 세운 직원들을 적극 발탁하고 치안역량을 강화하기 위해 특별승진을 활성화한다.

【 경찰공무원 기본급 조정】

ㅁ 마지막으로, 경찰이 보다 책임감을 갖고 국민 안전 수호라는 경찰의 기본 사명에 더욱 헌신할 수 있도록 내년 1월 1일부터 단계별로 기본급을 공안직 수준으로 조정한다.

정부는 내년부터 경찰의 기본급을 공안직 수준으로 조정하되, 재정 여건 등을 고려하여 경정 이하 경찰관을 우선적으로 추진할 방침이다.

○ 이번 기본급 조정은 해경과 소방에도 동시에 적용된다. …중략…

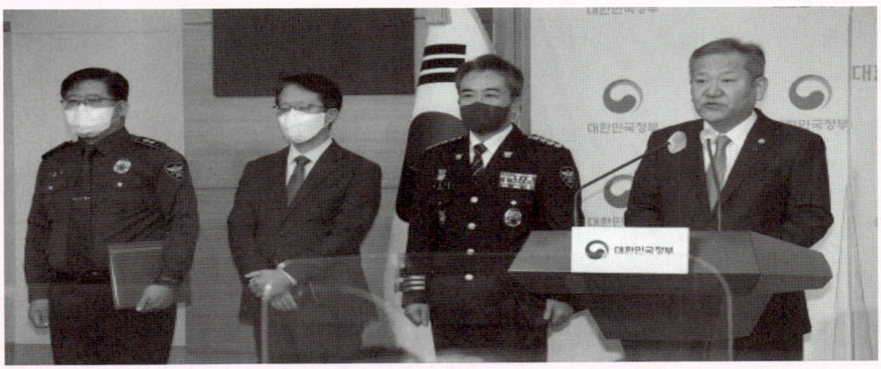

자료: 행정안전부, 2022년 12월 19일자 보도자료.

Ⅱ 동기부여의 이론

1. 내용이론

내용이론이란 공무원의 직무동기를 강화시키는 구성요소에 관심을 가지고 이를 명확하게 하려는 연구결과들이다. 이에는 매슬로우의 욕구단계이론(Hierarchy Needs Theory), 허쯔버그의 2요인이론(Two Factor Theory), 앨더퍼의 욕구이론(ERG Theory) 등이 대표적이다.[4)]

그림 9-1 매슬로우의 욕구5단계 이론 구조

1) Maslow의 욕구단계이론

매슬로우(Abraham Maslow)는 사람의 욕구를 생리적 욕구(생물학적인 욕구, Basic Needs or Physiological Needs), 안전욕구(신체, 고용구조, 자원, 가족, 건강, 재산 등의 안전욕구, Safety Needs: Security, Order, and Stability), 사랑/소속욕구(우정, 가정, 조직에의 소속욕구, Love and Belonging Needs), 존경욕구(자아존중, 신뢰감, 성취, 상호간의 존중욕구, Esteem Needs), 자기실현 욕구(도덕성, 창의성, 대응성, 문제해결, 선입감 배제, 사물에 대한 수용욕구, Need for Self-actualization Needs) 등의 다섯 가지로 구분하였다.[5)]

---

4) 오석홍, 인사행정론, 제9판, 박영사, 2022, pp. 449~452.

5) Maslow, A., Motivation and personality, New York, NY: Harper, 1954.

그는 이러한 욕구는 가장 하위 단계인 생리적 욕구에서 출발하여 순차적으로 발현되는데 최상위인 자기실현 욕구가 충족될 경우 조직인으로서의 개인은 동기부여가 충분히 되어 능력을 발휘하게 되고, 결국 개인의 삶의 목표를 일치시켜 가장 만족스런 상태가 된다고 한다.6)

2) Herzberg의 2요인이론

허쯔버그(Frederick Irving Herzberg)는 매슬로우의 욕구단계이론에서 영향을 받았고, 이를 보완하여 조직인으로서의 개인에게 불만족감을 느끼게 하는 요인을 위생요인(Hygiene Factors), 또는 불만요인(Dissatisfier)이라 하며, 반대로 만족감을 주는 요인을 동기요인(Motivator)이라고 하였다. 이를 위생－동기요인이론(Hygiene-Motivator Theory)이라고도 한다.7)

허쯔버그는 위생요인으로 ① 급여 ② 감독 ③ 직업의 안전 ④ 작업조건 등을 들었고, 동기요인으로 ① 성취 ② 직무성취에 대한 인정 ③ 책임 ④ 승진 등을 포함시켰다.

이를 매슬로우의 욕구단계이론과 비교하면 위생요인에는 생리적 욕구와 안전욕구, 소속과 애정욕구 등이, 그리고 만족요인에는 존경욕구와 자아실현욕구 등이 해당된다고 할 수 있다.8)

그림 9-2 허쯔버그의 2요인이론 구조

위생요인(직무불만족)	동기요인(직무만족)
• 회사의 정책 및 관리	• 성취
• 감독 – 기술	• 인정
• 봉급	• 작업 자체
• 감독 – 개인	• 책임
• 근무 조건	• 승진
	• 자기발달

6) Bretherton, I., "The Origins of Attachment Theory: John Bowlby and Mary Ainsworth", Developmental Psychology 28 (5): 1992, pp. 759~775.

7) Herzberg, Frederick; Mausner, Bernard; Snyderman, Barbara B., The Motivation to Work (2nd ed.). New York: John Wiley, 1959. 김정인, 인간과 조직을 위한 행정학, 박영사, 2020, p. 393.

8) Herzberg, F.I, 'One more time: How do you motivate employees?' Harvard Business Review, Sep/Oct87, Vol. 65, Issue 5, 1987, pp. 109~120.

그림 9-3 매슬로우의 욕구단계이론과 허쯔버그의 2요인이론

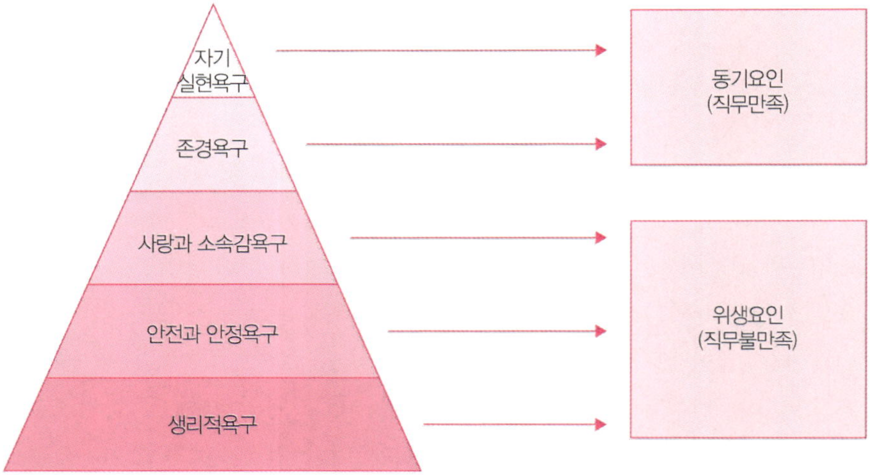

3) Alderfer의 욕구이론

앨더퍼(Clayton Paul Alderfer)는 매슬로우의 욕구단계이론을 더욱 보완, 발전시켜 매슬로우의 욕구를 생존(Existence), 관계(Relatedness) 그리고 성장(Growth)이라는 개념으로 설명하였다.[9]

그는 모든 사람 또는 조직은 기본적으로 첫 번째 단계로 생물학적으로 안전하게 존재를 유지하고 싶은 생존욕구(Existence Needs)를 가지고 있으며, 이는 매슬로우의 생리적 욕구 및 안전과 안정욕구와 동일하게 설명할 수 있다는 것이다. 두 번째 단계로 조직 및 사회 내에서 의미있는 관계를 유지하고 싶은 관계욕구(Relatedness Needs)를 가지며, 이는 매슬로우의 사랑과 소속욕구 및 존경욕구에 해당한다는 것이다. 세 번째 단계는 개인의 성장욕구(Growth Needs)로서 이는 매슬로우의 자아실현욕구에 해당한다는 것이다.

앨더퍼는 개개인은 상위단계의 욕구를 충족시키려 노력하며, 상위 단계의 욕구를 충족시키지 못할 때에는 바로 하위단계를 충족하려는 노력을 극대화한다고 주장하였다.

9) Alderfer, C. P., "A critique of Salancik and Pfeffer's examination of need-satisfaction theories", Administrative Science Quarterly, 22, 1977, pp. 658~669.

그림 9-4 매슬로우의 욕구단계이론과 앨더퍼의 욕구이론

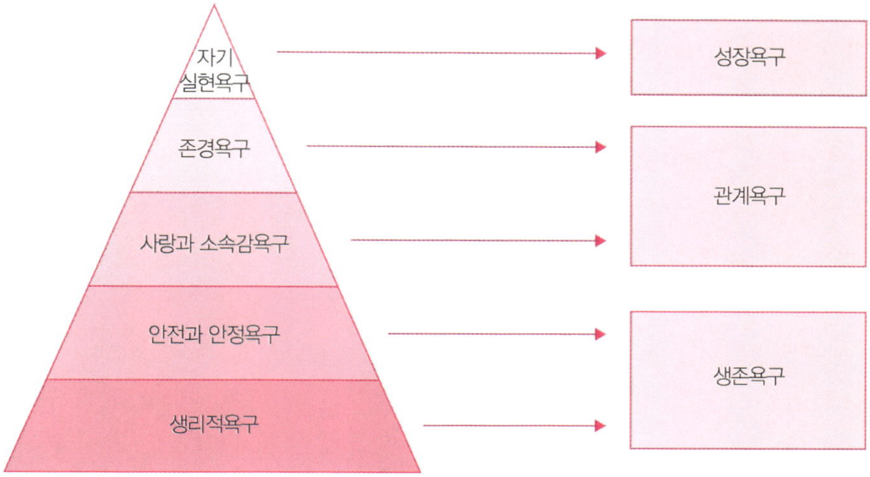

4) McGregor의 XY이론

맥그리거(Douglas McGregor)의 XY이론은 매슬로우의 욕구이론을 바탕으로 인력관리를 하는데 있어 개인에게 어떻게 동기부여를 할 수 있는가에 초점을 두고 있다.10)

맥그리거는 관리자는 인사관리, 조직행동, 조직 커뮤니케이션 및 조직개발에서 사람들을 두 유형, 즉 X형과 Y형으로 나누고 각각에 맞게 동기부여를 할 수 있다고 전제하였다. 맥그리거는 X형은 주로 생산조직이나 단순한 사고를 요하는 업무를 담당, 신속한 의사결정이 필요한 사람들에게 적합하며, 감독의 강화, 보상 및 처벌의 명확성이 동기부여에 영향을 준다. Y형은 창의적인 업무영역에 종사하거나 다수인의 다양한 의견이 반영된 의사결정이 필요한 사람들에게 적합하다.

따라서 관리자는 구성원을 관리함에 있어 X형과 Y형인가를 먼저 분류하고 그에 맞는 관리방식을 적용함으로써 생산성의 향상이라는 효과를 얻을 수 있다는 것이다.

---

10) Sketch, L. (2025). Douglas McGregor. Insights of Administrative Thinkers: Exploring the Foundations of Public Administration.

2. 과정이론

과정이론이란 경찰공무원의 삶의 질이 충족되는 과정에 초점을 두고 그 과정을 밝히려는 연구결과들이다. 주요한 과정이론으로는 브룸의 기대이론, 포터와 롤러의 업적만족이론 등이 있다.

1) 브룸의 기대이론

브룸(Victor H. Vroom)의 기대이론(Expectancy Theory)의 핵심은 왜 개인이 다른 행동 대신 어떤 특정한 행동을 선택하는가 및 개인이 중요하다고 생각하는 가치가 어떻게 의사결정에 영향을 미치는가를 설명하는 것이다.[11)]

브룸은 기대이론을 설명하는 주요 변수로 기대(Expectancy: E), 수단(Instrumentality: I) 그리고 유의성(Valence: V) 등을 들었다. 이 세 가지는 이후의 자신의 행동을 결정짓는 의사결정에 매우 중요한 영향을 준다고 전제된다.[12)]

① 기대: 사람들은 자신의 노력(Effort: E)은 성과(Performance)를 가져올 것이라는 기대를 할 때 동기부여를 갖게 된다(Expectancy: Effort → Performance(E → P)).
② 수단: 사람들은 자신의 성과가 자신에게 어떤 보상, 예를 들어 승진, 성과금, 인정, 자아만족감 등을 가져다 줄 것이라는 신뢰감을 가질 때 동기부여를 갖게 된다(Instrumentality: Performance → Outcome(P → O)).
③ 유의성: 개인의 욕구, 목표, 가치, 선호에 따라 보상이 이루어질 때 동기부여를 갖게 된다(Valence − V(R)).

따라서 브룸의 이론을 정리하면 동기부여의 효과는 기대와 수단, 그리고 유의성이 모두 상관성을 갖는다는 것이다.

동기부여 = 기대 × 수단 × 유의성
Motivational Force (MF) = Expectancy × Instrumentality × Valence

11) Oliver, R., Expectancy Theory Predictions of Salesmen's Performance, Journal of Marketing Research 11, 1974, pp. 243~253.

12) Vroom, V.H., Motivation in Management, New York, NY: American Foundation for Management Research, 1965.

그림 9-5 브룸의 기대이론 모형도

자료: http://www.uri.edu/research/lrc/scholl/webnotes/Motivation_Expectancy.htm

2) Porter & Lawler의 기대이론

포터와 롤러(Lyman Porter & Edward Lawler)는 브룸의 기대이론을 보완, 발진시켰는데, 이들은 노력을 한다고 반드시 자동적으로 성과가 높아질 것이라 기대하지는 않는다는 것을 전제로 한다. 왜냐하면 개인은 자신들의 성과를 높이는 데 필요한 기술이나 지식을 가지지 못한 경우도 있고, 또 업무수행에 필요한 지식이나 기술이 정확히 무엇인지 잘 인식하지 못하는 경우도 있기 때문이라는 것이다.[13)]

성과란 내적, 그리고 외적인 보상을 이끄는 중요한 변수이며, 내적(Intrinsic Rewards) 그리고 외적인 보상(Rewards)은 모두 개인의 동기부여를 이끄는 동등한

그림 9-6 포터와 롤러의 기대이론 모형도

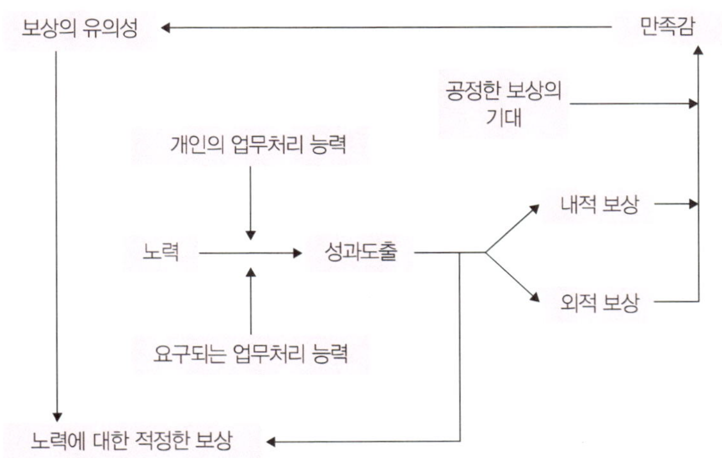

13) Ralph Katerberg and Gary J. Blau, An Examination of Level and Direction of Effort and Job Performance1, ACAD MANAGE J June 1, Vol. 26, No. 2, 1983, pp. 249~257.

가치를 지닌다고 한다. 따라서 개인의 동기부여는 자신에게 주어지는 보상이 얼마나 공정한가에 따라 영향을 받는다는 것이다.[14)]

제 2 절 제안제도

I 제안제도의 의의

제안제도(Suggestion System)란 행정 운영의 능률화와 경제화를 위한 공무원의 창의적인 의견이나 기술, 정책 등을 계발하고 이를 채택하여 행정운영의 개선에 반영하도록 하기 위하여 공무원을 대상으로 시행하는 정책을 말한다.[15)]

제안제도는 미국의 공무원 인센티브법(Government Employees incentive Awards Act)에 의해 처음 시작되었으며, 공무원의 제안이 채택되고 시행되어 국가예산을 절약하는 등 행정운영 발전에 뚜렷한 실적이 있는 자에게는 상여금을 지급하거나 특별승진이나 특별승급을 할 기회를 부여하는 등의 인센티브를 부여한다. 그리고 이를 통하여 제안제도를 더욱 활성화시키게 된다.[16)]

국가공무원법은 제안이란 공무원이 소관 중앙행정기관의 장에게 제출하는 행정제도·행정서비스·행정문화 및 행정운영의 개선과 관련된 의견이나 고안을 말한다고 정의한다. 다음과 같은 것은 제안이라고 할 수 없다.[17)]

- 타인이 취득한 특허권·실용신안권·디자인권 또는 저작권에 속하는 것이거나 「공무원 직무발명의 처분·관리 및 보상 등에 관한 규정」에 따라 보상이 확정된 것
- 이미 채택된 제안이거나 그 기본 구상이 이와 유사한 것
- 일반 통념상 그 적용이 불가능하다고 판단되는 것

---

14) Brian D Smith, Discretion is the better part of value: Five research-based rules for ensuring that strategy implementers implement, Journal of Medical Marketing, 10, 3, 2010, p. 259; 윤현석. (2018). 경찰공무원의 조직공정성과 조직효과성 관계. 인문사회 21, 9(5), 1473-1485.

15) 국가공무원법 제53조.

16) The U.S. Government Accountability Office (GAO), https://www.gao.gov/products/FGMSD-79-9/

17) 공무원제안규정 제2조. [시행 2025. 10. 1.] [대통령령 제35811호, 2025. 10. 1., 타법개정].

- 단순한 주의환기 · 진정(陳情) · 비판 · 건의나 불만의 표시에 불과한 것
- 국가 사무에 관한 사항이 아닌 것

2022년 중앙 우수제안 경진대회에서 우수 공무원제안 시상

범죄피해자 안전조치 신청시 공동현관 비밀번호 기재하여 신속한 출동

– 범죄피해자가 안전조치를 신청하고 결정되면 지역경찰관서에서는 위급상황 발생시 즉시 출동 등 안전조치를 수행하고 있음

– 그러나, 경찰이 범죄피해자의 안전조치를 위해 출동시 대상자 주거지 공동현관의 비밀번호를 알 수 없어 조치가 지체되거나 불가능한 상황 발생

– 범죄피해자 안전조치 신청시 공동현관 비밀 번호 확보 필요

※ 실시 완료 : 안전조치 대상자 시스템 입력시 대상자 거주지 공동현관문 비밀번호 필수 기재토록 양식을 개선하고, 출동시 시스템에서 순찰차로 신고자의 주거지 비밀번호가 자동으로 현출되도록 개선

자료: 행정안전부, 2022년 11월 13일자 보도자료.

Ⅱ 제안의 접수 및 심사

1. 제안의 접수

경찰공무원은 수시로 제안할 수 있으며, 제안서를 기획조정관에게 제출한다. 기획조정관은 제출된 제안에 대하여 경찰청 소관업무와 관련된 제안인지의 여부, 제안자의 자격 등을 검토한 후 접수여부를 결정한다.[18]

18) 경찰청 공무원 제안 제도 운영규칙 제8조–제13조. [시행 2025. 9. 18.] [경찰청 훈령 제1177

제안의 심사는 제안을 접수한 날로부터 1월 이내에 제안의 내용과 관계되는 소속 과장급을 심사관으로 국장급을 확인관으로 하여 제안의 채택여부에 대한 심사를 하며, 심사결과는 제안평가서를 작성하여 기획조정관에게 통보한다.

이때 심사의 기준은 다음의 내용을 기준으로 하여야 한다.[19]

표 9-1 제안심사 배점기준표

<table>
<tr><th colspan="2">심사항목</th><th>검토할 사항</th><th colspan="5">배점</th></tr>
<tr><td colspan="2">실시가능성
(15)</td><td>· 경찰업무 특성상 실제로 실시할 수 있는가?</td><td>15
매우
크다</td><td>12
다소
크다</td><td>9
보통
이다</td><td>6
약간
있다</td><td>3
없다</td></tr>
<tr><td colspan="2">창의성
(20)</td><td>· 독창적이며 새로운 내용인가?
· 타 사례를 일부 참고하거나, 전부 모방하였는가?</td><td>20
획기적인
착상</td><td>16
다소
독창적</td><td>12
보통</td><td>8
일부
모방</td><td>4
전부
모방</td></tr>
<tr><td rowspan="2">효과성
또는
효율성
(30)</td><td>효과성
(30)</td><td>· 예산절감 및 국고수입 증대의 효과가 있는가?</td><td>30
5억
이상</td><td>24
3억
이상</td><td>18
1억
이상</td><td>12
5,000만원
이상</td><td>6
5,000만원
미만</td></tr>
<tr><td>효율성
(30)</td><td>· 인력, 시간, 비용 등의 투입에 대한 개선효과는 어떠한가?
· 행정목적을 효율적으로 달성하는데 얼마나 기여하였는가?</td><td>30
매우
크다</td><td>24
다소
크다</td><td>18
보통
이다</td><td>12
약간
있다</td><td>6
없다</td></tr>
<tr><td colspan="2">적용범위
(15)</td><td>· 전 부서에 적용할 수 있는가?
· 일부 부서에 한정하여 적용이 가능한가?
· 실시 횟수나 빈도 및 수혜 대상자가 많은가?</td><td>15
전 부서
적용</td><td>12
다수 부서
적용</td><td>9
일부 부서
적용</td><td>6
소속 부서
적용</td><td>3
소속
부서
일부
적용</td></tr>
<tr><td colspan="2">계속성
(20)</td><td>· 제안실시의 효과가 장기간에 걸쳐 지속될 수 있는가?
· 행정환경이 변하면 제안의 실효성이 떨어지거나 없어지는가?</td><td>20
10년
이상</td><td>16
5년 이상</td><td>12
3년 이상</td><td>8
1년 이상</td><td>4
1년 미만</td></tr>
</table>

비고 1. 심사항목 중 효과성 및 효율성의 평가는 제안의 내용에 따라 1개 평가항목을 선택하여 평가해야 한다.

호, 2025. 9. 18., 일부개정].

19) 경찰청 공무원 제안 제도 운영규칙 제12조. [별표 1].

2. 심사위원회

제안에 관한 사항을 심의하기 위하여 제안심사위원회를 둔다. 위원장은 기획조정관으로 하고 위원은 경찰청 국·관의 각 과장 및 담당관 중에서 위원장이 임명한다.[20] 위원장은 제안내용에 대한 전문적인 심사가 필요한 경우 해당 분야의 전문지식이 있는 경찰공무원 또는 외부전문가 중에서 필요한 수의 전문위원을 위촉할 수 있다.

위원장은 필요에 따라 위원회 회의를 소집할 수 있으며, 회의는 재적위원 과반수의 출석으로 개의하고 출석위원 과반수의 찬성으로 의결한다. 다만 위원장이 필요하다고 인정하는 경우에는 서면심의를 할 수 있다.

위원회는 다음 사항을 심의·의결한다.

- 채택제안의 창안등급
- 부상금 및 상여금의 지급금액
- 제안 실시성과의 평가
- 제안자와 실시계획을 수립·시행한 자의 기여도
- 자체우수제안의 선정
- 기타 제안제도의 운영 및 개선에 관한 사항

Ⅲ 제안에 대한 시상 및 보상

채택된 제안의 창안등급은 특별상·우수상 및 우량상으로 구분하되 그 등급에 해당하는 제안이 없는 경우에는 등급을 부여하지 않는다.

채택된 제안의 제안자에 대하여는 경찰청장이 표창한다. 다만, 채택되지 아니한 제안에 대하여도 제안자의 노력도 및 경찰업무발전에의 기여도를 감안하여 경찰청장이 표창할 수 있다.

경찰청장은 제안이 채택되어 실시되거나 채택된 실시제안 중 자체우수제안으로 선정된 제안의 제안자에 대하여 인사관계 법령이 정하는 바에 따라 특별승급의 인사상 특전을 부여하여야 한다.

---

20) 경찰청 공무원 제안 제도 운영규칙 제4조－제6조.

채택된 제안의 제안자에 대하여는 예산의 범위 안에서 다음 기준에 따라 부상을 수여한다. 다만, 공동으로 제안을 제출하거나, 아이디어를 제안한 경우, 제안자와 실시자가 다른 때에는 각자의 기여도에 따라 부상금을 지급한다.

① 특별상: 50만원 이상 100만원 이하
② 우수상: 20만원 이상 50만원 이하
③ 우량상: 10만원 이상 30만원 이하

Ⅳ 제안의 실시 및 사후관리

1. 제안의 실시

채택된 제안에 대하여 소관 국·관은 제안을 실시할 수 없는 특별한 사유가 없는 한 실시계획을 수립하여 지체없이 시행하여야 하며, 이를 기획조정관에게 통보하여야 한다.

소관 국·관은 제안내용의 일부보완이나 계속적인 연구검토가 필요하다고 인정되는 경우에는 연구기관·시험기관 등에 의뢰하여 그 내용을 수정·보완한 후 실시할 수 있다.

소관 국·관은 채택된 제안에 대하여 실시할 수 없는 사유가 있는 경우에는 구체적인 실시불가사유 및 관계기관의 의견 등을 첨부한 소명서를 작성하여 지체없이 기획조정관에게 통보하여야 한다.

소명서를 제출받은 기획조정관은 당해 제안자와 소관 국·관의 관계자를 참석시켜 의견을 진술하게 할 수 있으며, 소명내용에 대하여 검토한 결과 실시불가사유가 타당하지 않을 경우에는 소관 국·관에 당해 제안의 실시를 요청할 수 있다.

2. 제안의 사후관리

소관 국·관은 채택된 제안에 대하여 채택결정일로부터 3년간 실시여부의 확인 등 필요한 관리를 하여야 하며, 매년 제안실시 상황 및 결과를 평가하여 경무기획국장에게 제출하여야 한다.[21]

소관 국·관은 채택되지 아니한 제안에 대하여 그 결정일로부터 2년간 이를

21) 경찰청 공무원 제안 제도 운영규칙 제23조－제24조.

보존·관리하여야 하며, 활용이 가능한 것은 이를 홍보하여 정책입안과 행정개선 등에 적극 활용하여야 한다.

국가는 채택제안이 성질상 국가의 업무 범위에 속하고 공무원의 현재 또는 과거의 직무에 속하는 직무발명에 해당하는 경우에는 그 권리를 승계한다.[22)]

기획조정관은 제안이 상여금 지급대상에 해당되는 경우에는 위원회 심의를 거쳐 제안실시평가서를 행정안전부장관에게 제출하고, 상여금 지급결정의 통지가 있는 경우에는 당해 연도의 예산에서 이를 지급한다. 다만, 상여금의 전부 또는 일부를 당해 연도의 예산에서 지급할 수 없는 경우에는 다음 연도의 예산에 이를 계상하여 지급한다.

22) 공무원제안규정 제24조.

제10장

경찰공무원의 교육

제1절 교육목적과 계획

I 교육의 목적

경찰공무원에 대한 교육은 경찰공무원으로서의 소양과 윤리를 강화하고, 직무수행에 적합한 능력을 배양시키기 위한 것으로 경찰공무원법 및 경찰공무원 교육훈련규정 등에 근거를 두고 있다. 총경 이하의 경찰공무원의 승진임용에는 특별한 경우를 제외하고 교육훈련이수시간을 반영하는 것이 원칙이다.[1]

총경 이하 경찰공무원은 연간 100시간 이상 교육훈련을 이수해야 하며, 업무여건에 따라 100시간 미만으로 조정할 수 있다. 산출기준일은 10월 31일이다. 기본교육은 연간 100시간에 포함된다.

경찰교육의 목적은 첫째, 경찰공무원의 직무수행을 개선하고 조직의 문제해결을 통하여 생산성 향상을 가져오게 하는 데 있다. 둘째, 훈련을 잘 받은 경찰공무원은 규범과 협동, 그리고 조정능력이 향상된다. 셋째, 경찰공무원의 미래의 경력발전과 직무만족을 높일 수 있다. 넷째, 교육훈련은 전문지식과 기술 등을 향상시킴으로써 생산성을 확대시킨다. 다섯째, 경찰공무원으로서 필요한 고도의 윤리의식과 소명감을 갖게 하는 등의 효과 등을 들 수 있다.[2]

---

1) 경찰공무원 교육훈련규정 제6조의2. 대통령령 제35051호, 2024. 12. 10., 일부개정, 2025. 3. 11. 시행.

2) 오석홍, 「행정학」, 박영사, 2016, pp. 601－602.; 허경미, 「경찰인사행정론」, 박영사, 2020, p. 197.

Ⅱ 교육계획, 교육대상, 승진 반영 등

1. 교육계획 수립

경찰청장은 다음 내용이 포함된 경찰공무원 교육훈련에 관한 기본계획을 수립하여 매년 12월 10일까지 시·도경찰청장 및 교육훈련기관의 장에게 통보해야 한다.[3]

1. 교육훈련의 목표
2. 교육훈련기관에서의 교육훈련, 직장훈련, 위탁교육훈련에 관한 사항
3. 기본교육훈련, 전문교육훈련, 기타교육훈련 및 자기개발 학습에 관한 사항
4. 교육훈련 과정별 대상 및 인원
5. 그 밖에 교육훈련에 필요한 사항

2. 교육대상

교육훈련의 대상자는 다음과 같다.

표 10-1 교육훈련의 구분 · 대상 · 방법[4]

<table>
<tr><th colspan="3">구분</th><th>대상</th><th>방법</th></tr>
<tr><td rowspan="5">기본교육훈련</td><td rowspan="3">신임교육훈련</td><td>신규채용</td><td>시보임용이 예정된 사람
시보임용되었으나 시보임용 전 신임교육훈련을 받지 않은 사람</td><td rowspan="5">교육훈련기관 실시
경찰청장이 인정하는 직장훈련이나 위탁교육훈련으로 대체 가능</td></tr>
<tr><td>「경찰대학 설치법」 제4조 제1항에 따른 학사학위과정</td><td>경찰대학에 입학 · 편입학한 사람</td></tr>
<tr><td>경위신규채용</td><td>경위공개경쟁채용시험합격자</td></tr>
<tr><td rowspan="2">관리자 기본교육 훈련</td><td rowspan="2">경감 · 경정 · 총경으로 승진임용된 사람</td><td>경감
(승진후보자 포함)</td></tr>
<tr><td>경정
(승진후보자 포함)</td></tr>
</table>

3) 경찰공무원 교육훈련규정 제5조.
4) 경찰공무원 교육훈련규정 제4조 제2항 별표 1.

		총경 (승진후보자 포함)	
전문교육훈련	담당하고 있거나 담당할 직무 분야에 필요한 전문성을 강화하기 위한 교육훈련	총경 이하	교육훈련기관 실시 직장훈련이나 위탁교육훈련으로 대체 가능
기타교육훈련	소속 경찰기관의 장의 명에 따른 교육훈련	모든 계급	
자기개발학습	경찰공무원이 공직의 전문성과 미래지향적 역량을 갖추기 위하여 스스로 하는 학습 · 연구활동	모든 계급	

3. 승진 반영

총경 이하 경찰공무원에 대해서는 교육훈련이수시간(연간 최대 100시간)을 승진임용에 반영해야 한다.[5] 승진임용에 필요한 교육훈련시간을 채우지 못한 경찰공무원은 승진심사 대상, 승진시험 응시 대상 및 근속승진 대상에서 제외한다.

다만 다음의 경우에는 교육훈련이수시간을 승진임용에 반영하지 않는다.

1. 직무수행상 특별한 사유로 승진임용에 필요한 교육훈련시간을 충족하지 못한 경찰공무원에 대하여 경찰청장이 필요하다고 인정하는 경우
2. 특별승진임용하는 경우

제 2 절 교육의 유형

I 교육훈련기관의 교육

1. 교육훈련계획

교육훈련기관에서의 교육훈련의 과정과 그 대상 · 기간 · 방법 등은 경찰청장이 정한다.[6]

5) 경찰공무원 교육훈련규정 제6조.

6) 경찰공무원 교육훈련규정 제10조 – 제11조.

교육훈련기관의 장은 기본계획에 따라 다음의 사항이 포함된 세부 교육훈련 계획을 수립해야 한다. 교육훈련기관의 장은 매년 12월 31일까지 다음 연도의 교육훈련계획을 경찰청장에게 제출해야 한다.

1. 교육훈련의 기본방향
2. 교육훈련 과정별 목표, 과목, 기간, 대상 및 인원
3. 교육훈련 대상자의 선발계획
4. 교재편찬 및 교재심의 계획
5. 교육훈련성적의 평가방법
6. 그 밖에 교육훈련기관의 장이 필요하다고 인정하는 사항

2. 교육훈련 대상자의 선발 등

경찰기관의 장은 교육훈련계획에 따라 계급, 담당 직무, 경력 및 건강 상태 등을 고려하여 교육훈련 과정별 설치 목적에 적합한 사람을 교육훈련 대상자로 선발하여 교육훈련 시작 10일 전까지 해당 교육훈련기관의 장에게 통보해야 한다.[7)]

교육훈련기관의 장은 통보받은 교육훈련 대상자가 교육훈련 과정별 설치 목적에 적합하지 않다고 인정되는 경우에는 해당 경찰기관의 장에게 교육훈련 대상자를 교체하여 줄 것을 요청할 수 있다. 이 경우 해당 경찰기관의 장은 지체없이 교육훈련 대상자를 다시 선발하여 통보해야 한다.

교육훈련 대상자로 선발된 사람은 교육훈련이 시작되기 전까지 해당 교육훈련기관에 등록해야 하며, 교육훈련기간 중 해당 교육훈련기관의 장의 지시에 따라야 한다.

7) 경찰공무원 교육훈련규정 제12조.

표 10-2 경찰교육 현황

구분	계	기본교육			전문교육	신임교육		기타교육	학위과정	위탁교육		
		치안정책	경정 · 경감과정	경위이하 과정	전문과정	신임 과정	의경 교육	해경	치안 대학원	소계	국내 교육	국외 교육
2021	59,867	101 /13	2,215 /227	8,791/ 1,769	10,938 /3,303	5,541 /1,534	–	–	70/44	25,321	25,315	5/1
2022	64,073	99 /21	2,933 /183	7,805 /1,807	10,153 /3,220	6,581 /2,025	–	–	64/54	29,128	29,119	9
2023	53,644	120 /17	3,466 /196	8,389 /1,864	10,207 /3,146	4,460 /1,322	–	–	79/57	20,321	20,291	21/9
2024	53,376	122 /16	6,917 /325	9,248 /2,220	7,310 /2,908	4,622 /1,154	–	–	95/52	18,387	18,348	25/14

자료: 경찰통계연보, 2025, 79. 재구성.

표 10-3 경찰교육기관 교육현황(채용교육)

구분	계	신임교육과정							경력경쟁채용과정				
		소계	4년제 대학생	간부 후보생	경사 · 경장 · 순경	여자 경찰	전 · 의경	기타	소계	총경	경정	경감	경위
2024	28,338 /6,685	4,622 /1,154	189/93	37/14	4,396 /1,047	–	–	–	24/10	–	–	20/10	4/0
경찰대학	871 /234	226 /107	189/93	37/14	–	–	–	–	24/10			20/10	4/0
경찰인재 개발원	19,076 /4,321	–	–	–	–	–	–	–	–	–	–	–	–
중앙 경찰학교	4,396 /1,047	4,396 /1,047	–	–	4,396 /1,047	–	–	–	–	–	–	–	–
경찰수사 연수원	3,995 /1,083	–				–	–	–	–	–	–	–	–

자료: 경찰통계연보, 2025, 83-84. 재구성.

표 10-4 경찰교육기관 교육현황(기본교육 및 직무교육)

기본교육과정							학위과정	직무교육과정																
소계	총경	경정	경감	경위(사이버)	경사(사이버)	기타	치안대학원	소계	경무기획	장비	생활안전	교통	경비	작전	통신	수사	정보	보안	외사	전산	교관요원	전경기간요원	해경	기타
16,287 /2,561	122 /16	277 /37	6,640 /288	3,512 /792	5,736 /1,428	–	95 /52	7,310 /2,908	485 /352	–	1,263 /690	642 /103	577 /48	–	–	2,393 /968	495 /76	56 /22	26 /12	–	–	–	–	1,373 /637
399 /53	122 /16	277 /37					95 /52	127 /12																127 /12
14,286 /2,393	–	–	5,038 /173	3,512 /792	5,736 /1,428	–	–	4,790 /1,928	485 /352	–	1,263 /690	642 /103	577 /48	–	–	–	495 /76	56 /22	26 /12	–	–	–	–	1,246 /625

–	–	–	–	–	–	–	–	–	–	–	–	–	–	–	–	–	–	–	–	–	–	–	–	–
1,602 /115	–	–	1,602 /115	–	–	–	–	2,393 /968	–	–	–	–	–	–	–	2,393 /968	–	–	–	–	–	–	–	–

자료: 경찰통계연보, 2025, 83－84. 재구성.

3. 교육훈련성적의 평가 및 수료

1) 평가

교육훈련기관의 장은 객관적이고 공정한 평가기준과 평가방법을 수립하여 교육훈련성적을 평가해야 한다.[8)]

교육훈련기관의 장은 교육훈련이 시작되기 전에 교육훈련 대상자에게 과제를 부여하고 그 결과를 교육훈련성적에 반영할 수 있다.

교육훈련기관의 장은 교육훈련 이수자의 교육훈련성적을 교육훈련 수료 또는 졸업 후 10일 이내에 해당 교육훈련 이수자가 소속된 경찰기관의 장에게 통보해야 한다.

2) 수료 및 졸업

각 교육훈련 과정은 100점 만점에 60점 이상의 성적을 받으면 수료요건을 갖춘 것으로 한다.[9)]

다만, 신임교육훈련 과정은 교육훈련기관의 장이 정하는 별도의 요건을 갖추고 졸업사정 절차를 통과하면 졸업요건을 갖춘 것으로 한다.

교육훈련기관의 장은 졸업사정을 실시할 때 교육훈련 대상자의 생활기록 등을 종합적으로 고려하여 졸업 적격 여부를 심사해야 하며, 졸업사정 결과 경찰공무원으로서의 직무수행에 적합하지 않다고 인정되는 사람은 졸업시키지 않을 수 있다.

3) 수료 또는 졸업요건을 갖추지 못한 사람에 대한 조치

경찰기관의 장은 수료요건 또는 졸업요건을 갖추지 못한 사람에 대해서는 한 차례에 한정하여 다시 해당 교육훈련을 받게 할 수 있다.

---

8) 경찰공무원 교육훈련규정 제13조.

9) 경찰공무원 교육훈련규정 제14조.

임용제청권자 또는 임용추천권자는 다시 교육훈련을 받은 사람이 거듭 수료요건 또는 졸업요건을 갖추지 못한 경우로서 직권면직 사유에 해당된다고 인정되는 경우에는 관할 징계위원회에 직권면직 동의를 요구할 수 있다.

경찰기관의 장은 직권면직 처리 여부를 해당 교육훈련기관의 장에게 통보해야 한다.

4) 퇴교처분

교육훈련기관의 장은 교육훈련 대상자가 다음에 해당하는 경우에는 퇴교처분을 하고, 해당 교육훈련 대상자가 소속된 경찰기관의 장에게 그 사실을 통보해야 한다.

1. 다른 사람으로 하여금 대리로 교육훈련을 받게 한 경우
2. 정당한 사유 없이 결석한 경우
3. 수업을 매우 게을리한 경우
4. 생활기록 성적이 매우 불량한 경우
5. 시험 중 부정행위를 한 경우
6. 교육훈련기관의 장의 교육훈련에 관한 지시에 따르지 않은 경우
7. 질병이나 그 밖에 교육훈련 대상자의 부득이한 사정으로 인하여 교육훈련을 계속 받을 수 없게 된 경우

경찰기관의 장은 제1호부터 제6호까지의 사유로 퇴교처분을 받은 사람 또는 정당한 사유 없이 교육등록을 하지 않은 사람이 징계사유에 해당된다고 인정할 때에는 관할 징계위원회에 징계의결을 요구하거나 징계의결의 요구를 신청하고, 그 사실을 교육훈련기관의 장에게 통보해야 한다.

5) 복무의무

경위공개경쟁채용시험합격자로서 경찰공무원으로 임용된 사람은 그 교육기간에 해당하는 기간 동안 경찰공무원으로 복무해야 한다.[10]

임용권자는 위 사람이 다음에 해당하게 된 경우에는 그 대상자의 교육훈련에 든 경비(학비, 기숙사비, 수당, 지급 물품비, 급식비, 그 밖에 해당 경찰공무원의 교육에 소

10) 경찰공무원 교육훈련규정 제25조－제26조.

요된 모든 비용)의 전부 또는 일부를 본인이나 그의 보증인(「보험업법」에 따라 보증보험증권을 발행한 보험회사 포함)으로 하여금 반납하게 해야 한다. 이 경우 교육훈련에 든 경비의 산정 방법 및 금액 등에 관한 세부 사항은 경찰청장이 정한다.

1. 정당한 이유 없이 제25조에 따른 복무의무를 이행하지 않은 경우
2. 파면 또는 해임처분을 받은 경우

또한 위 사람이 의무복무기간 중에 퇴직하기를 원하는 경우에는 면직 결정 전에 소요경비를 반납받기 위한 조치를 해야 한다. 이 경우 교육훈련비 지급기관과 면직 결정기관이 서로 다를 때에는 면직 결정기관의 장은 면직 결정 전에 교육훈련비 지급기관의 장과 면직 결정 여부 및 시기 등을 협의해야 한다.

Ⅱ 직장훈련

직장훈련이란 경찰기관의 장이 그 소속 경찰공무원의 직무 수행에 필요한 전문지식·기술·체력 등 기본역량의 향상 및 유지를 위하여 정기 또는 수시로 시행하는 교육을 말한다.

1. 직장훈련계획

경찰기관의 장은 매년 12월 31일까지 기본계획에 따라 다음의 사항이 포함된 직장훈련계획을 수립해야 한다.[11]

1. 공직가치 확립 및 정부 시책에 대한 교육에 관한 사항
2. 신규 채용자 및 보직 변경자에 대한 교육훈련에 관한 사항
3. 사격술 향상을 위한 훈련에 관한 사항
4. 체력 향상을 위한 훈련에 관한 사항
5. 그 밖에 부서별·직무 분야별 전문성 강화를 위한 전문교육훈련에 관한 사항

11) 경찰공무원 교육훈련규정 제27조-제28조.

2. 직장훈련담당관

경찰공무원의 직장훈련에 관한 사항을 담당하기 위하여 경찰기관에 직장훈련담당관을 둔다. 직장훈련담당관은 해당 경찰기관 소속 경찰공무원 중에서 경찰청장이 지정한다. 직장훈련담당관은 해당 경찰기관의 장의 지휘·감독하에 다음의 직무를 수행한다.12)

1. 직장훈련계획의 수립 및 지도·감독
2. 직장훈련 결과에 대한 평가 및 확인
3. 직장훈련 실시를 위한 시설·교재 등의 준비
4. 그 밖에 직장훈련 실시에 필요한 사항

3. 직장훈련방법

직장훈련은 직장교육·체력단련 및 사격훈련으로 구분한다. 직장교육은 기관·부서·그룹단위의 업무관련 교육으로 한다. 체력단련은 무도훈련(호신체포술훈련을 포함한다. 이하 같다) 및 체력검정으로 한다. 사격훈련은 정례사격과 특별사격으로 구분 실시한다. 직장훈련은 소집, 순회, 과제, 실습, 시청각 및 직접지도 등의 방법에 의하여 실시한다. 전직원을 대상으로 하는 직장훈련의 경우 직장훈련담당관은 직무수행에 지장이 없도록 직원을 균등히 나누어 실시하여야 한다.

4. 직장훈련 평가

직장훈련의 평가는 연 1회 직장훈련 실시기관의 장이 한다. 10월 말일을 기준으로 한다. 다만, 교육, 해외파견 등의 사유로 정기평정이 곤란할 경우에는 전년도의 성적에 준한다.13)

직장훈련담당관은 매 평가시마다 직장훈련평가 개인기록을 별지 서식에 따라 교육통합정보시스템에 기록·관리한다.

평가는 직장교육·체력단련 및 사격훈련으로 구분하여 평가한다. 직장교육은

12) 경찰공무원 교육훈련규정 제29조.

13) 경찰공무원 직장훈련 규칙 제11조－제17조. [시행 2021. 1. 22.] [경찰청훈령 제1003호, 2021. 1. 22., 타법개정]

기관별, 부서별, 그룹별 직무교육 참석여부로 평가한다. 체력단련은 무도훈련 참석여부 및 「경찰공무원 체력관리 규칙」의 체력검정 기준표에 따른 등급으로 평가한다. 사격훈련은 「경찰공무원 사격 규칙」의 사격훈련 기준표에 따른 등급으로 평가. 단 경감 이하 경찰관에 한하여 평가한다.

평가의 기준은 다음과 같다.

1. 경정
   직장교육평가 2점, 체력단련평가 5점
2. 경감 이하
   직장교육평가 2점, 체력단련평가 5점, 사격훈련평가 3점

직장훈련평가 결과는 근무성적 평정의 기초로 한다.

경찰공무원의 직장훈련은 다음의 평가표 및 기록표에 의하여 산출한다.[14)]

14) 경찰공무원 직장훈련 규칙 제14조 [별표].; 제16조 [별표]

경찰공무원 직장훈련 평가기준

구 분	배	점	평 가 내 용
직장교육	2점	직장교육점수 = 2 × $\frac{\text{직장교육 참석 횟수}}{24}$	○ 직장교육은 소속기관의 장이 인정한 훈련으로 한정한다. ○ 월별 인정되는 참석 횟수는 기관별 소집교육(사이버교육 포함) 1회를 포함하여 최대 2회까지로 한다.
체력단련	5점	○ 무도훈련: 2점 무도훈련점수 = 2 × $\frac{\text{무도훈련 참석 횟수}}{24}$	○ 무도훈련(호신체포술훈련 포함)은 소속기관의 장이 인정한 훈련만 해당한다. ○ 월별 인정되는 참석 횟수는 최대 2회까지로 한다.
		○ 체력검정: 3점 체력검정점수는 체력검정 평가등급에 대하여 다음과 같이 배점한다. – 1등급(3.0점) – 2등급(2.7점) – 3등급(2.4점) – 4등급(2.0점) – 불참자(0점)	○ 체력검정 평가등급은 「경찰공무원 체력관리 규칙」에서 정하는 바에 따른다.
사격훈련	3점	○ 사격훈련점수는 사격훈련 평가등급을 다음과 같이 배점한다. – 1등급(3.0점) – 2등급(2.8점) – 3등급(2.6점) – 4등급(2.3점) – 5등급(2.0점) – 불참자 및 0점자(0점)	○ 사격훈련 평가등급은 「경찰공무원 사격 규칙」에서 정하는 바에 따른다.

비 고

1. 교육, 파견, 출장 등 특별한 사유로 직장교육 및 무도훈련에 참석할 수 없을 때에는 참석한 것으로 간주하여 평가한다.
2. 부정행위자(대리참석, 허위기재, 부정평가 등)는 해당 훈련(사격훈련은 해당 훈련 포함 3년간) 불참 및 0점 처리한다.

직장훈련평가 개인기록표

소속		계 급		성명	한글				
					한자		생년월일		

구 분	순 경	경 장	경 사	경 위	경 감	경 정
임용일자						

구분 년도	직장교육(2점)													체력단련(5점)															사격훈련(3점)				직장훈련점수
														무도훈련(2점)													체력검정(3점)						
	11월	12월	1월	2월	3월	4월	5월	6월	7월	8월	9월	10월	점수	11월	12월	1월	2월	3월	4월	5월	6월	7월	8월	9월	10월	점수	등급	점수	전반기	후반기	등급	점수	

직 장 훈 련 담 당 관 확 인									
확 인 기 간	소 속	계급	성 명	인	확인 기간	소 속	계 급	성 명	인
~					~				
~					~				
~					~				

※ 평가설명 ● : 참석 ○ : 1회 참석 × : 불참 ◎ : 승진

경찰공무원 개인별 체력검정 평가표

1. 검정일시 : 20 . .

2. 인적사항

청 · 서 · 대	부서	계급	성 명	생년월일	성별
				(만 세)	

3. 검정결과

구분	판정			종목별 검정관		
	기록	등급	점수	계급	성명	서명
100m 달리기						
팔굽혀펴기						
교차 윗몸일으키기						
악력						
종합판정 점 수	점수( ), 등급( )					

기록자 : 소속 계급 성명 (서명 또는 인)

확인관 : 직책 계급 성명 (서명 또는 인)

Ⅲ 위탁교육훈련

위탁교육훈련이란 경찰공무원을 국내외 기관에 위탁하여 실시하는 교육훈련을 말한다.[15] 경찰청장은 매년 12월 31일까지 기본계획에 따라 위탁교육훈련계획을 수립해야 한다.

1. 대상자

경찰청장은 다음의 요건을 갖춘 사람 중에서 위탁교육훈련 대상자를 선발해야 한다. 다만, 휴직 중이거나 징계처분을 받고 그 처분이 끝난 날부터 1년이 지

15) 경찰공무원 교육훈련규정 제32조－제33조.

나지 않은 사람은 위탁교육훈련 대상자로 선발될 수 없다.

1. 국가관과 직무에 대한 사명감이 투철한 사람
2. 근무성적이 우수한 사람
3. 필요한 학력·경력 등을 갖춘 사람
4. 위탁교육훈련 종료 후 위탁교육훈련과 관련된 직무 분야에 상당 기간 근무할 수 있는 사람
5. 필요한 외국어능력을 갖춘 사람
6. 그 밖에 위탁교육훈련 분야별로 경찰청장이 정하는 기준에 해당하는 사람

2. 지도·감독

경찰청장은 위탁교육훈련의 목적을 달성하기 위하여 위탁교육훈련 대상자의 교육훈련 상황을 정기 또는 수시로 파악하여 훈련 및 복무에 필요한 지도·감독을 해야 한다.[16]

위탁교육훈련 대상자는 다음의 사항을 준수해야 한다.

1. 위탁교육훈련 이수 후 지체 없이 직무에 복귀할 것
2. 위탁교육훈련기간 중 경찰공무원으로서의 품위를 유지할 것
3. 위탁교육훈련기관의 학칙 등 훈련을 받는 경찰공무원으로서의 의무를 이행할 것
4. 그 밖에 위탁교육훈련의 목적을 달성하기 위하여 경찰청장이 지시하는 사항을 준수할 것

위탁교육훈련 대상자는 위탁교육훈련기간 중 다음 어느 하나에 해당하게 된 경우에는 경찰청장에게 즉시 보고하고 그 지시에 따라야 한다.

1. 훈련기관·훈련기간 등 훈련계획을 변경하려는 경우
2. 위탁교육훈련에 지장이 있을 정도의 질병·사고 등 신상의 변화가 생긴 경우
3. 국가 또는 지방자치단체에서 지급하는 교육훈련비 외의 장학금·기부금 또는

16) 경찰공무원 교육훈련규정 제34조.

찬조금 등을 받으려는 경우

3. 복귀명령

경찰청장은 위탁교육훈련 대상자가 다음에 해당하는 경우에는 그 위탁교육훈련 대상자에게 지체 없이 복귀를 명해야 한다.[17] 이때 대상자에게 복귀명령서를 송부하고, 위탁교육훈련기관의 장에게 그 사실을 알려야 한다. 복귀명령서를 받은 사람은 지정된 날까지 복귀해야 한다.

1. 의무나 지시를 위반하여 훈련목적을 현저히 벗어난 경우
2. 질병 또는 그 밖의 사고 등 부득이한 사유로 훈련을 계속할 수 없게 된 경우

4. 복무의무

경찰청장은 6개월 이상 위탁교육훈련을 받은 사람(위탁교육훈련 중에 복귀한 사람으로서 위탁교육훈련을 받은 기간이 6개월 이상인 사람을 포함)에 대하여 다음의 구분에 따른 기간 동안 교육훈련 분야와 관련된 직무 분야에 복무하도록 해야 한다.[18]

1. 주간에 실시하는 국내 위탁교육훈련 대상자: 위탁교육훈련기간
2. 야간 또는 휴일에 실시하는 국내 위탁교육훈련 대상자: 위탁교육훈련기간의 50%에 해당하는 기간
3. 국외 위탁교육훈련 대상자: 위탁교육훈련기간의 2배에 해당하는 기간

5. 소요경비 반납조치

1) 의무위반시

경찰청장은 위탁교육훈련 대상자가 다음에 해당하게 된 경우에는 위탁교육훈련에 든 교육훈련비(여비는 포함하고 보수는 제외)의 전부 또는 일부를 본인이나 그

17) 경찰공무원 교육훈련규정 제35조.

18) 경찰공무원 교육훈련규정 제36조.

의 보증인(「보험업법」에 따라 보증보험증권을 발행한 보험회사를 포함)으로 하여금 반납하게 해야 한다.

1. 훈련 중 면직된 경우(질병·사고 등 부득이한 사유로 면직된 경우는 제외)
2. 의무나 지시사항을 위반하여 중도에 복귀되었거나 특별한 사유 없이 위탁교육훈련을 중도에 포기하거나 탈락한 경우
3. 복귀명령을 받고 정당한 사유 없이 지정된 날까지 복귀하지 않거나 복귀 후 위탁교육훈련 중 발생한 사유로 면직된 경우
4. 복무의무를 이행하지 않은 경우

2) 퇴직희망시

경찰청장은 의무복무기간 중 퇴직하기를 원하는 경우에는 면직 결정 전에 소요경비를 반납받기 위한 조치를 해야 한다. 이 경우 교육훈련비 지급기관과 면직 결정기관이 서로 다를 때에는 면직 결정기관의 장은 면직 결정 전에 교육훈련비 지급기관의 장과 면직 결정 여부 및 시기 등을 협의해야 한다.

3) 성과부진시

경찰청장은 위탁교육훈련 대상자가 다음에 해당하여 교육훈련 성과가 부진한 경우에는 그 대상자의 위탁교육훈련 소요경비를 20% 범위에서 반납하게 할 수 있다.

1. 당초 계획한 학위취득 또는 교육훈련과정 이수 등 교육훈련 목표를 달성하지 못한 경우
2. 교육훈련 결과보고서의 내용이 부여된 훈련과제와 관련이 없거나 다른 연구보고서·논문 등을 표절한 것으로 밝혀진 경우

제 3 절 경찰교육기관

I 경찰대학

국가치안부문에 종사할 경찰간부가 될 자에게 학술을 연마하고 심신을 단련시키기 위하여 경찰청장 소속하에 경기도 용인시에 경찰대학을 설치하였다. 경찰대학은 1981년부터 경찰대학생을 모집하기 시작하였으며, 1979년에 제정된 경찰대학설치법에 근거를 두고 있다. 경찰대학은 2016년 2월에 아산시로 이전하였다. 2017년 5월 30일부터는 치안대학원을 둘 수 있도록 경찰대학설치법이 개정되었다.[19]

경찰대학의 교육과정은 대학과정, 경위신규공개채용과정, 직무과정, 치안대학원과정으로 구분된다.

그림 10-1 경찰대학 조직도

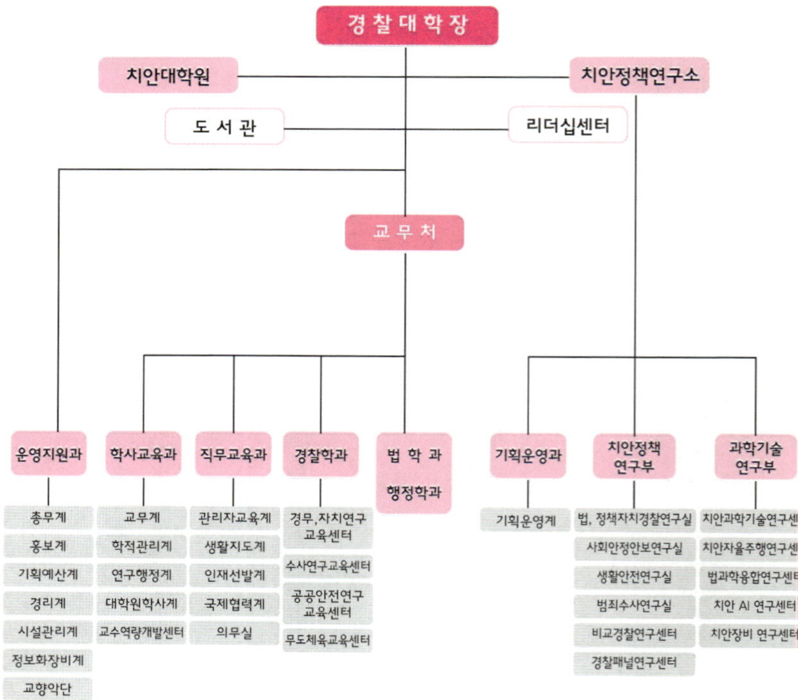

자료: 경찰대학, https://www.police.ac.kr/

19) 경찰대학 설치법 제1조; 법률 제17689호, 2020. 12. 22, 타법개정, 2021. 1. 1. 시행.

1. 대학과정

2021년부터 남녀통합선발방식으로 법학과 25명, 행정학과 25명을 모집한다.

경찰대학생들을 대상으로 한 교육과정은 법학사·행정학사로서, 또한 경찰간부로서 필요한 지식과 기술을 4년 동안 총 152학점을 취득한다. 졸업 후 경위로 임용되며, 6년간 경찰에 복무하여야 한다. 의무복무기간 중 다음에 해당할 때에는 학비와 그 밖의 경비를 상환(償還)하여야 한다. 경찰청장은 상환의무자가 경비를 상환하지 아니하면 국세 체납처분의 예에 따라 징수할 수 있다.[20]

1. 직무를 감당할 수 없는 신체적 또는 정신적 장애(본인의 고의 또는 중과실로 발생한 신체적·정신적 장애는 제외) 외의 사유로 의무복무를 이행하지 아니하였을 때
2. 파면 또는 해임 처분을 받았을 때

2. 경위공개채용과정

경위공개채용과정은 채용시험으로 선발하여 52주간 경위로서 필요한 소양과 직무를 교육하고 일정한 시험과정 등을 거쳐 경위로 임용한다. 기존의 경찰간부후보생과정을 말한다. 이는 1947년 9월 1일에 제1기 93명을 최초 모집한 이후 제67기, 즉 2018년까지 경찰인재개발원에서 교육을 담당하였다. 이후 경찰조직 개편 등으로 2019년 간부후보생의 교육부터 경찰대학에서 담당하고 있다. 2023년까지 4,800여 명의 경위가 배출되었다.

2021년도 제70기 과정부터 남·녀통합으로 50명을 선발하고 있다. 2025년에 제74기가 선발되어 경찰대학에서 교육을 받고 있다. 일반 40명, 세무회계 5명, 사이버 5명으로 선발한다.

교과체계는 모두 42과목 1,820시간이며, 직무교과목이 15과목 336시간, 소양과목 등이 21과목 1,187시간, 기타과목 6과목 297시간으로 편성되어 있다. 경위로 신규채용되어 경찰대학에서 교육을 마치고 경찰공무원으로 임용된 자는 수업연한

20) 경찰대학 설치법 제10조, 경찰대학의 학사운영에 관한 규정 대통령령 제35051호, 2024. 12. 10., 타법개정, 2025. 3. 11. 시행. 제23조－제24조. 경찰대학, https://police.ac.kr/

에 해당하는 기간만큼 경찰공무원으로 복무할 의무가 있다.[21] 의무복무기간중 다음에 해당할 때에는 기숙사비 · 식비 · 수당 기타의 학비를 상환하게 하여야 한다.

1. 정당한 이유없이 복무의무를 이행하지 아니한 때
2. 파면 또는 해임처분을 받은 때

3. 직무과정

경찰대학의 직무과정은 치안정책과정, 경력직특채과정, 전문화과정으로 구분된다.

치안정책과정은 총경 및 승진후보자, 일반부처 서기관, 군 대령, 공공기관 1급 이상을 대상으로 하며, 교육기간은 24주이다. 교육목표는 변화와 혁신을 주도할 수 있는 전략적 사고 함양, 국민과 더불어 조직 내 소통을 촉진하는 공감형 리더 양성, 기관 간 융합행정의 기반이 되는 협업 역량 강화 등을 내세우고 있다. 주요 교육과목은 공직가치, 전략적 사고, 직무역량, 변화관리 리더십, 인문소양, 글로벌역량 등의 영역에 총 115개 과목 848시간으로 구성되어 있다.[22]

경력직특채과정은 변호사경력직채용시험합격자, 항공경력직채용시험합격자 등을 대상으로 각각 12주에 걸쳐, 소양 및 직무과목등, 420시간으로 구성되어 있다.

전문화과정은 청와대 경호처 신입채용자의 수탁과정으로 3일간 진행된다.[23]

4. 치안대학원

치안대학원은 치안 부문에 관한 학술 연구 · 발전 및 교육과 치안 부문에 종사할 전문인력의 양성을 위하여 2017년 5월에 개원하였다. 수사학과, 범죄학과, 공공안전학과, 미래치안과학융합학과 등이 있다.[24]

21) 경찰공무원 교육훈련규정 제15조 – 제16조.

22) 경찰대학, 치안정책과정, https://police.ac.kr/

23) 경찰대학, 전문화과정, https://police.ac.kr/

24) 경찰대학 설치법 제1조; 경찰대학의 학사운영에 관한 규정 제13조, 경찰대학, 2025학년도 학제개편(안) 공지, 2023. 10. 30.자.

Ⅱ 경찰인재개발원

경찰인재개발원은 경찰공무원에 대한 교육훈련을 관장한다. 경찰인재개발원은 1945년 9월 13일 미대사관에 설치된 경찰관교습소가 그 전신이다. 이 교습소는 1945년 10월 15일 조선경찰학교로 개칭되었으며, 이 날을 개교기념일로 기념한다. 조선경찰학교는 1946년 국립경찰전문학교로 개명하였고, 1947년부터 간부후보생제도가 시행되어 본격적인 초급관리자 교육기관으로 자리잡게 되었다.[25)] 경찰교육원은 기존의 경찰종합학교를 아산지역으로 이전하면서 기관명을 변경한 것이며, 2009년 11월 25일에 개원하였다. 2018년 3월 30일에 그 명칭을 경찰인재개발원으로 바꾸었다.

그림 10-2 경찰인재개발원 조직도

자료: 경찰인재개발원, http://www.phrdi.go.kr/

25) 경찰청, 「사료를 통해 경찰을 다시 보다」, 경찰청, 2015, p. 25.

경찰인재개발원은 원칙적으로 경정 이하 직무과정에 대한 교육과정 개설을 원칙으로 하며, 교육시간은 교육과정에 따라 다양하다. 경사 및 경위 기본교육 기간은 30시간이며, 경찰인재개발원의 사이버교육으로 이수한다. 경감 및 경정 기본교육 기간은 2주 이상 8주 이하이며, 경찰인재개발원에서 진행한다.[26]

표 10-5 경찰인재개발원 교육과정(2024)

<table>
<tr><td rowspan="9">기본</td><td rowspan="9">관리자</td><td>경무관리자과정</td></tr>
<tr><td>청문감사관리자과정</td></tr>
<tr><td>범죄예방정책관리자과정</td></tr>
<tr><td>여성청소년관리자과정</td></tr>
<tr><td>상황실관리자과정</td></tr>
<tr><td>지역경찰관리자과정</td></tr>
<tr><td>교통관리자과정</td></tr>
<tr><td>경비관리자과정</td></tr>
<tr><td>치안정보관리자과정</td></tr>
<tr><td rowspan="2">신임</td><td rowspan="2">일반직신임
(직무기초)</td><td>청년인턴신임과정</td></tr>
<tr><td>일반직공무원 신임과정</td></tr>
<tr><td rowspan="21">직무</td><td>직무기초</td><td>퇴직준비교육(공로연수) 합동교육</td></tr>
<tr><td>직무기초</td><td>일반직퇴직예정자과정</td></tr>
<tr><td>직무기초</td><td>주무관퇴직예정과정</td></tr>
<tr><td>직무기초</td><td>일반직직무향상과정</td></tr>
<tr><td>직무기초</td><td>주무관직무향상과정</td></tr>
<tr><td>직무기초</td><td>101단 경호기본교육과정</td></tr>
<tr><td>직무심화(성과x)</td><td>빅데이터인력양성과정</td></tr>
<tr><td>직무심화</td><td>경찰홍보심화과정</td></tr>
<tr><td>직무심화</td><td>재해보상직무심화과정</td></tr>
<tr><td>직무기초</td><td>경찰드론심화과정</td></tr>
<tr><td>직무전문</td><td>드론1종자격증취득과정</td></tr>
<tr><td>직무심화</td><td>감사 · 감찰/청문심화과정</td></tr>
<tr><td>직무심화(성과x)</td><td>성희롱성폭력사건상담원심화과정</td></tr>
<tr><td>직무공통</td><td>공감힐링과정</td></tr>
<tr><td>강사양성</td><td>인권교육강사양성과정</td></tr>
<tr><td>직무심화(성과x)</td><td>성평등교육전문강사심화과정</td></tr>
<tr><td>직무기초</td><td>범죄예방정책고급관리자과정</td></tr>
<tr><td>직무심화</td><td>범죄예방진단심화과정</td></tr>
<tr><td>직무심화</td><td>민간경비관리심화과정</td></tr>
<tr><td>직무전문</td><td>경비지도사자격증준비과정</td></tr>
<tr><td>직무심화</td><td>풍속업무심화과정</td></tr>
</table>

26) 경찰공무원 교육훈련규칙, 경찰청훈령 제1082호, 2023. 6. 16., 일부개정, 2023. 6. 16. 시행. 별표.

직무	직무심화	총포 · 화약심화과정
	직무심화	자치경찰위원회사무국일반직과정
	직무심화	자치경찰사무실무자과정
	직무심화	학교전담경찰관역량심화과정
	직무심화	성폭력 · 성매매예방 및 피해자보호지업무심화과정
	직무심화	APO심화과정
	직무심화	스토킹대응심화과정
	직무심화	피해자보호지원심화과정
	직무전문	임상심리사자격증준비과정
	강사양성	범죄예방진단강사양성과정
	강사양성	학교전담경찰관강사양성과정
	강사양성	2차피해예방강사양성과정
	강사양성	APO강사양성과정
	강사양성	스토킹대응강사양성과정
	직무심화	112신고접수요원과정
	직무심화	112상황분석요원과정
	직무심화	112신고데이터분석과정
	강사양성	112치안종합상황실강사양성과정
	직무심화	지역경찰심화과정
	강사양성	지역경찰강사양성과정
	직무심화	면허행정처분심화과정
	직무심화	교통과태료심화과정
	직무기초	경찰싸이카기초과정
	직무심화	경찰싸이카심화과정
	직무심화	교통안전심화과정
	직무심화	교통안전시설심화과정
	직무심화	채증 · 소음담당심화과정
	직무심화	대테러 · 작전심화과정
	직무심화	경찰재난대응심화과정
	직무심화	경찰경호심화과정
	직무심화	경찰수행경호심화과정
	직무심화	경찰항공조종사안전심화과정
	직무심화	경찰항공정비사안전심화과정
	직무심화	대화경찰심화과정
	직무심화	정책정보실습특화과정
	직무심화	상황정보심화과정
	직무심화	외사정보심화과정
	직무심화	방첩 · 대테러심화과정
	강사양성	집회시위 · 채증 · 소음 · 경호강사양성과정
	강사양성	대테러 · 작전강사양성과정
	강사양성	치안정보강사양성과정
	직무기초	현장대응 종합훈련과정
	직무기초	사격술향상과정

자료: 경찰인재개발원, https://www.phrdi.go.kr/trainee/goCurriculumDetail.do/

Ⅲ 중앙경찰학교

중앙경찰학교는 1987년 충주시 수안보면에 설립되어 신임경찰관 교육 및 전·의경 교육 등을 담당하고 있다. 신임교육은 일반공개채용자와 101경비단·경찰행정학과 특별채용자, 의무경찰 등을 대상으로 실시하고 있다.

신규채용 대상자들은 신규교육과정을 통하여 경찰정신, 공직자로서의 윤리의식 및 경찰업무에 필요한 실무·전문지식 등을 습득하게 되며 교육 수료 후에는 일선 경찰기관에 배치되어 업무를 수행하게 된다.

그림 10-3 중앙경찰학교 조직도

일반순경과정은 1987년에 최초로 24주 과정으로 입교한 이래 2011년까지 지속되었지만, 2011년부터는 34주로 연장되어 2023년 상반기까지 운영되었다. 2023년 하반기 교육생 313기부터는 9개월(38주)로 운영되고 있다.[27] 원칙적으로 신규채용되는 모든 경찰공무원에 대한 신임교육이 이곳에서 이루어진다. 그리고 101경비단과정, 경찰행정학과과정, 정보통신과정, 특공대과정, 사이버과정, 외사과정, 범죄분석과정, 피해자심리과정 등이다. 이 밖에도 제주자치경찰 출범과 관련 신규

27) 경찰청, 2024 경찰백서, 2025. 242.

채용된 자치경찰교육으로 자치경찰과정이 있다.

표 10-6 중앙경찰학교 일과

평일			토 · 일요일 및 공휴일		
구분	하절기 (3월~10월)	동절기 (11월~2월)	구분	하절기 (3월~10월)	동절기 (11월~2월)
기상	06:00	06:20	기상	06:30	07:00
아침맞이	06:20 ~ 06:50	06:40 ~ 07:10	아침맞이	06:50 ~ 07:20	07:20 ~ 07:50
청소,조식,세면	06:50 ~ 08:20	07:10 ~ 08:20	청소,조식,세면	07:20 ~ 09:00	07:50 ~ 09:00
오전학과출장	08:20 ~ 09:00	08:20 ~ 09:00	–	–	–
오전학과수업	09:00 ~ 12:00	09:00 ~ 12:00	지정시간	09:00 ~ 12:00	09:00 ~ 12:00
중식	12:00 ~ 13:00	12:00 ~ 13:00	중식	12:00 ~ 13:30	12:00 ~ 13:30
오후학과출장	13:00 ~ 13:30	13:00 ~ 13:30	–	–	–
오후학과수업	13:30 ~ 17:30	13:30 ~ 17:30	지정시간	13:30 ~ 17:30	13:30 ~ 17:30
석식	17:30 ~ 19:00	17:30 ~ 19:00	석식	17:30 ~ 19:00	17:30 ~ 19:00
자율시간	19:00 ~ 21:00	19:00 ~ 21:00	자율시간	19:00 ~ 21:00	19:00 ~ 21:00
저녁맞이준비	21:00 ~ 21:30	21:00 ~ 21:30	저녁맞이준비	21:00 ~ 21:30	21:00 ~ 21:30
저녁맞이	21:30 ~ 21:50	21:30 ~ 21:50	저녁맞이	21:30 ~ 21:50	21:30 ~ 21:50
취침준비	21:50 ~ 22:00	21:50 ~ 22:00	취침준비	21:50 ~ 22:00	21:50 ~ 22:00
소등	22:30 ~ 06:00	22:30 ~ 06:20	소등	22:30 ~ 06:30	22:30 ~ 07:00

자료: 중앙경찰학교, https://www.cpa.go.kr/www/newly_police/life/life01.jsp/

표 10-7 외출 및 외박

분		실시 내용	실시 시간
외출		적응교육 기간 종료 후 교육목적상 필요한 경우 실시	일과시간 이후(17:30 기준) ~ 21:00
외박	주중외박	적응교육 기간 종료 후 교육목적상 필요한 경우 실시 일과시간 이후(17:30 기준)	일과시간 이후(17:30 기준) ~ 익일 08:00
	주말외박	적응교육 기간 종료 후 매주 토 · 일요일 및 공휴일 실시	공휴일 전일 일과시간 이후 (17:30 기준) ~ 공휴일 21:00

자료: 중앙경찰학교, https://www.cpa.go.kr/www/newly_police/life/life01.jsp/

IV 경찰수사연수원

경찰수사연수원은 경찰의 수사역량 강화를 위해 2007년 3월 30일 경찰대학 부설로 있던 경찰수사보안연수소를 경찰청 소속으로 옮겨 경찰수사연수원으로 개편한 것이다. 2013년 9월에 충남 아산시로 이전하였다. 경찰수사연수원은 수사경찰의 직무교육을 담당하고 있으며, 정부 부처 다른 기관의 수사관을 대상으로 전문수사교육을 실시하는 한편, 외국경찰을 대상으로 수사교육프로그램을 운영하고 있다

경찰수사연수원의 교육과정은 매우 다양하여 2025년의 경우 모두 121개 과정이 개설되었다.[28] 교육기간은 1주부터 6주까지 다양하며 교육인원은 57,380명에 달한다.

그림 10-4 경찰수사연수원 조직도

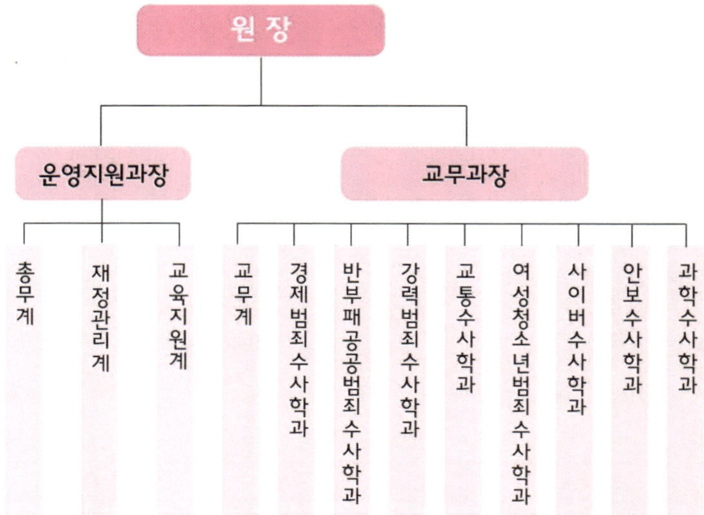

자료: 경찰수사연수원, https://kpia.go.kr/

28) 경찰수사연수원, https://www.kpia.go.kr/trainee/goCurriculumDetail.do/

표 10-8 경찰수사연수원 2025년 교육과정 세부 내용

학과	교육과정	기간	1회 인원	횟수	총인원	연인원
합계		200	220	2,665	6,153	57,380
경제 7개 과정 25회 830명 (연) 12,400명	변호사경채자과정	6	2	20	40	1,200
	수사지휘과정(수사)	2	1	20	20	200
	경감역량강화과정(통합수사)	1	8	30	240	1,200
	신임경위수사실무과정(1반)	4	2	30	60	1,200
	신임경위수사실무과정(2반)	4	2	30	60	1,200
	신임경위수사실무과정(3반)	4	1	30	30	600
	예비수사관수사실무과정(1반)	4	3	50	150	3,000
	예비수사관수사실무과정(2반)	4	3	50	150	3,000
	기업회계부정수사전문(전문수사관)과정	2	1	30	30	300
	신규 수사경과자 기초역량과정	2	2	25	50	500
반부패 공공 8개 과정 25회 793명 (연) 7,730명	예비수사관수사실무과정	4	2	50	100	2,000
	예비수사관수사실무과정	4	1	50	50	1,000
	경감역량강화과정(통합수사)	1	10	30	300	1,500
	자금추적 및 범죄수익환수과정	3	1	20	20	300
	경제금융범죄기획수사과정	2	1	30	30	300
	부동산범죄수사과정	1	1	30	30	150
	경채자신임교육과정(통합수사1반)	2	2	31	63	630
	경채자신임교육과정(통합수사2반)	2	2	30	60	600
	경채자신임교육과정(통합수사3반)	2	2	30	60	600
	동료강사양성과정(수사기본)	1	1	30	30	150
	신규 수사경과자 기초역량과정	2	2	25	50	500
강력 14개 과정 37회 1,104명 (연) 7,440명	수사지휘과정(형사)	2	1	30	30	300
	경감역량강화과정(형사)	1	19	30	570	2,850
	경채자신임교육과정(형사)	2	1	34	34	340
	강폭력범죄수사과정	2	1	30	30	300
	수사면담(전문수사관)과정	2	1	30	30	300
	위기협상(전문수사관)과정	2	1	30	30	300
	마약류범죄수사과정	2	2	30	60	600
	안전사고수사과정	1	2	30	60	300
	미제사건수사과정	1	2	30	60	300
	조직폭력범죄수사과정	2	1	30	30	300
	국제범죄수사과정	2	1	30	30	300
	추적수사(전문수사관)과정	2	2	30	60	600
	동료강사양성과정(형사)	1	1	30	30	150
	신규 수사경과자 기초역량과정	2	2	25	50	500

교통 6개 과정 18회 520 (연) 4,300명	수사지휘과정(교통)	2	1	20	20	200
	경감역량강화과정(교통)	1	5	30	150	750
	교통범죄수사실무과정	2	2	30	60	600
	교통조사실무과정	2	7	30	210	2,100
	동료강사양성과정(교통)	1	1	30	30	150
	신규 수사경과자 기초역량과정	2	2	25	50	500
여청 10개 과정 34회 960명 (연) 7,750명	수사지휘과정(여청)	2	2	20	40	400
	경감역량강화과정(여청)	1	13	30	390	1,950
	여청수사실무과정	2	5	30	150	1,500
	여성폭력피해자조사기초과정	1	2	20	40	200
	여성폭력피해자조사(전문수사관)과정	2	1	25	25	250
	아동장애인조사기법(전문수사관)과정	2	1	25	25	250
	성폭력범죄수사과정	2	4	30	30	1,200
	여청범죄수사전문과정	3	3	30	30	1,350
	동료강사양성과정(여청)	1	1	30	30	150
	신규 수사경과자 기초역량과정	2	2	25	25	500
사이버 16개 과정 36회 871명 (연) 7,510명	경감역량강화과정(통합수사)	1	4	30	120	600
	예비수사관수사실무과정	4	1	50	50	1,000
	사이버수사과정	2	3	30	90	900
	사이버경채과정	2	2	25	51	510
	사이버테러수사 전문화과정	2	1	20	20	200
	위장수사관양성과정	2	1	20	20	200
	가상자산 수사지초과정	1	4	20	80	400
	신임분석관 디지털포렌식과정	2	1	20	20	200
	디지털포렌식(전문수사관) 과정	2	1	20	20	200
	모바일포렌식(전문수사관) 과정	2	1	20	20	200
	임베디드포렌식 기초과정	1	1	20	20	100
	현장수사관 디지털증거 압수수색 기초과정	1	5	20	120	600
	현장수사관 디지털증거 압수수색 심화과정	2	2	20	40	400
	수사정보분석(전문수사관)과정	3	3	20	60	900
	동료강사양성과정(수사기본)	1	1	30	30	150
	동료강사양성과정(수사기본)	1	1	30	30	150
	신규 수사경과자 기초역량과정	2	2	25	50	500
안보 13개 과정	경감역량강화과정(안보)	1	3	30	90	450
	대공수사기본과정	2	0	0	0	0

22회 500명 (연) 4,100명	대공수사심화과정	2	6	20	120	1,200
	안보범죄 · 대테러수사 기본과정	2	1	20	20	200
	안보범죄 · 대테러수사 심화과정	2	1	20	20	200
	경제안보수사기본과정	2	1	20	20	200
	경제안보수사심화과정	2	1	20	20	200
	안보사이버수사기본과정	2	1	20	20	200
	안보사이버수사심화과정	2	2	15	30	300
	경찰서안보요원심화과정	1	2	30	60	300
	안보수사경력채용자과정	2	1	20	20	200
	동료강사양성과정(안보)	1	1	30	30	150
	신규 수사경과자 기초역량과정	2	2	25	50	500
과수 18개 과정 24회 605명 (연) 6,450명	과학수사중간관리자과정	2	1	20	20	200
	현장감식기초과정(경채)	3	1	25	25	375
	현장감식기초과정(경채)	3	4	25	100	1,500
	현장감식(전문수사관)과정	3	1	25	25	375
	혈흔형태분석(전문수사관)과정	3	1	25	25	375
	화재감식기초과정	2	1	30	30	300
	폴리그래프검사심화과정	1	1	25	25	125
	폴리그래프검사관인력풀보수과정	1	1	25	25	125
	지문감정(AFIS)과정	2	3	25	75	750
	화재감식(전문수사관) 과정	3	1	25	25	375
	법최면검사심화과정	1	1	20	20	100
	법사진과정	1	2	25	50	250
	수중과학수사기초과정	2	1	20	20	200
	법영상분석기초과정	2	1	252	25	250
	초기감식과정	2	1	25	25	250
	법사현장심화과정	3	1	30	30	450
	DNA현장감식과정	2	1	30	30	300
	동료강사양성과정(과수)	1	1	30	30	150

IV 경찰교육센터

경찰은 경정 이하 경찰교육의 질적 · 양적 영역을 확대하고 각 시 · 도경찰청별 지역특성에 맞는 현장 중심의 전문 직무교육을 강화하기 위하여 18개 시 · 도경찰청에 경찰교육센터를 운영하고 있다. 시 · 도경찰청의 경무부장(공공안전부장)을 센터장으로 하여 각 경찰직무의 기능향상을 목적으로 직무교육과정을 운영하고 있다.

경무과장은 교육센터장을 보좌하여 교육센터의 운영을 관리, 감독한다. 경찰교육센터의 교육기관은 1일에서 5일 이내로 한다. 교육과정은 이수만점제를 채택하며, 전체 수업시간의 90% 이상을 이수하면 수료를 인정한다. 교육시간은 직장교육 및 상시학습시간에 반영한다.

표 10-9 경찰교육센터 공통과정~내근직장교육(24개 과정)

담당기능	과정명	기간(일)	교육대상
	계	2일	
공통과정 – (경찰관 내근직장교육)			
청문	청문감사실무과정	2일	경찰서내근근무자 (계, 팀장포함)
경무 (4)	고객만족기초과정	2일	〃
	경리실무과정	2일	〃
	경찰홍보실무과정	2일	〃
	송무실무기초과정	2일	〃
정보화	정보화장비기초과정	2일	〃
정보	정보실무과정	2일	〃
보안 (2)	보안수사첩보전문화과정	2일	〃
	합동정보조사전문화과정	2일	〃
외사	외사실무과정	2일	〃
생활안전 (4)	총포화약실무과정	2일	〃
	풍속실무과정	2일	〃
	유실물실무과정	2일	〃
	범죄예방진단과정	2일	〃
여청 (2)	가정폭력및아동학대대응실무과정	2일	〃
	학교폭력대응및소년수사기초과정	2일	〃
수사 (4)	지능범죄수사실무과정	2일	〃
	사이버수사네트워크기초과정	2일	〃
	재산범죄수사실무과정	2일	〃
	유치장관리업무과정	2일	〃

경비 (2)	작전전문화과정	2일	〃
	경비실무과정	2일	〃
교통 (2)	교통조사관기초과정	2일	〃
	교통행정기초과정	2일	〃

표 10-10 경찰교육센터 공통과정~전문교육(25개 과정)

담당기능	과정명	기간(일)	교육대상
	계	1~5일	
공통과정 – (경찰관 내근직장교육)			
공통	중간관리자리더십과정	2일	경찰서 신임 과 · 계 · 팀장
청문	인권감수성향상과정	2일	해당기능 근무자
경무 (6)	사격술향상과정	1일	정례사격 70점 미만자
	행정관역량향상실무과정	3일	일반직
	기록물관리과정	1일	담당자, 희망자
	민원응대전문화과정	1일	민원접점 부서
	경찰관마음돌봄과정	1일	복지담당자, 희망자
	고객만족실무과정	2일	민원접점 부서
보안 (2)	사이버보안전문화과정	2일	해당기능 근무자
	북한이탈주민신변보호전문화과정	2일	〃
생활안전 (2)	112종합상황실요원실무과정	3일	〃
	전자충격기실사훈련과정	2일	지역경찰, 교통외근, 형사
여청 (2)	여청수사기초실무과정	2일	해당기능 근무자
	실종수사기초실무과정	2일	〃
수사 (9)	신임수사관수사실무과정	5일	〃
	강력범죄수사실무과정	2일	〃
	수사자료분석실무과정	2일	〃
	발달장애인전담조사과정	2일	〃
	디지털포렌식기초과정	1일	〃
	과학수사이해과정	2일	〃
	마약류범죄수사실무과정	1일	〃
	신임수사팀장과정	2일	〃
	현장감식입문과정	2일	담당자, 희망자
경비(2)	화생방테러대응과정	3일	해당기능 근무자
	현장경찰관위기협상초급과정	3일	지역경찰, 형사

제11장

경찰공무원의 평정

제1절 경찰공무원의 근무평정

I 근무평정의 의의

근무평정이란 임용권자가 정기 또는 수시로 소속 공무원의 근무성적을 객관적인 기준을 근거로 엄정하게 평정하는 것을 말한다.[1] 임용권자는 근무평정의 결과를 승진, 교육, 전보, 포상 등의 자료로 활용한다.

경찰의 근무평정은 매년 10월 31일을 기준으로 하고, 원칙적으로 총경 이하의 경찰공무원에 대해 실시된다. 다만, 다음을 고려하여야 한다.[2]

① 휴직·직위해제 등의 사유로 해당 연도의 평정기관에서 6개월 이상 근무하지 아니한 경우 근무평정을 하지 아니한다.
② 교육훈련 외의 사유로 국가기관, 지방자치단체 또는 인사혁신처장이 지정하는 기관에 2개월 이상 파견근무자는 파견받은 기관의 의견을 반영한다.
③ 평정기관을 달리하는 기관으로 전보된 후 2개월 이내에 정기평정을 할 때에는 전출기관에서 근무성적을 평정하여 이관하며, 전입기관은 이를 반영하여 평정하여야 한다.
④ 신규채용되거나 승진임용된 경우에는 2개월이 지난 후부터 근무성적을 평정하여야 한다.

1) 국가공무원법 제51조.
2) 경찰공무원 승진임용 규정 제7조. [시행 2026. 7. 1.] [대통령령 제33986호, 2023. 12. 19., 일부개정]

근무평정의 결과는 승진, 전보(轉補), 특별승급 및 특별상여금 지급 등 각종 인사관리에 반영한다. 근무평정의 결과는 공개하지 아니한다.

Ⅱ 근무평정의 요소

근무평정은 연 1회 시행하며, 일정한 객관적 지표를 선정하여 그 기준에 맞춰 행하며, 경찰은 평정요소를 제1평정요소와 제2평정요소로 구분하고 있다. 그러나 총경의 근무성적은 제2평정요소로만 평정한다.

제1평정요소: 경찰업무 발전에 대한 기여도, 포상실적
제2평정요소: 근무실적, 직무수행능력, 직무수행태도

제2평정요소에 의한 근무성적 평정은 평정대상자의 계급별로 평정결과가 일정한 비율을 유지하도록 함으로써 평정의 공정성 및 신뢰성을 유지한다.

경찰서 수사과에서 고소·고발 등에 대한 조사업무를 직접 처리하는 경위 계급의 경찰공무원을 평정할 때에는 상대평가의 비율을 적용하지 아니할 수 있다.[3)]

평정결과가 10%에 해당자 없는 경우 양 30%에 합산하여 양을 40%로 할 수 있다.

표 11-1 근무평정의 배점 기준

구분	총경	경정 이하
수 20%	47점 이상	19점 이상
우 40%	40~46점	16~18점
양 30%	25~39점	10~15점
가 10%	24점 이하	9점 이하

자료: 경찰공무원 승진임용 규정 시행규칙 제9조 재구성.

3) 경찰공무원 승진임용 규정 제7조 제3항.

Ⅲ 근무평정권자

근무평정자는 3인으로 하되, 제1차평정자는 피평정자의 직근감독자가, 제2차평정자는 제1차평정자의 직근감독자가, 제3차평정자는 제2차평정자의 직근감독자가 된다. 다만, 경찰청장은 평정자를 특정하기가 곤란하다고 인정할 경우에는 따로 평정자를 지정할 수 있다.[4)]

근무성적의 총평정점은 50점을 만점으로 한다.

총경: 제2평정요소에 대하여 제1차평정자가 20점을 최고점으로, 제2차평정자와 제3차평정자가 각각 15점을 최고점으로 평정한 점수를 합산한다.

경정 이하: 제1평정요소와 제2평정요소에 대한 평정점을 산정하여 합산한다.

1. 제1평정요소의 평정점은 30점을 최고점으로, 제2평정요소의 평정점은 20점을 최고점으로 한다.
2. 제1평정요소에 대해서는 제1차평정자가 30점을 최고점으로 평정한 점수를 제2차평정자와 제3차평정자가 확인한다.
3. 제2평정요소에 대해서는 제1차평정자가 10점을 최고점으로, 제2차평정자와 제3차평정자가 각각 5점을 최고점으로 평정한 점수를 합산한다.

4) 경찰공무원 승진임용 규정 시행규칙 제6조–제7조. [시행 2026. 7. 1.] [행정안전부령 제456호, 2024. 1. 19., 일부개정]

근무성적 평정은 근무성적표에 따라 한다.5)

표 11-2 근무성적 평정표(총경)

○ 평정대상자	○ 평정기간	○ 평정 분포비율
소속: 계급: 성명: 1. 근무실적 · 직무수행능력 · 직무수행태도	20 . . .부터 . . .부터 20 . . .까지 . . .까지	· 수(47점 이상) 20% · 우(40점 이상 47점 미만) 40% · 양(25점 이상 40점 미만) 30% · 가(25점 미만) 10%

		근무실적			직무수행능력				직무수행태도			
	평가요소 및 배점	①직무의 양	②직무 수행의 정확성	③직무 수행의 신속성	④지식 및 기술	⑤이해 및 판단력	⑥기획 및 창의력	⑦관리 및 지휘력	⑧성실성 및 규율 준수	⑨친절 및 협조성	⑩적극성 및 책임성	1차평정자 계급 성명 (인)
평정자	평정기준 / 평정점수	어느 정도로 많은 양의 담당 직무를 처리하고 있는가?	담당 직무를 어느 정도로 우수하고 정확하게 처리하고 있는가?	담당 직무를 미결 없이 어느 정도로 신속히 처리하고 있는가?	담당 직무 수행에 필요한 지식과 기술을 가지고 활용하고 있는가?	담당 직무에 대하여 잘 이해하고 정확한 판단을 내리는가?	담당 직무를 수행할 때에 새로운 방법을 연구하여 개선하려고 노력하고 있는가?	부하직원과 인화단결하고 민주적인 방법으로 통솔하고 있는가?	담당 직무를 성실하게 수행하며 상사의 명령에 복종하고 규율을 준수하고 있는가?	상사·동료 간 및 대민(對民)관계에서 인화 단결하며 협조하려고 노력하고 있는가?	직무를 수행할 때에 의욕과 열의 및 책임감과 실천력은 어느 정도인가?	2차평정자 계급 성명 (인) 3차평정자 계급 성명 (인)
1차평정자	점수	수 2.0 우 1.75 양 1.5 가 1.25	수 2.0 우 1.75 양 1.5 가 1.25	수 2.0 우 1.75 양 1.5 가 1.25	수 2.0 우 1.75 양 1.5 가 1.25	수 2.0 우 1.75 양 1.5 가 1.25	수 2.0 우 1.75 양 1.5 가 1.25	수 2.0 우 1.75 양 1.5 가 1.25	수 2.0 우 1.75 양 1.5 가 1.25	수 2.0 우 1.75 양 1.5 가 1.25	수 2.0 우 1.75 양 1.5 가 1.25	평정점수
	1차(20)											
2·3차평정자	점수	수 1.5 우 1.25 양 1.0 가 0.5	수 1.5 우 1.25 양 1.0 가 0.5	수 1.5 우 1.25 양 1.0 가 0.5	수 1.5 우 1.25 양 1.0 가 0.5	수 1.5 우 1.25 양 1.0 가 0.5	수 1.5 우 1.25 양 1.0 가 0.5	수 1.5 우 1.25 양 1.0 가 0.5	수 1.5 우 1.25 양 1.0 가 0.5	수 1.5 우 1.25 양 1.0 가 0.5	수 1.5 우 1.25 양 1.0 가 0.5	평정점수
	2차(15)											
	3차(15)											
기타(참고사항)												총점

※ 평정 요령: 평정요소별 해당란에 "○" 표시를 합니다

5) 경찰공무원 승진임용 규정 시행규칙 제5조 [별지 제1호 서식], [별지 제2호 서식].

❷ 성격

요소별		1차 평정	2차 평정
⑪ 지도력	민주형		
	자유 방임형		
	군림 권위형		
⑫ 근면성실			
⑬ 무사안일주의			
⑭ 솔선수범			
⑮ 책임감결여			
⑯ 인화단결			
⑰ 파벌조성			
⑱ 협조타협적			
⑲ 이기독선적			
⑳ 겸손 · 예의			
㉑ 편견아집			
㉒ 순응적			
㉓ 반발적			
㉔ 자제적			
㉕ 감정적			
㉖ 적극적			
㉗ 소극적			

❸ 적성

구분 / 요소별	1차평정			2차평정		
	적합	보통	부적합	적합	보통	부적합
㉘ 지휘관						
㉙ 참모						
㉚ 기획요원						

❹ 발전성

요소별	1차평정	2차평정
㉛ 상위직 업무수행 능력이 우수하다		
㉜ 상위직 업무수행 능력이 보통이다		
㉝ 상위직 업무수행 능력이 부족하다		

❺ 세평

㉝ 아주 좋다	
㉞ 보통이다	
㉟ 나쁘다	

❻ 물욕관계(청렴도)

㊱ 문제될 것 없다		
㊲ 함부로 물품을 받는 버릇이 있다		
㊳ 대내외인에게 물품을 요구하는 버릇이 있다		

❼ 음주관계

㊴ 전혀 마시지 않는다		
㊵ 분별하여 마신다		
㊶ 마시면 이성을 잃는다		

❽ 이성관계

㊷ 문제될 것 없다		
㊸ 항상 문제가 된다		

❾ 가족관계

㊹ 원만(건전)하다		
㊺ 보통이다		
㊻ 불건전하다		

❿ 건강상태

㊼ 건강하다		
㊽ 보통이다		
㊾ 허약하다		
㊿ 질병이 있다		

표 11-3 근무성적 평정표(경정 이하)

근무성적 평정표(경정 이하)									○ 대상계급 :	
○ 평정대상자 소 속 : 성 명 :										
제1평정요소						제2평정요소				
항목 / 평정	경찰업무 발전에 대한 기여도	포상	교육훈련	근무 태도	계	근무실적	직무수행 능력	직무수행 태도	계	
배점	6	9	13	2	30	6	8	6	20	
내용	중요 업무 계획 수립, 중요 범죄 검거 등을 평가	상훈으로 인한 상점과 징계 등으로 인한 벌점을 상계	체력단련, 상시학습 이수 등을 평가	근무태도 일반을 평가	소계	· 담당 직무의 양 · 직무수행의 정확성 · 직무수행의 신속성	· 직무 지식 및 기술 · 직무의 이해력 · 창의력 및 기획력 · 관리 및 통솔력	· 성실성 및 준법성 · 친절도 및 협조성 · 적극성 및 책임감	소계	단계별 평정자
제1차 평정						3	4	3		계급 성명 (인)
제2차 평정						1.5	2	1.5		계급 성명 (인)
제3차 평정						1.5	2	1.5		계급 성명 (인)
비고										
※ 제1평정요소는 별표1의 평정기준에 따라 제1차 평정자가 평가하고, 제2차 · 제3차 평정자는 관련 자료로 확인						○ 제2평정 분포비율 · 수(19점 이상) 20% · 우(16점 이상 19점 미만) 40% · 양(10점 이상 16점 미만) 30% · 가(10점 미만) 10%				
						297mm×210mm[백상지 80g/㎡]				

표 11-4 경찰업무 발전에 대한 기여도 평가기준

평가요소	내용	단위	배점	
			시 소재지 이상 지역 근무자	군 단위 이하 지역 근무자
가. 중요 범죄 등 검거실적	· 국가안전을 해치는 주모자급 검거	1건	10	10
	· 살인 · 강도 · 소매치기 등 강력범 검거	1건	3	5
	· 절도범 및 그 밖의 경비사범 검거	1건	1	2
	· 방범사범 단속	1건	0.2	0.4
나. 홍보 및 제안 실적	· 언론보도를 통한 경찰홍보 실적	1회	5	5
	– 전국 일간지 게재 및 TV · 라디오 홍보	1회	2	2
	– 지방지 및 월간지 · 주간지 게재		10	10
	· 제안 규정에 따른 장려상 이상 수상자			
다. 경비업무 등 근무실적	· 다중 범죄 진압 · 출동	1회	0.2	0.3
	· 경호경비 및 산악수색 출동	1회	0.2	0.2
라. 업무 기획 · 수립 및 민원업무 등 수행	· 행정연구서 채택 · 시행	1건	10	10
	· 경찰서 단위 이상 계획 수립 · 시행	1건	1	1.3
	· 재조사 사건 처리	1건	0.2	0.3
	· 민원업무 처리	1건	0.2	0.3
마. 경찰 경비정 · 항공기 운전 및 정비업무 수행	· 25일 이상 승무 · 승선 또는 정비 (조종사의 경우 20시간 이상)	1개월	1.3	1.3
	· 21일 이상 24일 이하 승무 · 승선 또는 정비 (조종사의 경우 10시간 이상 24시간 미만)	1개월	1.0	1.0
	· 20일 이하 승무 · 승선 또는 정비 (조종사의 경우 10시간 미만)	1개월	0.5	0.5
바. 통신기기 수리 및 근무실적	· 통신기기 등 수리	1건	0.2	0.2
	· 암호자재의 제작 · 관리	1건	0.5	0.5
	· 전산입력 시행	1건	0.2	0.2
사. 그 밖의 근무실적	· 27일 이상 근무 (공가 · 출장 · 연가일수는 근무일수에 포함)	1개월	1.3	1.3
	· 24일 이상 26일 이하 근무	1개월	1.0	1.0
	· 23일 이하 근무	1개월	0.8	0.8

※ 비고

1. 사목의 그 밖의 근무실적: 학교·부속실·유치장·상황실·외판섬·출장소·교통외근·초소 근무 및 과학수사업무 실적을 말한다.
2. 적용기간: 전년도 11월 1일부터 해당 연도 10월 31일까지로 한다.
3. 평정점: 평정대상자가 받은 점수의 최고점은 15점으로 하고, 이를 5분의 2로 환산한 점수를 평정점으로 한다.

자료: 경찰공무원 승진임용 규정 시행규칙 제7조 제3항 제2호 [별표 1].

표 11-5 경찰업무 발전에 대한 기여도 평가기준

상			벌	
훈격(공훈에 따른 훈장, 포장 등의 등급) 구분		점수	징계 · 경고 구분	점수
가. 개인	훈장	20	〈징계〉	
	포장	15	강등	30
	대통령 표창	12	정직 3개월	25
	국무총리 표창	7	정직 2개월	20
	경찰청장 및 각 부처 장관(장관급 공무원 및 처장을 포함한다), 검찰총장 표창	5	정직 1개월 감봉 3개월 감봉 2개월	15 10 8
	각 청(廳)의 장, 각 군 참모총장, 합동참모의장, 특별검사, 고등검찰청검사장 및 군사령관 표창	4	감봉 1개월 견책(영창 · 근신을 포함한다)	6 4
	경찰대학장 · 경찰인재개발원장 · 중앙경찰학교장 · 경찰수사연수원장 · 경찰병원장 · 시 · 도경찰청장 · 특별시장 · 광역시장 · 특별자치시장 · 도지사 · 특별자치도지사 · 시 · 도자치경찰위원회 · 시 · 도 교육감 · 지방검찰청검사장 · 군단장(교육사령관을 포함한다) 표창	3	〈경고〉 경찰청장 – 불문경고 – 직권경고 경찰대학장 · 경찰인재개발원장 · 중앙경찰학교장 · 경찰수사연수원장 · 경찰병원장 · 시 · 도경찰청장 – 불문경고	 2 1 1
	101단장 · 기동단장 · 경찰서장 · 사단장 표창	2	– 직권경고	0.5
	기동대장 · 여단장 · 지방검찰청 지청장 표창	1.5	경찰서장 · 기동단장 · 의무경찰중대장 · 기동대장 – 불문경고	 0.5
	의무경찰중대장 · 연대장 표창	1	– 직권경고	0.25

구분	상		
	훈격 구분	수여받는 단체 (유사 단위 단체 포함)	점수
나. 단체	대통령 표창	계 · 팀	6
		과	3
		경찰서	2
	국무총리 표창	계 · 팀	3
		과	2
		경찰서	1.5
	행정안전부장관 및 경찰청장 표창	계 · 팀	2
		과	1.5
		경찰서	1
	시 · 도경찰청장 · 경찰대학장 · 경찰인재개발원장 · 중앙경찰학교장 · 경찰수사연수원장 · 경찰병원장 표창	계 · 팀	1.5
		과	1
		경찰서	0.5
	경찰서장 · 101단장 · 기동단장 표창	계 · 팀	1
		과	0.5

※ 비 고

1. 군의 표창은 통합방위작전, 경찰 행정발전 업무에 뚜렷한 공적을 세운 공로로 받은 표창만 "상"으로 인정한다.
2. 군의 표창을 제외한 위 표에서 정한 그 밖에 다른 기관장의 표창은 경찰업무와 관련된 공로로 받은 표창만 "상"으로 인정한다.
3. 상벌은 현재 재직 중인 계급에서 적용하는 것을 원칙으로 한다. 다만, 승진후보자 명부에 등재된 기간 중 포상을 받은 경우 승진임용예정 계급의 "상"에 포함한다.
4. 표창 제도와 운영 목적 또는 방식이 유사하여 경찰청장이 따로 정하는 경우에는, 1.5점의 범위 내에서 "상"에 포함할 수 있다.
5. "상" 점수 합계에서 "벌" 점수 합계를 뺀 점수를 아래와 같은 비율로 환산하여 평정점으로 하되, 최고점수는 9점, 최하점수는 0점으로 한다.
   가. 경정 · 경감: 12분의 9 나. 경위 · 경사: 11분의 9 다. 경장 · 순경: 10분의 9

자료: 경찰공무원 승진임용 규정 시행규칙 제7조 제3항 제2호 [별표 1].

표 11-6 근무태도 평가기준

구분	감점점수
무단결근 근무 지시 위반 경위서 소집 불응	1회당 0.1점

※ 비고
1. 적용기간: 전년도 11월 1일부터 해당 연도 10월 31일까지로 한다.
2. 근무태도는 기본점수를 2점으로 하여 감점 요소에 해당하는 경우 이를 뺀 나머지 점수를 평정점으로 하되, 최하 점수는 0점으로 한다.

자료: 경찰공무원 승진임용 규정 시행규칙 제7조 제3항 제2호.

IV 다면평가제

1. 의 의

임용권자 또는 임용제청권자가 소속공무원을 승진심사를 거쳐 승진임용하거나 승진임용 제청하고자 하는 때에는 승진심사 대상 공무원과 동일하거나 하위계급의 공무원 또는 업무와 관련된 민원인 등의 평가를 실시하여 그 결과를 반영하는 근무평가방식을 말한다.[6]

경찰의 경우 동료 평가는 승진심사대상자의 상위·동일·하위 계급의 경찰공무원이 하고, 민원 평가는 승진심사대상자의 업무와 관련된 민원인 등이 한다.[7]

이 평가 결과는 특별승급, 성과상여금 지급, 교육훈련, 보직관리 등 각종 인사관리에 반영할 수 있다.

다면평가제는 상급자만이 하급자의 근무역량과 성과를 평가하던 기존의 평가방식을 보완하여 동료 및 부하직원들까지 대상자를 평가하도록 함으로써 평가의 신뢰성을 향상시킨다는 데 의의가 있다.

다면평가제는 1998년도부터 공무원 인사행정에 도입되어 최초에는 승진심사에만 반영되었으며, 2001년에는 성과상여금제를 포함한 각종 인사관리 자료로 활용되기 시작하였다. 이후 2005년부터는 다면평가의 결과를 인사의 전반적인 자료

6) 공무원 성과평가 등에 관한 규정 제28조, [시행 2024. 12. 24.] [대통령령 제35109호, 2024. 12. 24., 일부개정]

7) 경찰공무원 승진임용 규정 제22조의2.

로 이용하고 있다.[8] 인사혁신처는 공무원 성과평가 등에 관한 지침을 개정하여 역량개발 및 교육훈련, 승진·전보·성과급에 활용할 수 있도록 정비하였다. 다면평가의 결과는 해당공무원에게 공개할 수 있다.

2. 다면평가제의 특징

다면평가제도는 인사평가의 객관성과 신뢰성을 제고시키기 위한 방안의 일환이다. 다면평가제는 다음과 같은 특징이 있다.[9]

첫째, 특정 피평가자에 대해 이들 다양한 사람들로부터 입체적·다면적으로 평가가 이루어지게 함으로써 평가의 객관성과 공정성을 높일 수 있다. 동료평가는 대상자를 둘러싼 동료들이 업무상 피평가자를 근접하여 관찰할 수 있는 위치에 있어 늘 대상자를 접함으로써 보다 객관적인 평가를 할 수 있는 것이다.

둘째, 다면평가제는 조직구성원들이 자신을 평가할 권한이 있다는 사실을 인지시켜 동료들과의 원만한 관계형성을 촉진시킬 뿐만 아니라 직무수행태도에도 긍정적인 영향을 미쳐 결과적으로 직무능력을 향상시킨다.

셋째, 다면평가제는 조직원으로 하여금 자기개발을 하도록 촉진한다. 이는 피평가자가 동료평가를 통해 결과를 주변의 관련자들로부터 자신의 장·단점을 피드백 받음으로써 자기 역량 강화의 기회를 가질 수 있기 때문이다.

넷째, 다면평가제는 팀, 부서 상호 구성원간의 팀워크를 강화시킨다. 동료평가는 동료 및 부하직원이 자신에게 주는 피드백이라고 할 수 있어 팀 및 부서 구성원간 친밀감과 유대감, 정보교환 등을 강화시키는 기능이 있다.

다섯째, 다면평가제의 피드백 시스템은 조직의 생산성 증대를 위한 촉매제가 될 수 있다. 동료평가를 통해 능력과 성과 중심의 인사관리가 이루어질 경우 직무수행 동기유발의 효과가 발생하며, 이는 조직의 생산성 향상이라는 효과를 불러온다.

---

8) 박시진, & 최선미. (2019). 근무성적평가 공정성 인식 영향 요인에 대한 탐색적 연구: 중앙공무원을 중심으로. 한국조직학회보, 16(1), 35-67.

9) 인사혁신처, 공무원 다면평가 운영 매뉴얼, 2019, 35-38.

다면평가 질문지[10)]

1. 직무 수행 능력 및 실적 (Competency & Performance)

평가 항목	질문 예시
전문성	해당 직무와 관련된 법령, 규정, 매뉴얼을 정확히 숙지하고 있는가?
문제 해결	돌발 상황이나 현장 문제 발생 시 신속하고 적절하게 대처하는가?
기획/보고	보고서 작성 및 업무 기획이 논리적이고 설득력이 있는가?
책임감	맡은 업무를 끝까지 책임지고 완수하려 노력하는가?

2. 직무 수행 태도 및 소통 (Attitude & Communication)

평가 항목	질문 예시
협동심	동료나 타 부서의 협조 요청에 적극적으로 응하며 협력하는가?
소통 능력	타인의 의견을 경청하며, 자신의 의사를 명확하고 정중하게 전달하는가?
성실성	출퇴근 시간 준수 및 근무 중 이석 금지 등 복무 규율을 잘 지키는가?
솔선수범	기피하거나 힘든 업무에 대해 먼저 나서서 해결하려는 자세가 있는가?

3. 리더십 및 관리 능력 (Leadership)

평가 항목	질문 예시
업무 배분	부서원들의 능력과 상황을 고려하여 업무를 공정하게 배분하는가?
동기 부여	부서원의 사기 진작을 위해 노력하며 칭찬과 격려를 아끼지 않는가?
의사 결정	주요 사안에 대해 합리적이고 신속하게 의사 결정을 내리는가?
갑질 근절	우월적 지위를 이용하여 부당한 지시를 하거나 인격을 모독하지 않는가?

4. 청렴성 및 준법성 (Integrity)

평가 항목	질문 예시
금품/향응	직무와 관련하여 금품, 향응, 편의 제공을 요구하거나 받지 않는가?
공정성	학연, 지연, 혈연 등에 얽매이지 않고 공정하게 업무를 처리하는가?
사생활	과도한 채무, 도박, 음주 소란 등 품위를 손상시키는 사생활 문제가 없는가?

10) 인사혁신처, 공무원다면평가 운영 매뉴얼, https://buly.kr/2UK7FJY/

V 근무평정 결과의 통보 및 이의신청

경찰청장은 다음의 근무평정 결과를 평정 대상 경찰공무원에게 통보할 수 있다.[11)]

1. 제1평정요소에 대한 평정점(경정 이하 경찰공무원)
2. 제2평정요소에 대한 평정점의 분포비율에 따른 등급
3. 그 밖에 경찰청장이 통보가 필요하다고 인정하는 사항

평정 대상 경찰공무원은 제1평정요소에 대한 근무평정 결과에 이의가 있는 경우에는 제2차평정자에게 이의를 신청할 수 있다.

이의신청을 받은 제2차평정자는 이의신청의 내용이 타당하다고 판단하는 경우에는 해당 경찰공무원에 대한 제1평정요소에 대한 근무평정 결과를 조정할 수 있으며, 이의신청을 받아들이지 않는 경우에는 그 사유를 해당 경찰공무원에게 설명하여야 한다.

제 2 절 경찰공무원의 경력평정

I 경력평정의 의의

경력평정이란 공무원이 공직기간 동안 경험한 직책을 그 기간에 따라 평가하는 것으로 승진 및 교육, 전보 등의 인사자료로 활용된다.

경찰공무원의 경력평정은 승진소요최저근무연수가 지난 총경 이하의 경찰공무원이 해당 계급에서 근무한 연수(年數)에 대하여 실시하며, 경력평정 결과는 승진대상자명부 작성에 반영한다.[12)]

경력의 평정자는 평정대상자가 속한 소속기관등의 인사담당 경찰공무원이 되고, 확인자는 평정자의 바로 위 감독자가 된다.

---

11) 경찰공무원 승진임용 규정 시행규칙 제9조의2.

12) 경찰공무원 승진임용 규정 제9조.

경감 이하의 경찰공무원 경력평정은 12월 31일을 기준하고, 총경 · 경정은 1월 31일을 기준한다.

Ⅱ 경력평정의 요소

경력평정은 기본경력과 초과경력으로 구분하여 실시한다. 계급별로 기본경력과 초과경력에 포함되는 기간은 다음과 같다. 경력평정 대상기간은 경력 월수를 단위로 하여 계산하되, 15일 이상은 1월로 하고 15일 미만은 경력에 산입하지 아니한다.

기본경력

1. 총경: 평정기준일부터 최근 3년간
2. 경정 · 경감: 평정기준일부터 최근 3년간
3. 경위 · 경사: 평정기준일부터 최근 2년간
4. 경장 · 순경: 평정기준일부터 최근 1년 6개월간

초과경력

1. 총경: 기본경력 전 1년간
2. 경정 · 경감: 기본경력 전 4년간
3. 경위: 기본경력 전 3년간
4. 경사: 기본경력 전 1년간
5. 경장 · 순경: 기본경력 전 6개월간

다음 각 호의 기간은 당해계급의 경력평정 대상기간에 이를 산입한다.[13)]

1. 승진소요최저근무연수에 산입되는 휴직기간 (공무상질병, 출산휴가 등으로 인한 휴직)
2. 직위해제기간(징계사유등이 무혐의 처분된 경우)

13) 경찰공무원 승진임용 규정 시행규칙 제10조.

3. 퇴직한 경찰공무원이 퇴직 당시의 계급 또는 그 이하의 계급에 재임용되는 경우 경력 평정 기준일 전 10년 이내의 기간 중 재임용된 계급 이상으로 근무하였던 기간
4. 시보임용기간
5. 승진소요최저근무연수에 산입되는 기간

경력 평정 대상 기간 중 다음의 기간은 평정에서 제외한다.

1. 휴직기간 및 직위해제기간을 제외한 휴직기간·정직기간 또는 직위해제기간
2. 경찰대학을 졸업하고 경위로 임용된 사람이 의무경찰대 대원으로 복무한 기간

Ⅲ 경력평정의 배점

총경 이하 경찰공무원의 기본경력 및 초과경력에 대한 평정의 배점은 다음과 같다. 경력평정의 총 평정점은 35점을 만점으로 한다.[14)]

표 11-7 경찰공무원의 기본경력 평점

• 기본경력 평정의 배점

❶ 총경 · 경정 · 경감

경력평정 대상 기간	1년	2년	3년
점수(월 0.667점)	10.668점	21.336점	32점

❷ 경위 · 경사

경력 평정 대상 기간	1년	2년
점수(월 0.889점)	15.996점	32점

❸ 경장

경력 평정 대상 기간	1년	2년
점수(월 1.333점)	15.996점	32점

14) 경찰공무원 승진임용 규정 시행규칙 제13조.

❹ 순경

경력 평정 대상 기간	1년	1년 6개월
점수(월 1.778점)	21.336점	32점

표 11-8 경찰공무원의 초과경력 평정

• 초과경력 평정의 배점

❶ 총경

경력평정 대상 기간	1년
점수(월 0.25점)	3점

❷ 경정 · 경감

경력평정 대상 기간	1년	2년	3년	4년
점수(월 0.063점)	0.756점	1.512점	2.268점	3점

❸ 경위

경력 평정 대상 기간	1년	2년	3년
점수(월 0.084점)	1.008점	2.016점	3점

❹ 경사

경력 평정 대상 기간	1년
점수(월 0.25점)	3점

❺ 경장 · 순경

경력 평정 대상 기간	6개월
점수(월 0.5점)	3점

제12장

경찰공무원의 승진

제1절 경찰공무원의 승진

I 승진의 의의 및 유형

1. 승진의 의의

승진(Promotion)이란 계급제적 공직구조에서 일정한 실증을 바탕으로 하위계급에서 상위계급으로 상승 이동하는 것을 말한다. 승진은 경찰공무원의 역량을 개발하고, 사기를 높이고 자기계발의 동기를 부여하는 등의 효과가 있다. 특히 공직사회에서 승진은 업무책임과 권한이 확대되고 이에 따른 보수도 많아지게 된다.

경찰공무원은 바로 아래 하위계급에 있는 경찰공무원 중에서 근무성적평정, 경력평정, 그 밖의 능력을 실증(實證)하여 승진임용한다.[1)]

총경 이하의 경찰공무원이 승진하려면, 최저소요근무연수를 해당 계급에서 재직하여야 한다.[2)]

표 12-1 승진 최저소요근무연수

계급	최저소요근무연수
총경	3년 이상
경정 및 경감	2년 이상
경위, 경사, 경장, 순경	1년 이상

1) 경찰공무원법 제15조.

2) 경찰공무원 승진임용 규정 제5조.

2. 승진의 방식 및 인원 배정

경찰공무원의 승진임용은 심사승진임용·시험승진임용 및 특별승진임용으로 구분한다. 경무관 및 총경계급으로의 승진은 승진심사에 의하여 한다. 경정 이하 계급으로의 승진은 승진시험과 승진심사를 병행할 수 있다.

승진방식별 승진인원 배정은 다음을 기준으로 한다.[3]

표 12-2 승진방식 및 배정인원

구분	인원 배정	비고 및 예외
1. 산정 원칙	• 실제결원 + 해당연도예상결원을 고려, 경찰청장이 결정	• 직무 특수성 고려 시 특수분야별 별도 산정 가능
2. 고위직 비율	• **경무관**: 정원의 **25%** 이내 • **총경**: 정원의 **20%** 이내	• 예정 인원이 결원(실제+예상)보다 적을 경우, 부족 인원 합산하여 초과 설정 가능
3. 특별승진 비율 (경정 이하)	• **경정**: 승진예정인원의 **3%** 이내 • **경감 이하**: 승진예정인원의 **30%** 이내	• 전사·순직·특수직무 등 특정 공로에 의한 승진 시 비율 초과 가능
4. 승진 방법 (경정 이하~경사 이상)	전체 예정 인원에서 특별승진 인원을 뺀 나머지를 기준으로 • **심사승진:70%** • **시험승진:30%**	• 특수분야는 비율 달리 정할 수 있음 • 시험 합격자가 예정 인원에 미달 시, **부족분은 심사승진에 합산**
5. 관서별 배정	• 각 기관별 **승진대상자 명부 등재 인원 비율**에 따라 배정	• **근속승진** 예정자 수 및 소속 기관별 여건 고려하여 조정 가능

표 12-3 경찰공무원 승진임용 현황

구분	계	심사승진	시험승진	특별승진	근속승진
2020	19,563	4,566	4,381	1,155	9,461
2021	18,386	4,738	4,415	1,118	8,115
2022	17,714	4,304	4,009	812	8,589
2023	23,665	5,314	5,030	2,170	11,151
2024	17,893	2,933	2,616	612	11,732
치안총감	1	1	–	–	–
치안정감	5	5	–	–	–
치안감	12	12	–	–	–
경무관	28	28	–	–	–

3) 경찰공무원 승진임용 규정 제4조.

구분	계	심사승진	시험승진	특별승진	근속승진
총경	135	135	–	–	–
경정	434	225	201	8	–
경감	6,761	514	438	183	5,626
경위	2,566	709	696	251	910
경사	5,620	741	731	134	4,014
경장	2,331	563	550	36	1,182

자료: 경찰청, 경찰통계연보, 2025, 74-75. 재구성.

Ⅱ 승진의 제한

경찰공무원이 징계처분중인 경우 등 일정한 결여요건이 있는 경우 승진임용이 제한된다.[4] 그 대상사유는 다음과 같다.

① 징계의결 요구, 징계처분, 직위해제, 휴직[5] 또는 시보임용 기간 중에 있는 사람

② 징계처분의 집행이 끝난 날부터 강등·정직은 18개월, 감봉은 12개월, 견책은 6개월이 지나지 아니한 사람.
단, 금품 및 향응 수수, 공금의 횡령·유용에 따른 징계처분, 소극행정, 음주운전(음주측정에 응하지 않은 경우를 포함), 성폭력, 성희롱 및 성매매에 따른 징계처분의 경우에는 각각 6개월을 더한 기간이 지나지 않은 사람

③ 징계에 관하여 경찰공무원과 다른 법령을 적용받는 공무원으로 재직하다가 경찰공무원으로 임용된 사람으로서, 종전의 신분에서 징계처분을 받고 그 징계처분의 집행이 끝난 날부터 강등은 18개월, 근신·영창 또는 그 밖에 이와 유사한 징계처분: 6개월이 지나지 아니한 사람

④ 계급정년이 연장된 사람

승진임용제한기간중에 있는 사람이 다시 징계처분을 받은 경우 승진임용제한기간은 이전 처분에 대한 승진임용제한기간이 끝난 날부터 계산하고, 징계처분으

4) 경찰공무원 승진임용 규정 제6조.

5) 공무상 질병 또는 부상으로 인하여 휴직한 사람을 특별승진임용하는 경우는 제외한다.

로 승진임용 제한기간중에 있는 사람이 휴직하는 경우 징계처분에 따른 남은 승진임용제한기간은 복직일부터 계산한다.

징계처분을 받은 후 해당 계급에서 포상을 받은 경우에는 승진임용제한기간의 2분의 1을 단축할 수 있다.

- 훈장
- 포장
- 모범공무원 포상
- 국무총리 이상으로부터 받은 표창
- 제안이 채택·시행되어 받은 포상

Ⅲ 승진대상자명부

1. 작성권자

경찰기관장은 총경 이하 경찰공무원에 대한 승진대상자명부를 계급별로 작성하여야 한다.[6)]

승진대상자명부는 직무 분야별로 작성할 수 있고, 매년 1월 1일을 기준으로 작성한다. 다만, 경무관 및 총경으로의 승진대상자명부는 매년 11월 1일을 기준으로 작성한다. 그 작성은 기준일로부터 20일 이내에 한다.[7)]

1. 경정 이상 경찰공무원과 경찰청 소속 경위 이상 경찰공무원: 경찰청장
2. 경감 이하 경찰공무원: 경찰대학·경찰교육원·중앙경찰학교·경찰수사연수원·경찰병원 및 시·도경찰청의 장
3. 경찰청 소속 경사 이하 경찰공무원: 경찰청의 각 국(局) 단위급 부서별 국장급 부서장
4. 경찰서 소속 경사 이하 경찰공무원: 경찰서장

경찰청장은 소속 승진대상자명부를, 시·도경찰청장은 소속 승진대상자명부를 계급별로 통합하여 작성하되, 통합된 명부에 기록하는 순서는 각 명부의 총평정점

6) 경찰공무원 승진임용 규정 제11조－제13조.
7) 경찰공무원 승진임용 규정 시행규칙 제11조－제13조.

순위에 따른다.

① 경찰청 소속 경위 이하 계급으로의 승진: 경찰청 국장급 부서장이 작성한 각 승진대상자 명부

② 경위 이하 계급으로의 승진: 시·도청장 또는 경찰서장이 작성한 각 승진대상자 명부

2. 승진대상자명부 작성방법

1) 명부작성

총경 이하 경찰공무원에 대한 승진대상자 명부는 다음의 구분에 따른 경찰기관의 장이 계급별로 작성한다.8)

1. 경정 이상 경찰공무원과 경찰청 소속 경위 이상 경찰공무원: 경찰청장
2. 경감 이하 경찰공무원: 경찰대학·경찰인재개발원·중앙경찰학교·경찰수사연수원·경찰병원 및 시·도경찰청장
3. 경찰청 소속 경사 이하 경찰공무원: 경찰청의 각 국(局) 단위급 부서별 국장급 부서장
4. 경찰서 소속 경사 이하 경찰공무원: 경찰서장

승진대상자 명부는 근무성적 평정점 65%, 경력 평정점 35%를 다음의 구분에 따른 비율로 반영하여 작성한다. 평정점은 해당 계급에서의 최근 성적을 비율대로 합산한 뒤, 마지막에 1.3배를 곱하여 산출한다.

총경(3년치 반영): (최근 1년 50% + 2년 전 30% + 3년 전 20%) × **1.3**
경정 ~ 경사(2년치 반영): (최근 1년 60% + 2년 전 40%) × **1.3**
경장 및 순경(1년치 반영): (최근 1년 100%) × **1.3**

평정점이 없을 때에는 다음 중 더 높은 점수를 적용한다. 점수가 없다면 기본점수 37.5점으로 간주한다.

8) 경찰공무원 승진임용 규정 시행규칙 제17조.

전년도 점수 그대로 적용
(**전년도 점수 + 다음 연도 점수**) ÷ 2 (평균값 적용)

2) 동점자의 처리

승진대상자명부의 점수가 같을 때에는 다음 각 호의 순서에 따라 선순위자를 결정한다.[9]

1. 근무성적이 우수한 사람
2. 해당 계급에서 장기간 근무한 사람
3. 바로 아래 계급에서 장기간 근무한 사람
4. 그 밖에 경찰청장이 별도로 정한 기준의 선순위자에 해당하는 사람

9) 경찰공무원 승진임용 규정 시행규칙 제27조의2.

승진대상자 명부

승진대상자 명부						작성자 ㉞ 조정자 ㉞			
순위		소속	계급	성명	평정점				비고
정기	조정				근무성적	경력	가점	계	

※ 비고: 근무성적 기재방법

1. "근무성적"란 윗줄: 최근 2년 전 3년 이내 근무성적의 20퍼센트, 최근 1년 전 2년 이내 근무성적의 30퍼센트, 최근 1년 이내 근무성적의 50퍼센트를 합산한 점수를 65점 만점으로 환산(1.3배)해서 적습니다. 다만, 경장·순경의 경우 최근 1년 전 2년 이내 근무성적의 40퍼센트, 최근 1년 이내 근무성적의 60퍼센트를 합산한 점수를 65점 만점으로 환산(1.3배)해서 적습니다.
2. "근무성적"란 가운뎃줄: 왼쪽 난부터 최근 2년 전 3년 이내 근무성적의 20퍼센트, 최근 1년 전 2년 이내 근무성적의 30퍼센트, 최근 1년 이내 근무성적의 50퍼센트의 점수 순으로 적습니다. 다만, 경장·순경의 경우 왼쪽 난부터 최근 1년 전 2년 이내 근무성적의 40퍼센트, 최근 1년 이내 근무성적의 60퍼센트의 점수 순으로 적습니다.
3. "근무성적"란 아랫줄: 왼쪽 난부터 최근 2년 전 3년 이내 근무성적, 최근 1년 전 2년 이내 근무성적, 최근 1년 이내 근무성적 순으로 적습니다. 다만, 경찰·순경의 경우 최근 1년 전 2년 이내 근무성적, 최근 1년 이내 근무성적 순으로 적습니다.

3) 명부의 조정

승진대상자명부의 작성자는 명부작성 이후 다음 사유가 발생한 경우에는 승진대상자명부를 조정하여야 한다.[10)]

1. 전출자나 전입자가 있는 경우
2. 징계처분이나 직위해제처분을 받은 사람이 있는 경우
3. 경력평정을 한 후에 평정사실과 다른 사실이 발견되는 등의 사유로 경력을 재평정한 경우
4. 휴직자나 퇴직자가 있는 경우
5. 징계처분, 계급정년이 연장 등의 사유로 승진임용 제한기간중에 있는 사람이 있는 경우

3. 효 력

승진대상자명부는 그 작성기준일 다음날로부터 효력을 가진다. 승진대상자명부를 조정한 경우에는 조정한 날로부터 효력을 가진다.

경찰서장은 승진심사가 있는 때에는 소속경찰공무원 중 경위 이하 승진대상자명부를 지방경찰청장에게, 경찰청의 각 국장급 부서장은 소속경찰공무원 중 경위 이하에 대한 승진대상자명부를 경찰청장에게 각각 작성 기준일부터 25일 이내에 제출하여야 한다.

제 2 절 승진심사

I 승진심사의 의의

경찰공무원의 승진심사란 일정한 승진요건을 갖춘 승진대상자를 승진심사위원회의 심사를 거쳐 상위 계급으로 승진임용하는 것으로 심사는 계급별로 실시한다. 승진심사는 경과별 또는 특수분야별로 실시할 수 있다.[11)]

10) 경찰공무원 승진임용 규정 시행규칙 제18조.

경정 이하에의 승진심사는 연 1회 1월 2일부터 3월 31일 사이에 실시한다. 다만, 경찰청장이 그 기간 내에 승진심사를 할 수 없다고 인정할 때에는 기간을 연장할 수 있으며, 경찰공무원의 증원이나 그 밖에 특별한 사유가 있으면 추가로 승진심사를 할 수 있다. 승진심사는 승진대상자명부의 선순위자 순으로 심사승진임용 예정인원수의 5배수를 대상으로 한다. 다만, 경찰청장은 부득이한 사유가 있을 때에는 5배수 이하로 할 수 있다.[12)]

임용권자 또는 임용제청권자는 소속 경찰공무원을 승진심사를 거쳐 승진임용하거나 승진임용 제청하고자 하는 때에는 승진심사대상자의 상위·동일·하위 계급의 경찰공무원, 업무와 관련된 민원인 등의 평가를 실시하여 그 결과를 반영할 수 있다. 이 평가결과는 특별승급, 성과상여금 지급, 교육훈련, 보직관리 등 각종 인사관리에 반영할 수 있다.

Ⅱ 승진심사위원회 구성 및 운영

1. 중앙승진심사위원회

승진심사를 위하여 경찰청에 중앙승진심사위원회를 두고, 경찰기관에 보통승진심사위원회를 둔다.[13)]

중앙승진심사위원회는 위원장을 포함한 5명 이상 7명 이하의 위원으로 구성한다.

위원은 회의 소집일 전에 승진심사대상자보다 상위계급인 경찰공무원 중에서 경찰청장이 임명하되, 승진심의위원회를 두는 경우 중앙승진심사위원회 위원은 승진심의위원회 위원 중에서 임명한다.

위원장은 위원 중 최상위계급 또는 선임인 경찰공무원이 된다.

2. 보통승진심사위원회

보통승진심사위원회는 경찰청·소속기관등·경찰서에 둔다.[14)] 보통승진심사

11) 경찰공무원 승진임용 규정 제14조－제25조.

12) 경찰공무원 승진임용 규정 제17조.

13) 경찰공무원법 제12조 제1항.

14) 경찰공무원 승진임용 규정 제16조.

위원회는 위원장을 포함한 5명 이상 7명 이하의 위원으로 구성한다.

보통승진심사위원회 위원은 그 보통승진심사위원회가 설치된 경찰기관의 장이 승진심사대상자보다 상위계급인 경위 이상 소속 경찰공무원 중에서 임명하며, 위원장은 위원 중 최상위계급 또는 선임인 경찰공무원이 된다.

3. 승진심사위원회의 관할

승진심사위원회는 다음의 구분에 따라 경찰공무원의 승진심사를 관할한다.[15) 다만, 경찰청장은 승진예정 인원 등을 고려하여 부득이할 때에는 제2호의 승진심사 중 경찰서의 보통승진심사위원회에서 실시할 경위 이하 계급으로의 승진심사를 지방경찰청의 보통승진심사위원회에서 하게 할 수 있다.

1. 총경 이상 계급으로의 승진심사: 중앙승진심사위원회
2. 경정 이하 계급으로의 승진심사: 해당 경찰관이 소속한 경찰기관의 보통승진심사위원회(제3호의 경우 제외)
3. 경찰서 소속 경찰공무원의 경감 이상 계급으로의 승진심사: 지방경찰청 보통승진심사위원회

4. 운영 및 간사

중앙승진심사위원회의 회의는 경찰청장이 소집하며, 보통승진심사위원회의 회의는 해당 경찰기관의 장이 경찰청장(경찰서 보통승진심사위원회 회의의 경우 지방경찰청장)의 승인을 받아 소집한다.

승진심사위원회의 회의는 재적위원 과반수의 찬성으로 의결한다. 승진심사위원회의 회의는 비공개로 한다.

승진심사위원회에 간사 1명과 서기 몇 명을 둔다. 간사와 서기는 승진심사위원회가 설치되어 있는 경찰기관 소속 인사담당 경찰공무원 중에서 그 경찰기관의 장이 임명한다. 간사는 위원장의 명을 받아 위원회의 사무를 처리하며, 서기는 간사를 보조한다.

15) 경찰공무원 승진임용 규정 제17조－제19조.

Ⅲ 승진심사 대상

승진심사는 승진대상자 명부의 선순위자(승진시험에 합격한 사람은 제외)순으로 심사승진임용 예정 인원의 5배수를 대상으로 한다. 다만, 경찰청장은 부득이한 사유가 있을 때에는 승진심사대상자의 범위를 심사승진임용 예정 인원의 5배수 이하로 하게 할 수 있다.[16]

경찰공무원이 다음에 해당하는 경우에는 승진심사대상에서 제외한다.[17]

1. 신임 및 기본 교육을 받지 아니하였거나 그 교육성적이 만점의 60% 미만인 경우
2. 승진임용제한 대상자인 경우[18]
3. 총경 이하 경찰공무원이 승진임용에 필요한 교육훈련시간을 충족하지 못한 경우. 다만, 직무수행상의 특별한 사유로 승진임용에 필요한 교육훈련시간을 충족하지 못한 경찰공무원에 대하여 경찰청장이 필요하다고 인정하는 경우는 제외

Ⅳ 승진심사의 평가요소 및 결과보고

승진심사위원회는 승진심사대상자가 승진될 계급에서의 직무수행능력을 평가하기 위하여 다음의 사항을 심사한다.[19]

1. 경험한 직책
2. 승진기록
3. 현 계급에서의 연도별 근무성적
4. 상벌
5. 소속 경찰기관의 장의 평가·추천
6. 적성

16) 경찰공무원 승진임용 규정 제20조.
17) 경찰공무원 승진임용 규정 제21조.
18) 경찰공무원 승진임용 규정 제6조 제1항.
19) 경찰공무원 승진임용 규정 제22조.

경찰공무원을 승진임용하거나 승진임용을 제청할 때 승진심사대상자에 대한 동료 평가 및 민원 평가를 실시하여 그 결과를 반영할 수 있다. 이 경우 동료 평가는 승진심사대상자의 상위 · 동일 · 하위 계급의 경찰공무원이 하고, 민원 평가는 승진심사대상자의 업무와 관련된 민원인 등이 한다. 반영비율 등은 경찰청장이 정한다.[20]

20) 경찰공무원 승진임용 규정 제22조의2.

■경찰공무원 승진임용 규정 시행규칙[별지 제6호서식]

승진심사표

심사위원 ㊞

순위	소속	계급	성명	평가성적							심사 결과	비고
				경험한 직책	승진 기록	근무 성적	상벌	지휘관 추천	적성	계		

승진심사위원회는 승진심사를 완료한 때에는 지체없이 다음의 서류를 작성하여 중앙승진심사위원회는 경찰청장에게, 보통승진심사위원회는 당해 위원회가 설치된 경찰기관의 장에게 보고하여야 한다.

1. 승진심사의결서
2. 승진심사종합평가서
3. 승진임용예정자로 선발된 사람의 명부

■경찰공무원 승진임용 규정 시행규칙[별지 제8호서식]

(　　)승진심사 의결서

<table>
<tr><td colspan="3">「경찰공무원법」 제17조에 따라 (　　)승진임용예정자를 다음과 같이 심사·의결한다.</td></tr>
<tr><td colspan="3">(　　)승진임용예정자를 　명으로 한다.</td></tr>
<tr><td colspan="3">년 　월 　일</td></tr>
<tr><td>경찰관</td><td>중앙
(보통)</td><td>승진심사위원회</td></tr>
<tr><td colspan="3">위원장 계급 성명 ㉑
위원 계급 성명 ㉑
위원 계급 성명 ㉑
위원 계급 성명 ㉑
위원 계급 성명 ㉑
위원 계급 성명 ㉑
위원 계급 성명 ㉑
간사 계급 성명 ㉑</td></tr>
</table>

210mm×290mm[백상지 80g/㎡]

승진심사 종합평가서[21)]

순위	소속	계급	성명	종합평가성적							심사 결과	비고
				경험한 직책	승진 기록	근무 성적	상벌	지휘관 추천	적성	계		

257mm×364mm[백상지 80g/㎡]

21) 경찰공무원 승진임용 규정 시행규칙 제25조.

■경찰공무원 승진임용 규정 시행규칙[별지 제9호서식]

승진임용예정자 명부

순위	소속	계급	경과	성명	비고

210mm×297mm[백상지 80g/㎡]

V 승진심사후보자명부

임용권자는 승진심사위원회에서 승진임용예정자로 선발된 자에 대하여 심사승진후보자명부를 작성하여야 한다. 명부에 등재된 자가 승진임용되기 전에 정직 이상의 징계처분을 받은 경우에는 심사승진후보자명부에서 이를 삭제하여야 한다.

경찰공무원의 승진임용 시 심사승진후보자와 시험승진후보자가 있을 경우에 승진임용 인원은 70퍼센트를 심사승진후보자로, 30퍼센트를 시험승진후보자로 한다.[22)]

제 3 절 승진시험

I 승진시험의 의의

승진시험이란 동일 계급의 경찰공무원들을 대상으로 일정한 시험을 거쳐 한 계급을 승진시키는 임용방법이다.[23)] 경찰공무원의 승진시험은 계급별로 실시하되, 경찰청장이 필요하다고 인정할 때에는 경과별, 특수분야별로 구분하여 실시할 수 있다.

경과별, 특수분야별로 시험을 실시하는 경우에는 승진임용 후 2년 이상 5년 이하의 범위에서 행정안전부장관이 정하는 기간 동안 경찰청장이 지정하는 직무부서에서 근무할 것을 조건으로 할 수 있다.

경찰청장은 경정 이하 계급으로의 시험을 소속기관 등의 장에게 위임할 수 있다.

II 승진시험의 응시자격

승진시험에 응시하려는 경찰공무원은 다음의 요건을 갖추어야 한다. 시험에서 부정행위를 한 경찰공무원에 대해서는 그 시험을 정지하거나 무효로 하며, 5년간 승진시험 응시자격을 박탈한다.

---

22) 경찰공무원 승진임용 규정 제25조.

23) 경찰공무원 승진임용 규정 제27조－제36조.

① 시험을 실시하는 해의 1월 1일 현재 승진소요최저근무연수 이상 해당 계급에서 재직하였을 것
② 기본교육을 받은 사람으로서 그 교육성적이 만점의 60% 이상일 것
③ 징계 및 그 시효 등의 승진임용 제한사유에 해당하지 아니할 것
④ 총경 이하의 경우 승진임용에 필요한 교육훈련 시간을 이수했을 것

Ⅲ 승진시험의 절차

시험은 매년 1회 실시하며, 그 일시·장소, 그 밖에 시험 실시에 필요한 사항을 시험실시 15일 전까지 공고하여야 한다.

시험은 제1차시험, 제2차시험 및 제3차시험으로 구분한다. 그러나 경찰청장이 필요하다고 인정할 때에는 제3차시험을 생략할 수 있으며, 제1차시험과 제2차시험을 동시에 실시할 수 있다.

제1차시험은 선택형으로 하는 것을 원칙으로 하되, 과목별로 기입형을 포함할 수 있다. 제2차시험은 논문형으로 하는 것을 원칙으로 하되, 과목별로 주관식 단답형을 포함할 수 있다. 다만, 특수경과 및 경찰청장이 정하는 특수직무 분야의 경찰공무원에 대해서는 실기시험으로 하거나 실기시험을 병행할 수 있다. 제3차시험은 면접시험으로 하며, 직무수행에 필요한 응용능력과 적격성을 검정한다. 경찰청장이 필요하다고 인정할 때에는 제3차시험을 생략할 수 있으며, 제1차시험과 제2차시험을 동시에 실시할 수 있다.

제1차시험 불합격자는 제2차시험에 응시할 수 없고, 제2차시험 불합격자는 제3차시험에 응시할 수 없다. 제1차시험과 제2차시험을 동시에 실시하는 경우에는 그러하지 아니하다.

제1차시험과 제2차시험을 동시에 실시하는 경우 제1차시험에 불합격한 사람의 제2차시험은 무효로 한다.

경감 이하 계급으로의 시험의 경우 경찰청장이 지정하는 특수분야는 필기시험과 면접시험으로만 전형할 수 있으며, 이 경우에도 면접시험을 생략할 수 있다.[24]

24) 경찰공무원 승진임용 규정 제31조의2.

경찰 승진시험서 부정행위 적발…차순위가 합격

지난 8일 시행된 2022년도 경찰공무원 정기승진시험에서 부정행위를 저지른 응시자가 적발됐습니다. 경찰은 해당 응시자의 합격을 취소하는 대신 차순위 고득점자를 합격시켰습니다.

오늘(28일) 경찰에 따르면 경찰청은 지난 26일 내부망을 통해 "경정 정기 승진시험과 관련해 시험의 공정을 해하는 행위가 확인됐다"며 "차순위자를 신규 합격 결정하고 필요한 조치들을 진행 중"이라고 밝혔습니다.

당초 경찰은 지난 13일 합격자를 발표했으나, 뒤늦게 부정행위를 확인하고 이 같은 조치를 취했습니다. 차순위 고득점을 받아 신규 합격하게 된 응시자는 전남 순천경찰서 소속 경감 A씨인 것으로 나타났습니다.

합격이 취소된 응시자는 시험시간 종료 이후에도 답안지를 작성한 것으로 전해졌습니다. 경찰청은 함께 시험을 치른 응시자들로부터 문제제기가 이어지자 사실관계를 확인해 이 같은 조치를 내렸습니다. …중략…

한편 경찰 정기승진시험에서 부정행위가 적발된 것은 이번이 처음은 아닙니다. 지난해에는 인천경찰청 소속 경위가 승진시험 현장에서 부정행위를 저질러 퇴실 조치와 함께 무효 처리됐습니다. 충북 영동경찰서 소속 경사도 시험 종료 이후에 답안지를 작성하다 퇴실 조치됐습니다.

자료: MBN, 2022년 1월 28일자 보도.

IV 승진시험과목

승진시험의 과목과 과목별 배점비율은 다음과 같다. 시험의 합격자는 제1차시험 및 제2차시험에서는 각 과목 만점의 40% 이상 득점한 사람 중에서 선발예정인원을 고려하여 고득점자 순으로 합격자를 결정한다. 제3차시험에서는 합격·불합격만을 결정한다.[25)]

25) 경찰공무원 승진임용 규정 시행규칙 제28조－제30조.

표 12-4 경찰공무원 승진시험과목(1차시험과 2차시험)

(단위: 퍼센트)

계급 \ 분야	시험	일반경찰(수사 경과 및 안보수사 경과 포함) 과목	배점비율	정보통신경찰 과목	배점비율	항공경찰 과목	배점비율	일반경찰(교수요원) 과목	배점비율	경비경찰(전투경찰, 기동경찰) 과목	배점비율
경정	제1차 시험	헌법 경찰행정학	30 30	헌법 경찰행정학	30 30	형사소송법 경찰행정학	30 30	경찰실무(종합) 경찰행정학	30 30	경찰실무(종합) 경찰행정학 형사소송법	30 30 40
	제2차 시험	형사소송법	40	정보체계론	40	항공법	40	형사소송법	40	체력검정 사격	70 30
경감	제1차 시험	경찰실무(종합 형법)	30 30	경찰실무(종합 형법)	30 30	경찰실무(종합 형법)	30 30	경찰실무(종합형법)	30 30	경찰실무(종합) 형법 경찰행정법	30 30 40
	제2차 시험	경찰행정법	40	정보통신 시스템	40	항공법	40	경찰행정법	40	체력검정 사격	70 30
경위	제1차 시험							필수: 형법 형사소송법	35 35	형법 형사소송법 경찰실무(종합)	35 35 30
	제2차 시험							선택: 경찰실무(1) 경찰실무(2) 경찰실무(3) 중 택1	30	체력검정 사격	70 30
경사	제1차 시험									형법 형사소송법 경찰실무(1)	35 35 30
	제2차 시험									체력검정 사격	70 30
경장	제1차 시험									형법 형사소송법 경찰실무(1)	35 35 30
	제2차 시험									체력검정 사격	70 30

※ 비고

1. 경찰실무(1)은 경무(윤리 포함)와 경비·교통을 포함하고, 경찰실무(2)는 생활안전·수사를 포함하며, 경찰실무(3)은 정보·보안·외사를 포함한다.
2. 경찰행정법의 출제 범위는 행정법총론(행정법Ⅰ)과 행정법각론(행정법Ⅱ) 중 경찰행정법 분야로 한정한다.[26]

표 12-5 경찰공무원 승진시험과목(필기시험)

(단위: 퍼센트)

계급 \ 분야	시험	일반 (수사경과 및 안보수사경과 포함) 과목	배점비율	정보통신 과목	배점비율	항공 과목	배점비율
경위	필수	형법 형사소송법 실무종합	35 35 30	형법 형사소송법	35 35	형법 형사소송법	35 35
	선택			정보통신기기론 컴퓨터일반 중 택1	30	항공법 항공역학 중 택 1	30
경사	필수	형법 형사소송법 실무종합	35 35 30	형법 형사소송법	35 35	형법 형사소송법	35 35
	선택			정보통신기기론 컴퓨터일반 중 택1	30	항공기체 항공발동기 중 택 1	30
경장	필수	형법 형사소송법 실무종합	35 35 30	형법 형사소송법	35 35	형법 형사소송법	35 35
	선택			정보통신기기론 컴퓨터일반 중 택1	30	항공기체 항공발동기 중 택 1	30

V 최종합격자 결정

제1차시험 및 제2차시험의 경우 각 과목당 40% 이상 득점자 중 선발예정인원을 고려하여 고득점자순으로 합격자를 결정한다.

제3차시험(면접시험)은 합격 · 불합격만을 결정한다.

최종합격자는 제3차시험에 합격자 중(제3차시험을 실시하지 아니하는 경우에는 제2차시험 합격자) 다음 비율로 합산한 성적의 고득점자순으로 결정한다.[27]

26) 경찰공무원 승진임용 규정 시행규칙 제28조.

27) 경찰공무원 승진임용 규정 제33조.

1. 제1차시험성적 36%(경비경찰의 경우에는 30%)
2. 제2차시험성적 24%(경비경찰의 경우에는 30%)
3. 해당 계급에서의 근무성적 40%

해당계급에서의 근무성적은 경위 이하 경찰공무원의 경우에는 시험 실시연도 기준일부터 최근 1년 이내에 그 계급에서 평정한 평정점에 의하여 산정하며, 경감의 경우에는 시험 실시연도 기준일부터 최근 2년 이내에 그 계급에서 평정한 평정점에 의하여 다음의 계산방식으로 산정한다.

(최근 1년 이내에 평정한 평정점×60/100) + (최근 1년 전 2년 이내에 평정한 평정점×40/100)

최종합격자를 결정함에 있어서 동점자가 있는 경우에는 다음의 순위에 따라 선순위자를 합격자로 한다.[28)]

1. 근무성적이 우수한 사람
2. 해당 계급에서 장기근무한 사람
3. 바로 하위계급에서 장기근무한 사람
4. 그 밖에 경찰청장이 정한 기준에 따른 선순위자에 해당하는 사람

Ⅵ 시험승진후보자명부

임용권자나 임용제청권자는 시험에 합격한 사람에 대하여 각 계급별로 시험승진후보자명부를 작성하되, 합산성적 고득점자순으로 작성하여야 한다.

시험승진임용은 시험승진후보자명부에 기록된 순서에 따른다. 시험승진후보자 명부에 기록된 사람이 승진임용되기 전에 정직 이상의 징계처분을 받은 경우에는 시험승진후보자명부에서 그 사람을 제외하여야 한다.

28) 경찰공무원 승진임용 규정 시행규칙 제29조의2.

Ⅶ 부정행위자에 대한 조치

1. 시험의 무효, 합격취소

시험에서 다음의 어느 하나에 해당하는 행위를 한 경찰공무원에 대해서는 그 시험을 정지 또는 무효로 하거나 합격을 취소하고, 그 처분이 있은 날부터 5년간 승진시험에 응시할 수 없게 한다.[29]

1. 다른 수험생의 답안지를 보거나 본인의 답안지를 보여주는 행위
2. 대리 시험을 의뢰하거나 대리로 시험에 응시하는 행위
3. 통신기기, 그 밖의 신호 등을 이용하여 해당 시험 내용에 관하여 다른 사람과 의사소통하는 행위
4. 부정한 자료를 가지고 있거나 이용하는 행위
5. 실기시험에 영향을 미칠 목적으로 「공무원임용시험령」 제51조 제1항 제6호에 따라 인사혁신처장이 정하여 고시하는 금지약물을 복용하거나 금지방법을 사용하는 행위
6. 그 밖에 부정한 수단으로 본인 또는 다른 사람의 시험결과에 영향을 미치는 행위

2. 시험의 정지나 무효

시험에서 다음에 해당하는 행위를 한 경찰공무원에 대해서는 그 시험을 정지하거나 무효로 한다.

1. 시험 시작 전에 시험문제를 열람하는 행위
2. 시험 시작 전 또는 종료 후에 답안을 작성하는 행위
3. 허용되지 아니한 통신기기 또는 전자계산기를 가지고 있는 행위
4. 그 밖에 시험의 공정한 관리에 영향을 미치는 행위로서 시험실시기관의 장이 시험의 정지 또는 무효 처리기준으로 정하여 공고한 행위

29) 경찰공무원 승진임용 규정 제35조.

제 4 절 특별승진

I 특별승진의 의의

특별승진이란 경찰공무원으로서 근무중 특별한 공적을 세우거나 일정한 사유가 있는 경우 상위 계급으로 승진시키는 것을 말한다. 다만, 경위 이하의 경찰공무원으로서 모든 경찰공무원의 귀감이 되는 공을 세우고 전사하거나 순직한 사람에 대하여는 2계급 특별승진시킬 수 있다.

경찰공무원의 특별승진은 경찰청장이 특히 필요하다고 인정하는 경우에 수시로 이를 실시할 수 있다.

특별승진의 경우에도 경정 이하 경찰공무원은 기본교육을 이수하여야 한다. 그러나 승진소요최저근무연수는 적용되지 않는다.

다만 다음의 경우에는 기본교육 등의 이수를 요구하지 아니한다(제41조).

1. 명예퇴직자
2. 대간첩작전 등의 사망자 혹은 직무상 순직자 등
3. 헌신적인 노력으로 간첩 또는 무장공비를 사살하거나 검거한 사람
4. 국가안전을 해치는 중한 범죄의 주모자를 검거한 사람
5. 전시 · 사변 또는 이에 준하는 비상사태에서 위험을 무릅쓰고 헌신 · 분투하여 사태 진압에 특별한 공을 세운 사람
6. 살인 · 강도 · 조직폭력 등 중한 범죄의 범인 검거에 헌신 · 분투하여 그 공이 특별히 현저한 사람
7. 천재지변이나 그 밖의 재난 발생 시 위험을 무릅쓰고 인명을 구조하거나 재산을 보호한 공이 특별히 현저한 사람

II 특별승진의 대상자

특별승진의 대상자 및 계급은 다음과 같다.[30]

30) 경찰공무원 승진임용 규정 제37조 – 제38조.

표 12-6 특별승진 대상 및 계급

구분	대상자 요건	승진 가능 계급
순직 · 퇴직	1. 전사 · 순직자 (전투 · 위험직무 등)	**치안정감** 이하
	2. 명예퇴직자 (20년 이상 근속 + 공적)	**치안정감** 이하
수사 · 안보	3. 간첩 · 무장공비 사살 또는 검거	**경정** 이하
	4. 중요 안보범죄(국가안전 저해) 주모자 검거	**경정** 이하
	5. 전시 · 사변 등 비상사태 진압 공로자	**경정** 이하
	6. 살인 · 강도 · 조폭 등 중요범죄 범인 검거	**경정** 이하
	7. 재난 시 인명 구조 · 재산 보호	**경정** 이하
	8. 인사혁신처장 포상 수상자 (우수 공무원)	**경정** 이하
행정 · 일반	9. 직무수행 탁월 (행정능률 · 예산절감 등)	**경감** 이하
	10. 공무원 제안 창안등급 동상 이상	**경감** 이하
특수직무	11. 특별경비부서 헌신 근무자 (상위직 수행능력 有)	**경위** 이하

다음에 해당하는 경우에는 특별승진에 해당하지 아니한다.[31]

1. 금전, 물품, 부동산, 향응 또는 그 밖에 대통령령으로 정하는 재산상 이익을 취득하거나 제공한 경우
2. 국가재산, 자치단체 재산 등의 횡령(橫領), 배임(背任), 절도, 사기 또는 유용(流用)한 경우
3. 성폭력
4. 성매매
5. 성희롱
6. 음주운전
7. 음주측정불응

Ⅲ 특별승진의 절차

임용권자 또는 임용제청권자는 소속경찰공무원에 대하여 특별승진심사를 받게 하려면 당해경찰공무원의 공적조서와 인사기록카드를 관할승진심사위원회가 설치되는 기관의 장에게 제출하여야 한다.[32] 이 경우 승진심사위원회를 관할하는

31) 경찰공무원 승진임용 규정 제40조의2.

기관의 장은 승진심사에 필요하다고 인정되는 공적의 내용을 현지 확인하게 하거나 그 공적을 증명할 수 있는 자료를 제출하게 할 수 있다.

특별승진심사에 의한 승진임용예정자의 결정은 찬·반 투표로써 한다.

관할승진심사위원회는 심사가 끝난 때에는 승진심사의결서 및 특별승진임용예정자명부 및 특별승진심사탈락자명부를 중앙승진심사위원회의 경우에는 경찰청장에게, 보통승진심사위원회의 경우에는 경찰청장과 소속기관등의 장에게 각각 보고하여야 한다.

IV 특별승진의 취소

명예퇴직으로 특별승진임용된 사람이 재직 중 다음과 같은 사유로 명예퇴직수당을 환수하는 경우에는 특별승진임용을 취소해야 한다. 이 경우 특별승진임용이 취소된 사람은 그 특별승진임용 전의 계급으로 퇴직한 것으로 본다.[33]

또한 전사·순직으로 인한 특별승진의 경우 인사혁신처 급여 결정 절차에서 순직공무원 또는 위험직무순직공무원으로 인정받지 못하는 경우 또는 특별승진 대상자로 중앙승진심사위원회에서 부적합하다고 의결하는 경우 등은 특별승진이 취소된다.

---

32) 경찰공무원 승진임용 규정 시행규칙 제33조.

33) 경찰공무원 승진임용 규정 제40조의2.

■경찰공무원 승진임용 규정 시행규칙[별지 제12호서식]

특별승진임용예정자 명부 및 특별승진심사 탈락자 명부

일련번호	소속	계급	성명	연령	근속연수		공적	의결 결과 (가 · 부)
					총 근속기간	현 계급 근속기간		

210mm×297mm[백상지 80g/㎡]

1. 「국가공무원법」 제78조의2 제1항(징계부가금) 각 호의 징계 사유
2. 「성폭력범죄의 처벌 등에 관한 특례법」 제2조에 따른 성폭력범죄
3. 「성매매알선 등 행위의 처벌에 관한 법률」 제2조 제1항 제1호에 따른 성매매
4. 「양성평등기본법」 제3조 제2호에 따른 성희롱
5. 「도로교통법」 제44조 제1항에 따른 음주운전 또는 같은 조 제2항에 따른 음주측정에 대한 불응

제 5 절 근속승진

I 근속승진의 의의

근속승진이란 일정한 직급에서 근무한 경찰관을 상위 계급으로 승진임용하는 것으로 직업공무원제의 연공서열주의를 고려한 승진제도이다. 근속승진은 경장부터 경감까지로 각 1계급을 승진임용할 수 있다.[34]

II 근속승진 소요근무연수

경찰청장은 해당 계급에서 다음의 기간 동안 재직한 사람을 경장, 경사, 경위, 경감으로 각각 근속승진 임용할 수 있다.

① 순경에서 경장으로: 순경 계급에서 4년 이상 근속자
② 경장에서 경사로: 경장 계급에서 5년 이상 근속자
③ 경사에서 경위로: 경사 계급에서 6년 6개월 이상 근속자
④ 경위에서 경감으로: 경위 계급에서 8년 이상 근속자

III 승진임용 대상 및 시기

경장·경사 근속승진 임용대상자는 근속승진 대상자명부의 최근 2년간 근무성적평정점 평균이 37.5점 이상인 사람, 경위 근속승진 임용대상자는 근속승진 대상자명부의 최근 3년간 근무성적평정점 평균이 37.5점 이상인 사람으로 한다.[35]

경장·경사·경위 근속승진임용의 시기는 매월 1일로 하고, 경감 근속승진임용의 시기는 매년 1월 1일과 7월 1일로 한다.

---

34) 경찰공무원법 제16조. 경찰공무원 승진임용 규정 제26조.

35) 경찰공무원 근속승진 운영규칙 제6조. [시행 2023. 1. 1.] [경찰청훈령 제1072호, 2023. 1. 1., 일부개정].

Ⅳ 근속승진대상자명부

근속승진에 필요한 요건을 갖춘 경위 이하에 대하여 계급별로 근속승진대상자명부를 작성한다. 경위 이하 근속승진대상자명부는 매월 1일을 기준으로, 경감 근속승진대상자명부는 매년 1월 1일과 7월 1일을 기준으로 작성한다.[36)]

근속승진대상자명부는 경장, 경사 대상은 최근 2년간 근무성적평정점을, 경위 대상은 최근 3년간 근무성적평정점을, 경감 대상은 근무성적평정 50%, 경력평정 50%의 비율로 작성한다. 근무성적평정점 및 경력평정점의 계산방법은 다음과 같다.

1. 근무성적평정점(50점): (최근 1년 이내에 평정한 근무성적평정점 × 50/100) + (최근 1년 전 2년 이내에 평정한 근무성적평정점 × 30/100) + (최근 2년 전 3년 이내에 평정한 근무성적평정점 × 20/100)
2. 경력평정점(50점): {경위 경력 월 수 + (경사 이하 경력 월 수 × 30/100)} × 0.148

경위 이하 근속승진대상자명부의 점수가 동일한 때에는 승진대상자 동점자 기준을 준용한다.

경감 근속승진대상자명부의 점수가 동일한 때에는 다음의 순서에 따라 선순위자를 결정한다.

1. 근무성적평정점이 우수한 사람
2. 경력평정점이 우수한 사람
3. 경위 계급에서 장기간 근무한 사람

36) 경찰공무원 근속승진 운영규칙 제5조－제6조. 이 책에서는 [시행 2019. 9. 26.] [경찰청훈령 제952호, 2019. 9. 26., 일부개정]을 바탕으로 기술한다.

제5편

경찰공무원의 단결권과 삶의 질

제13장

경찰공무원의 단결권 행사

제1절 노동조합

I 노동조합의 의의

공무원의 노동조합 설립 및 운영 등에 관한 법률은 공무원의 노동기본권을 보장하기 위하여 공무원의 노동조합 설립 및 운영 등에 관한 사항을 정함을 목적으로 한다고 규정하고 있다. 헌법 제33조는 공무원인 근로자는 법률이 정하는 자에 한하여 단결권·단체교섭권 및 단체행동권을 가진다고 규정함으로써 공무원의 노동기본권을 보장하고 있다.

공무원 노동조합설립에 대하여는 찬반 입장이 구분된다. 찬성 측은 공무원의 사회적 욕구충족을 통한 사기진작, 행정능률의 향상, 올바른 직업윤리 정립, 자율적인 통제 등을 든다. 반대 측은 행정서비스의 중단우려나 지나친 공무원 권익확대로 국민부담의 증가 우려, 행정목표 달성의 어려움 등을 내세운다.[1)]

현재 공무원은 단체행동권을 제외한 단결권 및 단체교섭권이 허용되었다. 그러나 업무의 공공성, 전체 국민에 대한 봉사자로서의 공무원지위 등의 문제를 들어 공무원 노동조합활동을 반대하는 입장이 공존한다.[2)]

공무원은 노동조합활동을 할 때 다른 법령에서 규정하는 공무원의 의무에 반하는 행위를 하여서는 아니 된다. 또한 노동조합과 그 조합원은 정치활동을 하여서는 아니 된다.

---

1) 하혜수 외, 인사행정, 윤성사, 2022, pp. 235~236.

2) 오석홍, 인사헝정론, 제9판, 박영사, 2022, pp. 522~524.

공무원의 노동조합 설립 및 운영 등에 관한 법률은 공무원직장협의회의 설립·운영에 관한 법률에 따라 직장협의회를 설립·운영하는 것을 방해하지 아니한다.

Ⅱ 설립 및 가입범위

1. 설 립

공무원이 노동조합을 설립하려는 경우에는 국회·법원·헌법재판소·선거관리위원회·행정부·특별시·광역시·도·특별자치도·시·군·자치구 및 특별시·광역시·도·특별자치도의 교육청을 최소 단위로 한다. 노동조합을 설립하려는 사람은 고용노동부장관에게 설립신고서를 제출하여야 한다.[3)]

2. 가입범위

노동조합에 가입할 수 있는 공무원의 범위는 다음과 같다.

1. 6급 이하의 일반직공무원 및 이에 상당하는 일반직공무원
2. 특정직공무원 중 6급 이하의 일반직공무원에 상당하는 외무행정·외교정보관리직 공무원
3. 6급 이하의 일반직공무원에 상당하는 별정직공무원

그러나 위에도 불구하고 다음의 어느 하나에 해당하는 공무원은 노동조합에 가입할 수 없다.[4)]

1. 업무의 주된 내용이 다른 공무원에 대하여 지휘·감독권을 행사하거나 다른 공무원의 업무를 총괄하는 업무에 종사하는 공무원
2. 업무의 주된 내용이 인사·보수에 관한 업무를 수행하는 공무원 등 노동조합과의 관계에서 행정기관의 입장에서 업무를 수행하는 공무원
3. 교정·수사 또는 그 밖에 이와 유사한 업무에 종사하는 공무원

---

3) 공무원의 노동조합 설립 및 운영 등에 관한 법률 제5조. [시행 2023. 12. 11.] [법률 제18922호, 2022. 6. 10., 일부개정].

4) 공무원의 노동조합 설립 및 운영 등에 관한 법률 제6조.

3. 전임자의 지위

공무원은 임용권자의 동의를 받아 노동조합의 업무에만 종사할 수 있다. 전임자에 대하여는 그 기간중 휴직명령을 하여야 한다. 국가와 지방자치단체는 공무원이 전임자임을 이유로 승급이나 그 밖에 신분과 관련하여 불리한 처우를 하여서는 아니 된다.[5)]

Ⅲ 단체교섭 및 단체협약

1. 단체교섭

노동조합의 대표자는 그 노동조합에 관한 사항 또는 조합원의 보수·복지, 그 밖의 근무조건에 관하여 국회사무총장·법원행정처장·헌법재판소사무처장·중앙선거관리위원회사무총장·행정안전부장관(행정부를 대표)·특별시장·광역시장·도지사·특별자치도지사·시장·군수·구청장(자치구청장) 또는 특별시·광역시·도·특별자치도의 교육감 중 어느 하나에 해당하는 사람(정부교섭대표)과 각각 교섭하고 단체협약을 체결할 권한을 가진다.

다만, 법령 등에 따라 국가나 지방자치단체가 그 권한으로 행하는 정책결정에 관한 사항, 임용권의 행사 등 그 기관의 관리·운영에 관한 사항으로서 근무조건과 직접 관련되지 아니하는 사항은 교섭의 대상이 될 수 없다.

정부교섭대표는 효율적인 교섭을 위하여 필요한 경우 다른 정부교섭대표와 공동으로 교섭하거나, 다른 정부교섭대표에게 교섭 및 단체협약 체결권한을 위임할 수 있다.

정부교섭대표는 효율적인 교섭을 위하여 필요한 경우 정부교섭대표가 아닌 관계 기관의 장으로 하여금 교섭에 참여하게 할 수 있고, 다른 기관의 장이 관리하거나 결정할 권한을 가진 사항에 대하여는 해당 기관의 장에게 교섭 및 단체협약 체결권한을 위임할 수 있다.

2. 교섭의 절차

노동조합은 단체교섭을 위하여 노동조합의 대표자와 조합원으로 교섭위원을

5) 공무원의 노동조합 설립 및 운영 등에 관한 법률 제7조.

구성하여야 한다. 노동조합의 대표자는 정부교섭대표에게 서면으로 교섭을 요구하여야 한다.[6]

정부교섭대표는 교섭을 요구하는 노동조합이 둘 이상인 경우에는 해당 노동조합에 교섭창구를 단일화하도록 요청할 수 있다. 이 경우 교섭창구가 단일화된 때에는 교섭에 응하여야 한다.

3. 단체협약의 효력

체결된 단체협약의 내용 중 법령·조례 또는 예산에 의하여 규정되는 내용과 법령 또는 조례에 의하여 위임을 받아 규정되는 내용은 단체협약으로서의 효력을 가지지 아니한다.

정부교섭대표는 단체협약으로서의 효력을 가지지 아니하는 내용에 대하여는 그 내용이 이행될 수 있도록 성실하게 노력하여야 한다.

Ⅳ 쟁의행위의 금지

노동조합과 그 조합원은 파업, 태업 또는 그 밖에 업무의 정상적인 운영을 방해하는 일체의 행위를 하여서는 아니 된다.

Ⅴ 조정신청

1. 절 차

단체교섭이 결렬(決裂)된 경우에는 당사자 어느 한쪽 또는 양쪽은 중앙노동위원회에 조정(調停)을 신청할 수 있다.[7]

중앙노동위원회는 당사자 어느 한쪽 또는 양쪽이 조정을 신청하면 지체 없이 조정을 시작하여야 한다. 이 경우 당사자 양쪽은 조정에 성실하게 임하여야 한다.

중앙노동위원회는 조정안을 작성하여 관계 당사자에게 제시하고 수락을 권고하는 동시에 그 조정안에 이유를 붙여 공표할 수 있다. 이 경우 필요하면 신문 또는 방송 보도 등의 협조를 요청할 수 있다.

---

6) 공무원의 노동조합 설립 및 운영 등에 관한 법률 제9조-제11조.

7) 공무원의 노동조합 설립 및 운영 등에 관한 법률 제12조-제16조.

조정은 조정신청을 받은 날부터 30일 이내에 마쳐야 한다. 다만, 당사자들이 합의한 경우에는 30일 이내의 범위에서 조정기간을 연장할 수 있다.

2. 중재의 개시 등

중앙노동위원회는 다음 각 호의 어느 하나에 해당하는 경우에는 지체없이 중재(仲裁)를 한다.

1. 단체교섭이 결렬되어 관계 당사자 양쪽이 함께 중재를 신청한 경우
2. 조정이 이루어지지 아니하여 공무원 노동관계 조정위원회 전원회의에서 중재 회부를 결정한 경우
3. 공무원 노동관계 조정위원회의 구성

단체교섭이 결렬된 경우 이를 조정·중재하기 위하여 중앙노동위원회에 공무원 노동관계 조정위원회를 둔다.

위원회는 공무원 노동관계의 조정·중재를 전담하는 7명 이내의 공익위원으로 구성한다.

공익위원은 공무원 문제 또는 노동 문제에 관한 지식과 경험을 갖춘 사람 또는 사회적 덕망이 있는 사람 중에서 중앙노동위원회 위원장의 추천과 고용노동부장관의 제청으로 대통령이 위촉한다.

위원회에는 전원회의와 소위원회를 둔다.

전원회의는 공익위원 전원으로 구성하며, 다음 각 호의 사항을 담당한다. 소위원회는 위원회의 위원장이 중앙노동위원회 위원장과 협의하여 지명하는 3명으로 구성하며, 전원회의에서 담당하지 아니하는 조정사건을 담당한다.

1. 전국에 걸친 노동쟁의의 조정사건
2. 중재회부의 결정
3. 중재재정(仲裁裁定)
4. 중재재정의 확정

관계 당사자는 중앙노동위원회의 중재재정이 위법하거나 월권(越權)에 의한 것이라고 인정하는 경우에는 중재재정서를 송달받은 날부터 15일 이내에 중앙노

동위원회 위원장을 피고로 하여 행정소송을 제기할 수 있다.

15일 이내에 행정소송을 제기하지 아니하면 그 중재재정은 확정되며, 관계 당사자는 이에 따라야 한다. 확정된 중재재정의 내용은 단체협약과 같은 효력을 가진다.

중앙노동위원회의 중재재정은 행정소송의 제기에 의하여 그 효력이 정지되지 아니한다.

VI 경찰공무원의 경우

경찰공무원은 현행 공무원의 노동조합 설립 및 운영 등에 관한 법률 제6조에 의해 노동조합의 설립 및 가입 등 노동기본권이 제한된다.

한편 선진 외국 경찰의 경우 노동조합 결성권 및 교섭권을 인정하는 경우가 대부분이다.

영국경찰은 노동조합은 없고 그에 준하는 조직인 총경 이하 계급을 대표하는 경찰연합(Policefederation)과 고위직 및 중간간부경찰의 이익대변기구로 자치경찰청장협의회(Association of Chief Police Officers)와 경찰서장연맹(Police Superintendents Association of England and Wales) 등이 있다.[8)]

미국의 경우 경찰공무원은 다양한 노동조합에 가입되어 있다. 대표적인 경찰공무원의 노동조합은 전국경찰기관협회(The National Association of Police Organization: NAPO)와 경찰공제조합(The Fraternal Order of Police: FOP) 등이 있다. NAPO는 1978년에 설립되었고 1,000여 개 경찰기관의 241,000여 명이 가입되어 있다.[9)] FOP에는 2,100여 개 경찰관련 기관의 정규직 경찰관 325,000여 명이 가입되어 있다.

독일의 경찰도 노동조합 가입 및 단체협상권이 보장된다. 2025년 12월 현재 독일경찰노동조합연맹, 연방경찰연합, 독일경찰노조 등 전국적인 연합경찰노조가 구성되어 있다. 이 가운데 경찰노조는 1951년에 구성되어 역사가 가장 오래되었고, 근무조건, 급여, 장비개선 등에 있어 주정부와 독립적 협상권을 갖는다.[10)]

8) 허경미, 경찰학, 제13판, 박영사, 2025, p. 393: Metropolitan Police Service, Badges of Rank, http://content.met.police.uk/Site/About/

9) 허경미, 경찰학, 제13판, 박영사, 2025, p. 417: NATIONAL ASSOCIATION OF POLICE, About NAPO, http://www.napo.org/about/overview/

프랑스의 경찰공무원은 노동조합을 결성할 수 있으며, 경찰자치노동조합, 경찰독립연맹, 사복경찰노동조합, 고급간부노동조합 등의 노동조합이 왕성하게 활동하고 있다. 원칙적으로는 단체행동권이 금지된다.

일본의 경우 한국의 경우와 같이 노동3권을 인정하고 있지 않다.

Fraternal Order of Police: http://www.fop.net/

제 2 절 공무원직장협의회

I 공무원직장협의회의 의의

공무원의 근무환경 개선, 업무능률 향상 및 고충처리 등을 위하여 각 행정기관 단위로 공무원직장협의회를 설립할 수 있다.

원칙적으로 직장협의회는 국가기관, 지방자치단체 및 그 하부기관에 근무하는 공무원은 직장협의회를 설립할 수 있다. 협의회는 기관 단위로 설립하되, 하나의 기관에는 하나의 협의회만을 설립할 수 있다.[11]

협의회는 각 국가기관 또는 지방자치단체 내에 설립된 협의회를 대표하는 하나의 연합협의회를 설립할 수 있다.[12]

---

10) 허경미, 경찰학, 제13판, 박영사, 2025, p. 444.

11) 공무원직장협의회의 설립·운영에 관한 법률 제1조－제2조. [시행 2022. 10. 27.] [법률 제18844호, 2022. 4. 26., 일부개정]

12) 공무원직장협의회의 설립·운영에 관한 법률 제2조의2.

협의회를 설립한 경우 그 대표자는 소속 기관의 장에게 설립 사실을 통보하여야 한다.

공무원은 자유로이 협의회에 가입하거나 협의회를 탈퇴할 수 있다.

Ⅱ 가입범위

공무원직장협의회에 가입할 수 있는 공무원의 범위는 다음 각 호와 같다.[13)]

1. 일반직공무원
2. 특정직공무원 중 다음의 어느 하나에 해당하는 공무원
   - 외무영사직렬 · 외교정보기술직렬 외무공무원
   - 경찰공무원
   - 소방공무원
3. 별정직공무원

그러나 위 규정에도 불구하고 다음 각 호의 어느 하나에 해당하는 공무원은 협의회에 가입할 수 없다.[14)]

1. 지휘 · 감독권을 행사하거나 다른 공무원의 업무를 총괄하는 업무에 종사하는 공무원: 법령 · 행정규칙 또는 사무분장에 따라 주된 업무의 내용이 다른 공무원에 대해 지휘 · 감독권을 행사하거나 다른 공무원의 업무를 총괄하는 모든 직책에 종사하는 공무원(직무대리자를 포함한다)
2. 인사 업무에 종사하는 공무원: 「공무원임용령」 또는 「지방공무원 임용령」 등에 따른 공무원의 임용 업무를 주된 업무로 수행하는 공무원(자료 정리 및 문서 편집 등 단순 업무를 보조하는 사람은 제외)
3. 예산 · 경리 · 물품출납 업무에 종사하는 공무원: 「국가재정법」, 「지방재정법」, 「물품관리법」 또는 「공유재산 및 물품 관리법」(물품관리만 해당한다)에 규정

13) 공무원직장협의회의 설립 · 운영에 관한 법률 제3조.

14) 공무원직장협의회의 설립 · 운영에 관한 법률 시행령 제3조. [시행 2022. 10. 27.] [대통령령 제32958호, 2022. 10. 25., 일부개정].

된 업무를 주된 업무로 수행하는 공무원(자료 정리 및 문서 편집 등 단순 업무를 보조하는 사람은 제외)
4. 비서 업무에 종사하는 공무원: 비서 업무를 주된 업무로 수행하는 공무원
5. 기밀 업무에 종사하는 공무원: 외교·군사·감사·조사·수사·검찰사무·출입국관리·유선교환 등 기밀 업무를 주된 업무로 수행하는 공무원
6. 보안·경비 업무에 종사하는 공무원: 청사관리를 관장하는 기관이나 부서, 교정시설 또는 보호시설 등에서 공공안전의 목적을 위해 특정인이나 특정시설에 대한 보안·경비 업무를 주된 업무로 수행하는 공무원
7. 그 밖에 제2호부터 제6호까지의 업무와 유사한 업무에 종사하는 공무원: 협의회에 관한 업무를 주된 업무로 수행하는 공무원

Ⅲ 협의회의 기능

협의회는 기관장과 다음 각 호의 사항을 협의한다.[15)]

1. 해당 기관 고유의 근무환경 개선에 관한 사항
2. 업무능률 향상에 관한 사항
3. 소속 공무원의 공무와 관련된 일반적 고충에 관한 사항
4. 소속 공무원의 모성보호 및 일과 가정생활의 양립을 지원하기 위한 사항
5. 기관 내 성희롱, 괴롭힘 예방 등에 관한 사항
6. 그 밖에 기관의 발전에 관한 사항

Ⅳ 기관장의 의무

기관장은 해당 기관의 직책 또는 업무 중 협의회에의 가입이 금지되는 직책 또는 업무를 협의회와 협의하여 지정하고 이를 공고하여야 한다.

기관장은 협의회가 문서로 명시하여 협의를 요구하면 성실히 협의하여야 한

15) 공무원직장협의회의 설립·운영에 관한 법률 제5조.

다. 기관장은 협의회와 문서로 합의한 사항에 대하여는 최대한 이를 이행하도록 노력하여야 한다.

기관장은 협의회의 조직 및 운영과 관련하여 소속 공무원에게 불리한 조치를 하여서는 아니 된다.

제14장

경찰공무원의 후생복지

Ⅰ 경찰공무원 보건안전 및 복지증진

경찰공무원에 대한 보건안전 및 복지 정책의 수립·시행 등에 필요한 사항을 규정하기 위하여 경찰공무원 보건안전 및 복지 기본법이 법률 제11334호로 2012년 2월 22일에 제정되었다. 이 법은 경찰공무원의 근무여건 개선과 삶의 질 향상을 도모하는 한편, 경찰공무원의 위상과 사기를 높이고 치안업무에 전념할 수 있도록 함을 목적으로 하고 있다.

또한 국가가 경찰공무원이 재직중에는 그 직무수행에 전념하고, 퇴직 후에는 안정된 생활을 할 수 있도록 경찰공무원의 보건안전 및 복지증진을 위한 여건을 조성하여야 한다고 명시하고 있다.

1. 경찰공무원 보건안전 및 복지증진 기본계획의 수립

경찰청장은 5년마다 경찰공무원 보건안전 및 복지증진 기본계획을 경찰공무원 보건안전 및 복지증진 정책심의위원회의 심의를 거쳐 수립하여야 한다.

기본계획은 관계 중앙행정기관의 장과 협의한 후 대통령의 승인을 받아 확정된다. 수립된 기본계획을 변경하고자 할 때에도 또한 같다.

기본계획에는 다음의 사항이 포함되어야 한다.[1)]

1. 경찰공무원의 보건안전 및 복지증진 정책의 기본목표 및 추진방향

1) 경찰공무원 보건안전 및 복지 기본법 제5조. [시행 2024. 2. 20.] [법률 제20313호, 2024. 2. 20., 일부개정].

2. 경찰공무원의 근무여건 개선에 관한 사항
3. 경찰공무원의 복지시설과 체육시설의 설치·운영에 관한 사항
4. 경찰공무원의 업무적 특성을 감안한 건강검진 및 정신건강검사 등 의료지원에 관한 사항
5. 경찰공무원의 보건안전 및 복지사업에 사용되는 재원의 조달 및 운용에 관한 사항
6. 경찰공무원의 보건안전 및 복지증진을 위한 연구에 관한 사항
7. 그 밖에 경찰공무원의 보건안전 및 복지증진을 위하여 필요한 사항

2. 경찰공무원 보건안전 및 복지증진 정책심의위원회

경찰공무원에 대한 보건안전 및 복지증진 정책의 수립과 그 시행 등에 관한 사항을 심의하기 위하여 경찰청 및 해양경찰청이 공동으로 운영하는 경찰공무원 보건안전 및 복지증진 정책심의위원회를 운영한다.

위원회는 위원장 2명을 포함한 22명 이내의 위원으로 구성한다.

위원장은 경찰청 차장 및 해양경찰청 차장이 되고, 위원은 다음의 어느 하나에 해당하는 사람 중에서 경찰청장이 각각 위촉 또는 임명한다.

1. 경찰공무원의 보건안전 및 복지에 관한 학식과 경험이 풍부한 사람
2. 고위공무원단에 속하는 관계 중앙행정기관의 일반직 공무원
3. 경찰청 및 해양경찰청 공무원

위원회는 다음의 사항을 심의한다.

1. 경찰공무원 보건안전 및 복지증진 정책의 목표 및 기본방향에 관한 사항
2. 경찰공무원 보건안전 및 복지증진을 위한 법령 및 제도개선과 예산지원에 관한 사항
3. 기본계획의 수립에 관한 사항
4. 경찰공무원 보건안전 및 복지증진 현황조사에 관한 사항
5. 그 밖에 경찰공무원 보건안전 및 복지증진과 관련하여 위원장이 제안하는 사항

Ⅱ 의료지원

경찰공무원의 체력과 건강관리를 위하여 경찰공무원에게 업무적 특성을 감안한 건강검진 및 정신건강검사와 진료 등의 의료지원을 국가로부터 제공받을 수 있다.

의료지원은 경찰병원이나 종합병원 이상의 의료기관에서 실시하되, 필요한 경우 민간 의료기관에 의뢰하거나 위탁할 수 있다.[2)]

건강검진은 2년에 1회 이상 실시하되, 경찰청장 또는 해양경찰청장이 필요하다고 인정하는 경우에는 수시로 실시할 수 있다

1. 건강검진

건강검진의 항목은 다음과 같으며, 2년에 1번 이상 시행하는 것을 원칙으로 하되, 필요한 경우 수시로 할 수 있다.

① 야간근무 및 장시간 집중근무로 인한 심장·뇌혈관·근골격계 질환, 매연 및 가스로 인한 호흡기 질환 등 경찰활동과 그와 관련된 환경요인에 의한 질병의 조기발견에 필요한 검사

② 그 밖에 경찰공무원의 건강 보호 및 유지를 위하여 경찰청장이 필요하다고 인정하는 검사

경찰청장은 다음과 같은 근무상황에 따른 건강장애요인을 고려하여 건강검진 대상을 정할 수 있다.

1. 야간 교대근무, 함정근무의 누적기간
2. 중요 죄수사, 대규모 집회·시위 관리, 경호 등을 위한 장시간 집중근무 빈도
3. 혹한(酷寒), 혹서(酷暑), 매연, 소음, 진동, 전자기파, 실내공기 오염 등 위해환경의 노출 빈도
4. 그 밖에 근무의 형태, 나이, 성별 등 경찰청장이 경찰공무원의 건강에 해로운 영향을 준다고 인정하는 사항

2) 경찰공무원 보건안전 및 복지 기본법 제8조, 경찰공무원 보건안전 및 복지 기본법 시행령 제6조. [시행 2026. 1. 2.] [대통령령 제35948호, 2025. 12. 30., 타법개정].

2. 정신건강검사

정신건강검사의 항목은 외상후스트레스장애검사 등 경찰공무원의 정신건강 보호 및 유지를 위하여 필요하다고 인정하는 검사로 하되, 외상후스트레스장애 등 정신질환이 의심되는 경찰공무원을 대상으로 한다.

경찰청장은 정신건강검사 대상자를 판정하기 위하여 경찰 외부의 심리상담 전문기관에 경찰공무원의 정신건강상태 진단을 의뢰할 수 있다.

3. 특수건강진단

경찰청장과 해양경찰청장은 경찰공무원의 건강 보호·유지를 위하여 의료기관에서 경찰공무원에 대한 특수건강진단을 실시하고, 특수건강진단 결과에 따라 해당 경찰공무원의 건강을 보호하기 위하여 필요한 경우에 정밀건강진단 실시 등 필요한 명령을 할 수 있다.[3]

경찰청장과 해양경찰청장은 특수건강진단 결과에 따라 특별히 관리를 필요로 하는 소속 경찰공무원에 대하여 보직변경, 질병치료를 위한 병가 명령 등의 조치를 하여야 한다.

경찰청장과 해양경찰청장은 제1항 및 제2항에 따른 건강진단 결과를 해당 경찰공무원의 건강 보호·유지 외의 목적으로 사용하여서는 아니 된다.

Ⅲ 직원숙소지원

경찰공무원이 안정된 주거생활을 함으로써 근무에 전념할 수 있도록 하기 위하여 비연고지에 근무하는 경찰공무원에게 직원숙소를 제공할 수 있다.[4]

직원숙소의 입주자 선정기준은 다음의 사항을 종합평가하여 선정하되, 입주자 선정을 위하여 각급 경찰관서에 직원숙소운영위원회를 구성·운영할 수 있다.

1. 직원숙소에서 함께 거주할 경찰공무원 가족의 수

3) 경찰공무원 보건안전 및 복지 기본법 제8조의2.

4) 경찰공무원 보건안전 및 복지 기본법 제9조, 경찰공무원 보건안전 및 복지 기본법 시행령 제7조.

2. 연고지와의 거리
3. 연고지가 아닌 근무지에서의 근무 기간
4. 복무 기간
5. 무주택 기간
6. 장애인 또는 65세 이상자 부양 여부
7. 비상사태나 긴급하고 중요한 치안상황의 대비 등 업무의 특성
8. 섬, 외딴 곳 등 근무지의 특성 등

Ⅳ 복지시설 및 체육시설의 운영

경찰공무원의 복지증진과 체력의 유지를 위하여 경찰복지시설 및 체육시설을 운영한다. 복지시설 및 체육시설은 경영의 효율성을 위하여 경찰공무원과 경찰공무원 가족 외의 사람에게도 복지시설 등을 이용하게 할 수 있다. 또한 복지시설등의 운영 예산의 절감 및 이용자의 편익, 경영의 효율성 등을 위하여 민간업체에 위탁하여 운영할 수 있다.[5)]

복지시설 및 체육시설의 종류

복지시설

- 경찰관서의 구내식당, 매점, 휴게실, 주유소
- 보육시설, 주거시설
- 수련원, 연수원
- 경찰공무원 및 그 가족의 여가나 문화활동을 위한 시설
- 그 밖에 경찰공무원의 복지를 위한 시설

체육시설

- 경찰공무원의 체력을 유지·향상시키기 위하여 운영되는 시설

5) 경찰공무원 보건안전 및 복지 기본법 제10조, 경찰공무원 보건안전 및 복지 기본법 시행령 제8조.

V 퇴직경찰공무원 취업 등 지원

퇴직경찰공무원의 원활한 사회복귀와 생활안정을 위하여 퇴직경찰공무원에게 진로·직업 상담, 취업알선, 채용박람회 개최 등의 취업지원을 실시할 수 있다.

또한 퇴직경찰공무원에게 사회적응교육 및 직업교육훈련, 창업을 지원하기 위하여 필요한 창업상담, 창업교육 등의 사업을 실시하거나 다른 중앙행정기관의 장 또는 전문기관에 위탁하여 실시할 수 있다.[6)]

VI 위험직무공상경찰공무원 지원

국가는 위험직무공상경찰공무원의 원활한 직무복귀와 생활안정을 위하여 필요한 지원을 할 수 있다. 위험직무공상경찰공무원이 그 질병 또는 부상으로 인하여 치료 등의 요양을 하는 경우에는 특별위로금을 지급할 수 있다.[7)]

위로금은 경찰공무원이 「공무원 재해보상법」 따른 공무상 요양으로 출근하지 아니한 기간에 대하여 지급하되, 36개월을 넘지 아니하는 범위에서 지급한다.[8)]

---

6) 경찰공무원 보건안전 및 복지 기본법 제11조, 경찰공무원 보건안전 및 복지 기본법 시행령 제9조.

7) 경찰공무원 보건안전 및 복지 기본법 제12조.

8) 경찰공무원 보건안전 및 복지 기본법 시행령 제11조.

제15장

경찰공무원의 연금 및 재해급여

제1절 연 금

연금(Pension)이란 공무원이 퇴직 또는 사망시 국가 및 개인이 납부한 부담금 및 기여금을 기초로 산정된 급여를 본인 또는 유족에게 일정기간 연금(또는 일시금)의 형태로 지급하는 제도이다.[1] 연금제도는 가입의 강제성 및 세대간 부양시스템이라는 특징이 있다.[2]

연금제도는 공무원의 장래에 대한 생활의 불안감을 해소하여 안심하고 업무에 전념할 수 있도록 하기 위한 것으로 1960년부터 도입되었다. 경찰공무원 역시 공무원연금법상 공무원연금제도의 틀 안에서 각종 혜택을 받는다.

I 연금급여의 의의

공무원연금제도는 직업공무원에 대한 사회보장적 성격 및 사용주로서의 국가의 책임을 부여하는 등의 의의가 있다.

1. 사회보장제도로서의 기능

경찰공무원이 퇴직 후 공무원 또는 유족에게 일정 소득을 보장하여 생활을 안정시키는 사회보장제도로서의 성격을 지닌다. 특히 보험의 원리와 방식에 따라 경찰공무원이 일정률의 기여금을 강제로 납부한 후 이에 비례하여 정형화된 급여

1) 공무원연금법 제1조. [시행 2026. 1. 2.] [법률 제21065호, 2025. 10. 1., 일부개정].

2) 임도빈, 행정학 제3판, 박영사, 2025, p.360.

를 받도록 한다는 측면에서 사회보험적인 의미도 있다.[3)]

2. 직업공무원제의 이념구현

연금제를 통하여 공무원의 퇴직 후, 노후 및 복지 등을 보장하여 젊고 유능한 인재로 하여금 경찰직에 매력을 느껴 입직동기를 부여하며, 공직에 대해 긍지를 가지고 장기간 경찰직에 근무하도록 유도함으로써 직업공무원제의 근간을 유지하는 기능이 있다.

3. 고용주로서의 국가의 부양책임

경찰공무원의 재직기간의 근로제공에 대하여 국가가 고용주로서 근로자인 공무원의 복지에 대하여 부담하는 고용책무의 일환의 성격도 있다. 특히 경찰공무원이 근로의 대가로 받아야 할 보수를 일정기간 거치시켰다가 나중에 돌려받는 후불적 임금으로서의 성격을 가진다.[4)]

4. 공정하고 적극적인 직무수행의 동기부여

연금제는 재직중의 순직, 공상 등에 대해서뿐만 아니라 퇴직 후 안정적인 생활을 보장함으로써 경찰공무원이 고도의 윤리성과 책임성을 갖고 공정하게 업무를 수행할 수 있도록 한다.

5. 국가공무원의 의무보전적 성격

경찰공무원의 국가공무원법상 영리행위 금지 및 겸직금지의무, 공직자윤리법상 퇴직 후 취업제한 등 민간에 비해 제한되는 경제적 권리에 대한 보상적 성격이 있다.

Ⅱ 연금의 관장기관

공무원 전체의 연금 관련 업무는 인사혁신처가 주관하며, 공무원연금관리공단이 연금사업을 집행하며, 각급 행정기관이 소속 공무원에 대한 연금업무를 수행

3) 오석홍, 인사행정론, 제9판, 박영사, 2022, p. 409.
4) 임도빈, 전게서, p.360.

한다.5)

경찰의 경우 각 경찰관서의 경무부서에서 연금관련 업무를 관장한다.

그림 15-1 공무원연금 운영기관

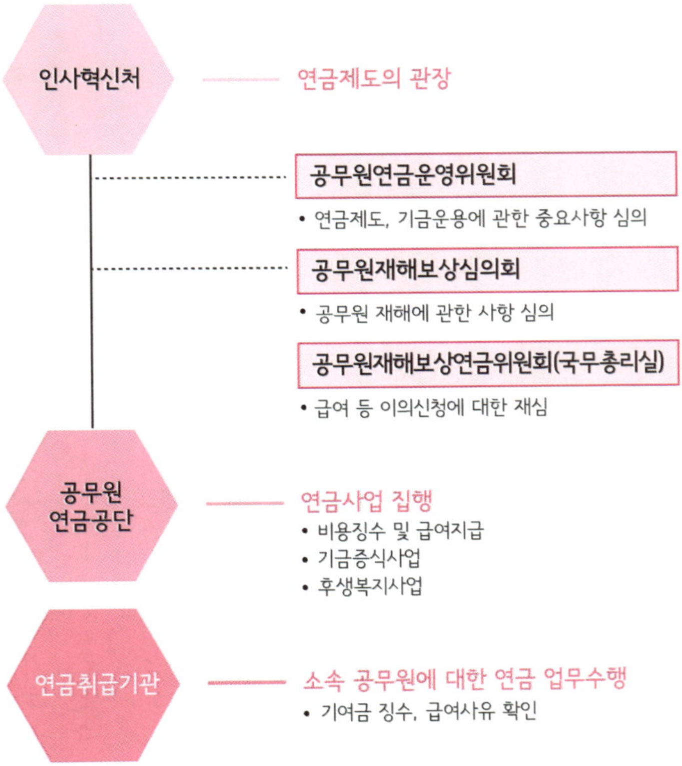

Ⅲ 연금의 유형

공무원연금은 퇴직(유족)급여, 비공무상장해급여, 재해보상급여 등으로 구분된다.

5) 공무원연금법 제2조－제4조.

그림 15-2 공무원연금제도의 운영

구 분		종 류		재원부담
소득보장	재직기간 10년이상	**퇴직공무원** 퇴직연금, 퇴직연금일시금 등	**유 족** 퇴직유족연금, 퇴직유족연금일시금 등	정 부 + 공무원
	재직기간 10년미만	**퇴직공무원** 퇴직일시금	**유 족** 퇴직유족일시금	
근로보상		**퇴직수당** 재직 1년 이상, 민간기업의 퇴직금과 유사 성격		정 부
재해보상급여		**장해급여** 장해연금, 장해일시금	**요양급여 등** 요양급여, 재활급여, 간병급여	
		재해유족급여 순직유족보상금, 위험직무순직유족보상금 순직유족연금, 위험직무순직유족연금, 장해유족연금		
부조급여		재난부조금, 사망조위금		

제 2 절 퇴직급여와 유족급여

I 종 류

퇴직급여에는 퇴직연금, 퇴직연금일시금, 퇴직연금공제일시금, 퇴직일시금 등이, 유족급여에는 유족연금, 유족연금부가금, 유족연금특별부가금, 유족연금일시금 등이 포함된다.

표 15-1 공무원의 연금유형

구분		급여의 종류	비고
장기 급여	퇴직급여	퇴직연금(또는 조기퇴직연금)	10년 이상 재직
		퇴직연금공제일시금	10년 이상 재직
		퇴직연금일시금	10년 이상 재직
		퇴직일시금	10년 미만 재직
	유족급여	유족연금	10년 이상 재직
		유족연금일시금	10년 이상 재직
		유족일시금	10년 미만 재직
		유족연금부가금, 유족연금특별부가금	유족연금선택자
	퇴직수당	퇴직수당	1년 이상 재식

자료: 공무원연금관리공단, https://buly.kr/FhP6wy4/

Ⅱ 퇴직급여지급

퇴직급여는 재직기간과 기준소득월액을 기초로 산정하고 있어 재직기간(최대 36년)이 늘어나거나 기준소득월액이 증가하면 퇴직급여도 증가한다. 퇴직급여신청은 퇴직한 날로부터 5년 이내에 하여야 한다.[6]

1. 퇴직연금

10년 이상 재직하고 퇴직하여 연금지급개시연령에 도달한 때부터 사망시까지 매월 연금을 지급한다.

공무원 연금 관련 기준과 조건은 다음과 같다.[7]

6) 인사혁신처, 퇴직준비길라잡이, 2024, p. 30.

7) 공무원연금법 제43조 제1항.

표 15-2 연금 개시 시점

구분	지급 개시 시점	비고
원칙 (기본)	**65세가 되는 때**	일반적인 경우
정년/근무상한 단축	정년(60세 미만) 퇴직 후 **5년 경과 시**	법령상 정년이 60세 미만인 직종
계급 정년	퇴직 후 **5년 경과 시**	계급정년으로 퇴직한 경우
직제 개폐/인원 감축	퇴직 후 **5년 경과 시**	조직 축소 등으로 비자발적 퇴직 시
장해 상태	**장해 상태가 된 때**	대통령령으로 정하는 장해가 발생한 즉시

2. 조기퇴직연금

10년 이상 재직하고 퇴직하여 연금지급개시연령 전에 연금을 지급 받고자 할 때는 감액된 연금액으로 사망시까지 매월 지급한다.

표 15-3 조기연금수령시 감액 비율[8)]

미리 받는 기간 (미달연수)	지급률 (원래 연금액 대비)	감액률 (손해 보는 비율)
1년 이내	**95%**	5% 감액
1년 초과 ~ 2년 이내	**90%**	10% 감액
2년 초과 ~ 3년 이내	**85%**	15% 감액
3년 초과 ~ 4년 이내	**80%**	20% 감액
4년 초과 ~ 5년 이내	**75%**	25% 감액

3. 퇴직연금일시금

퇴직연금에 갈음하여 일시금으로 지급한다.

4. 퇴직연금 공제일시금

10년 이상의 재직기간에 대하여는 퇴직연금을 지급받고, 나머지 기간에 대하여는 일시금으로 지급한다.

8) 공무원연금법 제43조 제2항.

5. 퇴직일시금

10년 미만 재직하고 퇴직한 때에 일시금으로 지급한다.

6. 급여의 제한

퇴직연금은 다음의 경우 지급 박탈 또는 감액하여 지급한다.[9]

표 15-4 고의 · 과실, 진단 불응 및 양육 책임 불이행[10]

구분	구체적 사유	급여 제한 내용
급여 전액 부지급	**고의**로 질병 · 부상 · 장해를 발생시킨 경우	해당 급여 **지급 안 함**
유족급여 부지급	유족급여 수급자가 공무원(전직 포함) 또는 다른 수급자를 **고의로 사망**하게 한 경우	해당 유족급여 **지급 안 함**
전부 또는 일부 제한	1. **고의**로 질병 · 부상 등을 악화시키거나 회복 방해 2. **중대 과실** 또는 **정당한 사유 없이 요양 지시 불이행**으로 발생 · 악화 · 회복 방해	대통령령에 따라 급여의 **전부 또는 일부 지급 안 함**
양육책임 불이행	유족급여 수급자가 공무원(자녀 등)에 대한 **양육책임을 이행하지 않은 경우**	심의를 거쳐 급여의 **전부 또는 일부 지급 안 함**
일부 제한	정당한 사유 없이 급여 지급을 위한 **진단 요구에 불응**할 때	대통령령에 따라 급여의 **일부 지급 안 함**

9) 공무원연금법 제65조, 공무원연금법 시행령 제61조, [시행 2026. 1. 2] [대통령령 35948호, 2025. 12. 30, 타법개정].

10) 공무원연금법 제63조－제64조.

표 15-5 형벌 및 징계에 따른 급여 제한[11)]

구분	적용 대상 및 사유	급여 제한 내용
내란 · 외환죄 등	재직 중 사유로 내란, 외환, 반란, 이적, 국가보안법 위반(찬양 · 고무 등 제외)으로 **금고 이상 형 확정**	**급여 지급 안 함** (단, 본인이 낸 기여금+이자만 반환)
형벌 (금고 이상)	재직 중 사유로 **금고 이상의 형 확정** (※ 제외: 직무 무관 과실, 정당한 직무명령 수행 중 과실)	대통령령에 따라 퇴직급여 및 퇴직수당의 **일부 감액** 지급
파면	탄핵 또는 징계에 의하여 **파면**된 경우	대통령령에 따라 퇴직급여 및 퇴직수당의 **일부 감액** 지급
해임 (금품 등)	**금품 · 향응 수수, 공금 횡령 · 유용**으로 징계에 의하여 **해임**된 경우	대통령령에 따라 퇴직급여 및 퇴직수당의 **일부 감액** 지급

표 15-6 수사 · 재판 중 지급 정지[12)]

구분	요건	정지 내용	사후 처리
지급 정지	재직 중 사유로 금고 이상 형에 처할 범죄로 **수사 중**이거나 **형사재판 중**일 때	**퇴직급여(일시금) 및 퇴직수당**의 일부 지급 정지 (※ 연금 형태의 급여는 제외)	무혐의 등으로 제한 사유 해소 시, **이자 가산**하여 지급

Ⅲ 지급형태 및 지급준칙

1. 지급형태

퇴직연금 및 유족연금은 전 재직기간의 평균기준소득월액으로 산정하고 연금액은 매년 전년도의 연금액에 전전년도 대비 전년도의 전국소비자물가변동률을 곱하여 산정된 금액을 당해 연도에 지급한다.

퇴직연금은 10년 이상 재직 후 퇴직할 경우 연금지급연령(2016~2033년까지 단계적 연장)에 도달된 때부터 지급한다. 다만, 정년 또는 근무상한연령을 60세 미만으로 정한 경우에는 정년 또는 근무상한 연령이 되었을 때부터 5년이 경과한 때, 계급정년이 되어 퇴직한 때부터 5년이 경과한 때, 직제 개폐로 인하여 퇴직한

11) 공무원연금법 제65조

12) 공무원연금법 제65조 제3항.

때부터 5년이 경과한 때, 장애상태(제1급~제7급)가 된 때에는 연금지급 연령 이전이라도 연금을 지급한다.

2. 유족의 범위

공무원연금법상 유족이란 공무원이거나 공무원이었던 자가 사망할 당시 그가 부양하고 있던 다음에 해당하는 자를 말한다.[13)]

1. 배우자(재직 당시 혼인관계에 있던 자로 한정(퇴직 후 혼인한 배우자는 제외)하며, 사실상 혼인관계에 있던 자를 포함)
2. 자녀(퇴직일 이후에 출생하거나 입양한 자녀는 제외하되, 퇴직 당시의 태아는 재직 중 출생한 자녀로 인정)
   ① 19세 미만인 자
   ② 19세 이상인 자로서 대통령령으로 정하는 정도의 장애 상태에 있는 자
3. 부모(퇴직일 이후에 입양된 경우의 부모는 제외)
4. 손자녀(孫子女)(퇴직일 이후 출생·입양은 제외(태아 인정). 단, 공무원 사망 당시 주거와 생계를 같이하는 등 부양 사실이 인정되어야 함)
5. 조부모(퇴직일 이후에 입양된 경우의 조부모는 제외, 부양 사실 인정 필요).

3. 분할연금

공무원 재직기간 내 혼인기간이 5년 이상이고 다음 요건을 모두 충족한 경우 이혼 배우자의 청구에 의해서 분할연금을 지급한다. 분할연금신청은 수급요건이 충족한 때로부터 3년 이내에 신청해야 한다.[14)]

- 배우자와 이혼하였을 것
- 배우자였던 사람이 퇴직연금 또는 조기퇴직연금, 수급권자일 것
- 이혼 배우자 연령이 65세가 되었을 것(2016년부터 2021년까지 60세－2033년까지 65세)

13) 공무원연금법 제3조.

14) 공무원연금법 제45조－48조.

분할연금은 퇴직연금 또는 조기퇴직연금액 중 혼인기간에 해당하는 연금액을 균등(1/2) 분할하여 지급한다. 만약 재산분할이 별도로 결정된 경우에는 해당 비율로 분할연금을 산정한다.

분할연금수급권이 소멸된 경우에는 소멸 다음 달부터 퇴직연금수급권자에게 분할되기 전의 퇴직연금액을 지급한다. 분할연금수급권이 이혼한 부부 쌍방에게 발생된 경우(부부공무원)에는 당사자들의 합의에 따라 각각의 분할연금을 지급하지 않을 수 있다.

4. 퇴직수당

공무원이 1년 이상 재직하고 퇴직 또는 사망한 때에는 재직기간에 따라 기준소득월액의 6.5%~39%에 상당하는 금액을 퇴직급여 또는 유족급여와는 별도로 퇴직수당을 받을 수 있다.[15)]

제 3 절 재해보상급여

공무원의 공무로 인한 부상·질병·장해·사망에 대하여 적합한 보상을 하고, 공무상 재해를 입은 공무원의 재활 및 직무복귀를 지원하며, 재해예방을 위한 사업을 시행함으로써 공무원이 직무에 전념할 수 있는 여건을 조성하고, 공무원 및 그 유족의 복지 향상에 이바지하기 위하여 공무원 재해보상법을 제정하고 관련 급여를 제공한다.[16)]

공무원이 공무상 부상을 당하거나 질병에 걸리는 경우와 그 부상 또는 질병으로 장해를 입거나 사망한 경우에는 공무상 재해로 본다. 다만, 공무와 재해 사이에 상당한 인과관계가 없는 경우에는 공무상 재해로 보지 아니한다.[17)]

---

15) 공무원연금법 제62조.

16) 공무원 재해보상법 제1조, [시행 2026. 1. 2.] [법률 제21065호, 2025. 10. 1., 타법개정.

17) 공무원 재해보상법 제4조.

I 종 류

공무상 재해 보상급여에는 요양급여, 재활급여, 장해급여, 간병급여, 재해유족급여, 부조급여 등이 있다.[18)]

표 15-7 재해보상급여의 종류

구분	급여의 종류	소멸시효	주요 내용
요양급여	진료비, 수술비, 약제비 등	3년	• 공무상 부상 · 질병의 치료 비용 • **태아의 선천성 질환 · 장해에 대한 요양 포함**
재활급여	재활운동비, 심리상담비	3년	• 재활 운동 및 심리 안정 지원 비용
장해급여	장해연금, 장해일시금	5년	• 장해등급 **제1급 ~ 제14급**에 따라 지급
간병급여	간병비	3년	• 요양 종결 후 상시/수시 간병 필요 시 지급
재해유족급여	순직유족연금/보상금 위험직무순직유족연금/보상금	5년	• **위험직무순직**: 경찰 · 소방 외 **위험 직무 수행 일반직**까지 확대 적용
부조급여	재난부조금, 사망조위금	3년	• 주택 재난 피해 또는 가족/본인 사망 시 지급

II 재해보상급여의 지급

1. 요양급여

공무상 질병 또는 부상을 당한 공무원이 요양기관에서 요양을 하고자 할 때에는 공무상요양 승인 신청을 할 수 있다.[19)]

2. 재활급여

재활운동비는 공무상 요양 중이거나 요양 종료 후 3개월 이내인 자로서 공무원 재해보상법 시행령 제38조 제1항에 따른 장해가 남을 것으로 예상되는 공무원이 수영, 요가 등 재활운동을 한 경우 해당 비용을 월 10만원 이내에서 최대 3개월까지 지급한다.

공무상 요양 중인 공무원이 공무상 재해로 인한 심리적 치료를 위하여 심리상담을 한 경우 해당 비용을 3개월 이내 최대 10회, 회당 10만원 이내에서 실비로

18) 공무원 재해보상법 제8조.

19) 공무원 재해보상법 제22조.

지급합니다. 심리상담비는 미리 심리상담 승인을 받아, 심리상담전문기관에서 상담을 실시한 후 청구할 수 있다.[20]

3. 장해급여

공무상 질병 또는 부상으로 장해상태로 되어 퇴직한 때 또는 퇴직 후에 그 질병 또는 부상으로 인하여 장해상태로 된 때에는 그 장해정도에 따라 장해연금 또는 장해일시금을 지급한다.[21]

장애연금은 장해등급에 따라 사망할 때까지 매월 지급(사망시 유족에게 60% 승계)된다. 장해등급에 따라 본인 기준소득월액의 52%~9.75%가 지급되며, 공무원연금법 상 퇴직급여와 함께 지급한다. 장해일시금은 5년분의 장해연금액을 일시금으로 지급(1회만 지급)한다.

4. 간병급여

공무상 요양을 마친 사람 중 치유 후 의학적으로 상시 또는 수시로 간병이 필요하여 실제로 간병을 받는 사람에게 실제로 간병을 받은 날에 대하여 「산업재해보상보험법」에서 정하는 간병급여를 지급한다.[22]

5. 순직유족연금 및 순직유족보상금

순직공무원의 유족에게 심의회의 심의를 거쳐 순직유족연금을 지급한다.[23]

순직유족연금은 다음의 금액을 더한 금액으로 한다.

1. 해당 공무원의 사망 당시(퇴직 후 사망한 경우에는 퇴직 당시를 말함) 기준소득월액의 38%에 해당하는 금액
2. 순직공무원의 유족 1명당 해당 공무원의 사망 당시 기준소득월액의 5%에 해당하는 금액. 다만, 해당 금액의 합은 해당 공무원의 사망 당시 기준소득월액의 20%를 초과할 수 없다.

---

20) 공무원 재해보상법 시행령 제38조－제39조, [시행 2025. 7. 8.] [대통령령 제35635호, 2025. 7. 7., 일부개정].

21) 공무원 재해보상법 제28조.

22) 공무원 재해보상법 제34조.

23) 공무원 재해보상법 제36조＝제37조.

순직공무원의 유족에게 심의회의 심의를 거쳐 순직유족보상금을 지급한다. 순직유족보상금은 공무원 전체의 기준소득월액 평균액의 24배로 한다.

6. 위험직무순직유족급여 및 위험직무순직유족보상금

생명과 신체에 대한 고도의 위험을 무릅쓰고 직무를 수행하다가 재해(災害)를 입고 그 재해가 직접적인 원인이 되어 사망한 위험직무순직공무원의 유족에게는 위험직무순직유족급여를 지급한다.[24)]

위험직무순직유족연금은 심의회의 심의를 거쳐 다음 각 호의 금액을 더한 금액으로 한다.

1. 해당 공무원의 사망 당시 기준소득월액의 43%에 해당하는 금액
2. 위험직무순직공무원의 유족 1명당 해당 공무원의 사망 당시 기준소득월액의 5%에 해당하는 금액. 다만, 해당 금액의 합은 해당 공무원의 사망 당시 기준소득월액의 20%를 초과할 수 없다.

위험직무순직공무원의 유족에게 심의회의 심의를 거쳐 위험직무순직유족보상금을 지급한다.[25)]

위험직무순직유족보상금은 공무원 전체의 기준소득월액 평균액의 45배로 한다. 다만, 대간첩 작전 수행 중 입은 재해로 인하여 사망한 위험직무순직공무원의 유족에게 지급하는 위험직무순직유족보상금은 공무원 전체의 기준소득월액 평균액의 60배로 한다.

7. 재난부조금

공무원 또는 그 배우자 소유의 주택이나 공무원이 상시 거주하는 공무원 또는 그 배우자의 직계존비속 소유의 주택이 수재나 화재, 그 밖의 재난으로 인하여 소실·유실·파괴되어 손해를 입은 때 등 재난으로 인한 피해 정도에 따라 재해 당시 공무원 전체의 기준소득월액 평균액의 1.3배에서 3.9배까지 지급한다(공무원 재해보상법 제42조).

---

24) 공무원 재해보상법 제38조.

25) 공무원 재해보상법 제39조.

8. 사망조위금(공무원 재해보상법 제43조)

공무원의 배우자나 부모(배우자의 부모 포함) 또는 자녀가 사망한 경우에는 당해 공무원에게 사망 당시 공무원 전체 기준소득월액 평균액의 65퍼센트에 상당하는 금액을 지급하고, 공무원 본인이 사망한 경우에는 사망 당시 공무원 본인 기준소득월액의 2배에 상당하는 금액을 지급한다.

배우자에는 사실혼을 포함(대법원 판례선고일인 2019. 11. 14. 이후 급여 지급사유 발생건)하며, 공무원(또는 배우자)의 조부모, 외조부모, 계부모, 손자녀 등이 사망한 경우에는 지급하지 않는다.

Ⅲ 공무원재해보상심의회

재해 관련 보상심의를 위해 인사혁신처에 공무원재해보상심의회를 둔다.[26) 다만, 공무상 부상이 공무상 사고로 인하여 발생한 것이 명백한 경우에는 심의회의 심의에서 제외한다.

1. 공무원 재해보상제도에 관한 사항
2. 공무수행사망자의 인정에 관한 사항
3. 다음 각 목의 급여 결정에 관한 사항
   요양급여, 장해연금 또는 장해일시금, 순직유족연금, 순직유족보상금, 위험직무순직유족연금 및 제39조에 따른 위험직무순직유족보상금
4. 제3자에 대한 손해배상청구에 관한 사항
5. 재요양에 관한 사항
6. 다른 법령에서 심의회의 심의를 거치도록 한 사항
7. 그 밖에 공무원 재해보상제도의 운영과 관련하여 대통령령으로 정하는 사항

위원 구성은 다음과 같다.

기획예산처, 행정안전부 등 소속 4급 이상 공무원, 공무원연금공단 소속 임직원, 판사, 검사 또는 변호사, 의료법 제2조에 따른 의료인, 재해보상·연금·복지

26) 공무원 재해보상법 제6조 – 제7조.

등 분야에 학식과 경험이 풍부한 사람 등이다.

IV 지급형태 및 지급준칙

1. 유족의 우선순위 등

급여를 받을 유족의 순위는 민법에 따라 상속받는 순위에 따른다. 유족 중에 같은 순위자가 2명 이상 있을 때에는 급여를 똑같이 나누어 지급하되, 지급방법은 대통령령으로 정한다.

공무원이거나 공무원이었던 사람이 사망한 경우에 급여를 받을 유족이 없을 때에는 대통령령으로 정하는 한도의 금액을 유족이 아닌 직계존비속에게 지급하고, 직계존비속도 없을 때에는 그 공무원이거나 공무원이었던 사람을 위하여 사용할 수 있다.

유족이 아닌 직계존비속이 2명 이상 있을 때에 그 급여의 지급에 관하여는 제11조를 준용한다.[27)]

2. 연금의 지급기간 및 지급시기

연금인 급여는 그 급여의 사유가 발생한 날이 속하는 달의 다음 달부터 그 사유가 소멸된 날이 속하는 달까지의 급여분을 지급한다.

연금인 급여의 지급을 정지할 사유가 발생하였을 때에는 그 사유가 발생한 날이 속하는 달의 다음 달부터 그 사유가 소멸된 날이 속하는 달까지의 급여분 지급을 정지한다. 다만, 정지사유가 발생한 날과 그 사유가 소멸한 날이 같은 달에 속하는 경우에는 지급을 정지하지 아니한다.

3. 급여의 환수 등

인사혁신처장 또는 지방자치단체의 장은 급여를 받은 사람이 다음의 어느 하나에 해당하는 경우에는 그 급여액(지급받은 급여액과 지급하여야 할 급여액과의 차액이 발생한 경우에는 그 차액)을 환수하여야 한다.[28)]

이 경우 제1호에 해당하면 급여액에 대통령령으로 정하는 이자 및 환수비용

27) 공무원 재해보상법 제11조–제12조.
28) 공무원 재해보상법 제16조–제17조.

을 가산하여 징수하고, 제2호 또는 제3호의 경우로서 환수금을 내야 할 사람이 기한까지 내지 아니하면 대통령령으로 정하는 이자를 가산하여야 한다.

1. 거짓이나 그 밖의 부정한 방법으로 급여를 받은 경우
2. 급여를 받은 후 그 급여의 사유가 소급하여 소멸된 경우
3. 그 밖에 급여가 잘못 지급된 경우

인사혁신처장 또는 지방자치단체의 장은 급여를 환수할 때에 환수금을 내야 할 사람이 기한까지 내지 아니하면 「국세징수법」 또는 「지방세징수법」에 따른 체납처분의 예에 따라 징수할 수 있다.

찾아보기

ㄱ

저자약력

학 력

동국대학교 대학원 경찰행정학과 졸업(법학 박사)
동국대학교 공안행정대학원 경찰행정학과 졸업(행정학 석사)
동국대학교 법정대학 경찰행정학과 졸업(행정학 학사)

경 력

계명대학교 사회과학대학 경찰행정학과 교수
대구광역시 자치경찰위원회 위원
경찰청 인권위원회 위원
경찰청 마약류 범죄수사자문단 자문위원
대구지방검찰청 형사조정위원회 위원
대구고등검찰청 징계위원회 위원
대구지방보훈청 보통고충심사위원회 위원
경북지방노동위원회 차별심판 공익위원
대구광역시 행정심판위원회 위원
대구광역시 건축심의위원회 위원
법무부 인권교육 강사
행정안전부 지자체 합동평가위원
한국양성평등교육진흥원 폭력예방교육모니터링 전문위원
John Jay College of Criminal Justice 방문교수
한국소년정책학회 부회장
한국교정학회 부회장
한국공안행정학회 제11대 학회장

수상경력

경찰대학교 청람학술상(2000)
계명대학교 최우수강의교수상(2008) 업적상(2014)
한국공안행정학회 학술상(2009)
대통령 표창(2013)
2025년 세종도서 학술부문 선정(문화체육관광부)

저서 및 논문

1. 경찰행정법, 법문사, 2003
2. 정보학특강, 계명대학교 출판부, 2005
3. 국립과학수사연구소의 혁신과 발전에 기여할 기본법 제정을 위한 연구 및 법령제정안 및 기준(지침)안 작성, 국립과학수사연구소, 2006(공저)
4. 조직폭력범죄의 대책에 관한 연구, 한국형사정책연구원, 2007(공저)
5. 범죄 프로파일링(criminal profiling) 기법의 효과적인 활용방안, 경찰대학 치안정책연구소, 2008
6. 범죄학, 박영사, 2005 초판, 2023 제8판
7. 경찰학, 박영사, 2008 초판, 2026 제14판
8. 피해자학, 박영사, 2011 초판, 2025 제5판
9. 범죄인 프로파일링, 박영사, 2018 초판, 2025 제3판
10. 사회병리학: 이슈와 경계, 박영사, 2019 초판
11. 현대사회문제론, 박영사, 2022 초판
12. 범죄와 도덕적 가치, 박영사, 2024 초판
13. 허경미. (2012). 핵티비즘 관련 범죄의 실태 및 대응. 한국공안행정학회보, 21, 368－398.
14. 허경미. (2013). 수사기관의 피의사실 공표죄의 논쟁점. 한국공안행정학회보, 22, 282－310.
15. 허경미. (2014). 독일의 교정 및 보호관찰의 특징에 관한 연구. 교정연구, (62), 79－101.
16. 허경미. (2015). 범죄 프로파일링 제도의 쟁점 및 정책적 제언. 경찰학논총, 10(1), 205－234.
17. 허경미. (2016). 교도소 수용자노동의 쟁점에 관한 연구. 교정연구, 26(4), 141－164.
18. 허경미. (2017). 캐나다의 대마초 비범죄화에 관한 연구. 한국공안행정학회보, 26, 241－268.
19. 허경미. (2018). 성인지적 관점의 여성수용자 처우 관련 법령의 정비방향 연구. 矯正硏究, 28(2), 81－110.
20. 허경미. (2019). 자치경찰제법(안)상 자치단체장의 자치권한 행사 제한과 관련된 쟁점. 경찰학논총, 14(4), 275－303.
21. 허경미. (2020). 난민의 인권 및 두려움의 쟁점. 경찰학논총. 15(2), 35－72.
22. 허경미. (2021). 지방자치행정 관점의 일원형 자치경찰제의 문제점 및 개선 방향. 한국공안행정학회보, 30, 275－307.
23. 허경미. (2022). 한국경찰의 부패방지를 위한 합리적 통제방향의 모색－영국의 제도를 중심으로－. 부패방지법연구, 5(2), 33－62. 10.36433/kacla.2022.5.2.33
24. 허경미. (2022). 영국 특별경찰제도의 시사점 연구. 문화와융합, 44(9), 447－463.
25. 허경미. (2023). 미국의 부패경찰관 규제시스템에 관한 연구. 부패방지법연구, 6(2), 185－211.
26. 허경미. (2024). 스웨덴 경찰의 부패통제 시스템에 관한 연구. 부패방지법연구, 7(1), 33－54.
27. 허경미. (2025). 경찰행정의 인공지능 활용: 제도적 일탈과 전략적 대응. 부패방지법연구, 8(2), 143－168.

제5판
경찰인사행정론

초판발행　2013년 7월 20일
제5판발행　2026년 3월　5일

지은이　허경미
펴낸이　안종만 · 안상준

편　집　장유나
기획/마케팅　장규식
표지디자인　BEN STORY
제　작　고철민 · 김원표

펴낸곳　(주) 박영사
서울특별시 금천구 가산디지털2로 53, 210호(가산동, 한라시그마밸리)
등록　1959. 3. 11.　제300-1959-1호(倫)
전　화　02)733-6771
f a x　02)736-4818
e-mail　pys@pybook.co.kr
homepage　www.pybook.co.kr
ISBN　979-11-303-9798-6　93350

정　가　26,000원